GALICIA:

Renacimiento etnico y lengua

GALICIA:

Renacimiento etnico y lengua

Pablo R. Cristoffanini

LANGUAGE AND CULTURAL CONTACT • 20 • 1997
AALBORG UNIVERSITY PRESS

GALICIA. Renacimiento étnico y lengua

LANGUAGE AND CULTURAL CONTACT • 20 • 1997
(Danish series title: SPROG OG KULTURMØDE)

ISBN 87 7307-543-4
ISSN 0908-777x

We thank the Danish Research Council for the Humanities for financial support.

Published by
    Centre for Language and Intercultural Studies
    Aalborg University
    Kroghstræde 3
    DK-9220 Aalborg, Denmark

Distribution:
    Aalborg University Press
    Badehusvej 16
    DK-9000 Aalborg, Denmark

    Tel.   +45 9813 0915
    Fax   +45 9813 4915

Layoyt by Ulla Burskov, Aalborg University
Printed in Denmark 1997 by Schølin Grafisk ApS, Aalborg

INDICE DE CONTENIDO

Introducción...7

Comunidades imaginadas 12
   De la comunidad religiosa a la nación 12
   Nacionalismo e identidad nacional..17
   Lengua, nacionalismo e identidad...18

Contexto histórico-cultural..22
   Debilidades del proceso de formación y desarrollo
   de la nación española...22

Lengua, regionalismo y nacionalismo en Galicia.....................25
   El gallego desde el siglo XIII hasta mediados del XIX....................25
   Regionalismo y lengua. 27
   Nacionalismo y lengua..30
   Nacionalismo bajo el franquismo y en la democracia 37

Análisis de las entrevistas 43
   Manuel Regueiro Tenreiro (MRT) 43
      PARTE A   43
      PARTE B   45
   Enrique Saez Ponte (ESP)...48
   Alberto Ansede Estraviz (AAE)...53
   Xavier Puente Do Campo (XDC) 57
   Isaac Diaz Pardo (IDP) 61
   Conclusiones..64

Entrevistas **68**

    Manuel Regueiro Tenreiro (MRT) 68

    Enrique Saez Ponte (ESP)..81

    Alberto Ansede Estraviz (AAE)...102

    Xavier Docampo (XDC) 122

    Isaac Díaz Pardo (IDP) 148

Bibliografía **162**

Anexos...**165**

Fichas para las entrevistas **166**

       Temas: 166

       Preguntas: 166

    Ficha: 168

    Lista de entrevistados..169

INTRODUCCIÓN

La cuestión del renacimiento étnico y los conflictos lingüísticos es sumamente actual tanto en España y Europa como en el mundo. Los motivos de
este renacimiento parecen ser varios y de un carácter diferente.

En primer lugar en Europa la caída del muro de Berlín y el derrumba-
miento del sistema en el que la URSS ejercía su hegemonía ha significado la
desaparición de una amenaza que le confería a la Europa Occidental
identidad y cohesión. El término de la hegemonía soviética ha conllevado
también la erupción de conflictos étnicos, nacionales y religiosos que habían
sido acallados sólo por la presencia de férreas dictaduras.

En el caso particular de España el desmantelamiento del régimen
franquista y la consolidación de un sistema político democrático, permitieron
que conflictos latentes salieran a la luz y que reivindicaciones anteriormente
reprimidas pudiesen ser expresadas legal y democráticamente.

Por último el período histórico por el que atravesamos —caracterizado
por conflictos étnicos— también puede ser explicado a partir de la necesidad
que sienten grupos humanos e individuos de encontrar una identidad más
claramente delimitada ante la uniformidad, la ruptura de los tejidos sociales
y la consiguiente crisis de identidad. Dentro de este contexto debería también ser incorporado como factor explicativo, la reacción por decirlo así
romántica énfasis en la cultura, la lengua, la comunidad étnica y las tradiciones ante el materialismo, el culto a la efectividad, a la técnica, a las
ciencias exactas y el consumismo que caracterizan la vida en sociedad
moderna.[1]

Además no es de extrañar —en parte por las razones mencionadas— el
que experimentemos a nivel mundial una ola de conflictos a partir de las
diferencias de lenguas. Las lenguas de los grandes Estado-nación son una
minoría reducida mientras que las lenguas de pequeños grupos étnicos
conforman una mayoría abrumadora.[2]

Otro factor que debe ser tomado en cuenta es la crisis del Estado territorial
como unidad operativa, "demasiados pequeños para actuar a escala mundial
y demasiado grandes para permitir una participación real."[3]

---

[1] Sobre estos temas, véase, entre otros, Hans Elbeshausen (1993), *National identitet og
regional selvforståelse*.

[2] José M. Tortosa escribe, "Si piensas en el mundo, y quitas las cinco o seis lenguas mayoritarias, todo lo demás son miles de lenguas minoritarias", *Política lingüística y lenguas
comunitarias*, p.9

[3] Jack E. Reece, *Outmoded Nationalism and Emerging Patterns of Regional Identity in Contemporary Western Europe*, p.92. Carmelo Lisón Tolosana, por su parte, señala que "El

El objeto de este trabajo es analizar, interpretar y evaluar un caso de renacimiento étnico en la Europa actual: Galicia. Como está temática es extremadamente amplia he debido delimitarla. En principio me interesaba comprender la posición de los nacionalistas acerca de la relación de Galicia con España y Europa y el de la lengua gallega con el español después de la caída del franquismo.

Mi presuposición inicial era que los nacionalistas, con sus ideas sobre la lengua y la cultura, y el resurgimiento de Galicia, no sólo a nivel cultural sino también socioeconómico, constituían una fuerza propulsora de cambios y políticas que paulatinamente —con respecto a algunas temáticas— iban siendo aceptadas por diversas formaciones políticas y por la población en general. Voy a utilizar en este trabajo la palabra nacionalista en un sentido amplio, es decir, para designar tanto a aquellos que propugnan un renacimiento cultural, económico y lingüístico de Galicia como a aquellos que desean todo lo anterior más el autogobierno total. En el contexto de Galicia más bien valdría hablar de galleguistas y nacionalistas.

Finalmente opté —después las primeras entrevistas— por entrevistar a un grupo más amplio del que había pensado en un comienzo porque pensé que la confrontación de opiniones y visiones diversas sería más fructífera, me darían una visión más matizada de la realidad y me sugerirían hipótesis novedosas. Además una vez iniciada esta estrategia rápidamente pude percibir que una parte importante de los primeros entrevistados, que no pertenecen al nacionalismo político, representan a sectores de importancia social y política y tienen una auténtica preocupación por la difusión de la lengua. Fuera de ello sus ideas y actitudes frente a los temas que vengo enunciando son coherentes, representativas y, por consiguiente, importantes en el debate actual. Me atrevo a afirmar que la conciencia étnica de muchos de los galleguistas entrevistados no parece ser menor que la de los nacionalistas políticos

Mi propósito también era el de entrevistar a un grupo suficientemente amplio y representativo en lo que se refiere a posición social, ocupación, sexo y edad para poder exponer sus valoraciones y evaluaciones acerca de ciertos temas de gran interés e importancia en la actualidad; así me parecen serlo: el significado de Europa para la nación gallega, España como nación y referencia de identidad y, en especial, la situación de la lengua gallega y su relación con el español. Aquí nuevamente tuve que hacer una elección. Después de una entrevista en especial, con un experto en el tema de las negociaciones entre España y la Comunidad Económica Europea, me quedó muy en claro que si quería incorporar otro tipo de fuentes en el trabajo y al final de él también poder comentar, analizar y evaluar hechos, trans-

---

estado-nación no es, con frecuencia y según se ha repetido, un paradigma de la organización de la vida humana; el regionalismo, la etnicidad, el grupo culturalmente homogéneo o que se piensa como tal, están demostrando ser más incisivos, sutiles, activos y profundos, a veces, que la línea nacional o partidista; se responde más, en ocasiones, a los símbolos regionales que a los slogans políticos y de clase." *Antropología social y hermeneútica*, p. 91.

formaciones y opiniones, tendría que circunscribirme a las cuestiones de la identidad y la lengua. La lengua, fuera de ser una cuestión extremadamente compleja, en sí misma es sin duda alguna crucial a la hora de abordar el tema de la identidad gallega. Lo cual se puede constatar en el rol asignado a la lengua por los grandes intelectuales del nacionalismo gallego, en la presencia actual de movimientos sociales en defensa de la lengua y la atención que se le confiere en la legislación y por parte de las instituciones del gobierno autónomo. Otro problema sobre el que tuve que decidir al avanzar en la investigación es si iba a limitarme principalmente a las fuentes de tipo escrito o me atrevía a lanzarme al trabajo con entrevistas sobre las cuales han existido reservas en algunos medios académicos oficiales.

He podido comprobar, no obstante, que existe una ya bien establecida tradición de utilizamiento de las fuentes de tipo oral y en la actualidad podemos constatar la existencia de una fuerte, sólida y variada corriente de investigadores que la utiliza . Diversas disciplinas han confluida en ella: la sicología, la antropología, la sociología y la historia.[4]

La entrevista es una técnica utilizada por todas ellas y ha sido como tal bastante desarrollada. Así se ha visto que, dentro de algunos campos, las informaciones obtenidas mediante las entrevistas parecen ser de alta confiabilidad, p.ej. se ha comprobado que las informaciones sobre situaciones laborales, condiciones económicas, puntos de vista políticos y otros, lo son.

Ha esta conclusión se ha llegado comparando los resultados obtenidos mediante las entrevistas y las estadísticas sobre los mismos temas. Además, algo que ha sido importante en mi elección es que, la investigación basada en fuentes orales entrega la posibilidad de nuevos enfoques, satisfaciendo el interés de muchos investigadores de la sociedad y cultura, entre ellos el mío, de ir más allá de la confección de mapas culturales y del tratamiento de las estructuras sociales, permitiendo también enterarse de hechos que no pueden percibirse a través de las estadísticas o de las fuentes escritas. Sobre todo hace posible llevar a cabo investigaciones centradas más en la persona, sus experiencias y vivencias, poniéndola a ella en el centro de interés en lugar de los sistemas y las técnicas. Por así decirlo, y en el caso que nos ocupa, una parte central del presente artículo lo constituyen las experiencias, opiniones, valores e ideas de los actores del drama cultural y lingüístico que se está viviendo en Galicia.

Estas opiniones serán confrontadas con el marco teórico para elaborar nuevas hipótesis de trabajos y obtener nuevas perspectivas acerca de la relación entre identidad étnica/nacional y su relación con la cuestión de la lengua.

---

[4] Sobre las ventajas de la utilización de fuentes orales he consultado: A) Lawrence C. Watson, *Understanding a Life History as a Subjetive Document. Hermaneutical and Phenomenological Perpectives*, B) Paul Thompson, *The Voice of the Past. Oral History.*, C) Juan José Pujadas Muñoz, *El método biográfico: El uso de historias de vida en ciencias sociales.* D) Göran Rosander, *"Muntlige kilder"— Hvad og Hvorfor.*

Otra de las ventajas de esta forma de realizar una investigación es la mayor probabilidad de que los participantes mismos, que han contribuido a la elaboración de este estudio, lo lean y discutan.

La primera parte de las entrevistas trata de, por así decirlo, la socialización de los entrevistados es decir los valores, ideas y concepciones inculcados por la familia, la escuela y la Iglesia en relación con los temas que nos interesan. He incluido a esta última para ver de que manera influyó en las ideas y actitudes acerca de Galicia en el período de infancia y juventud de los entrevistados, que en la gran mayoría de los casos se desenvolvió bajo Franco y también para poder apreciar si bloqueó o propició directa o indirectamente lo que podríamos denominar una actitud consciente acerca de la cuestión nacional y lingüística en Galicia. He incluido este período, además, para poder entregar una idea de los cambios que se han producido en la cultura, el sistema político y la situación de las lenguas en Galicia y España.

Finalmente tuve que tomar una decisión importante y dolorosa. Después de haber transcrito en forma resumida 23 entrevistas me di cuenta de que no iba a poder hacer justicia a la riqueza de opiniones e ideas que surgían de las entrevistas con sólo agruparlas por temas e ir presentando citas escogidas. ¿Cómo trabajar entonces estas entrevistas de un modo más satisfactorio? Un artículo de Steinar Kvale me fue de gran ayuda en esta fase.[5] Kvale sostiene que para hacer análisis cualitativos las entrevistas deben de ser pocas y propone trabajar con ellas en tres etapas. La primera es la autocomprensión de los entrevistados, la segunda confrontar estas con el sentido común compartido por un círculo más amplio y la tercera la incorporación de teorías que puedan dar cuentan de los problemas sobre los cuales las entrevistas versan. Estas ideas junto con lecturas sobre el análisis de textos no literarios y sobre argumentación, han orientado la forma de presentar las entrevistas. Finamente opté entonces por transcribir presentar e interpretar cinco entrevistas:

1. MANUEL REGUEIRO TENREIRO (MRT): (responsable de Política Lingüística, miembro del partido del poder en Galicia, PP) Nacido en Perbes-Miño (A Coruña) de padre marinero (armada). Licenciado en Filosofía y Letras por la Universidad de Salamanca. Cursos de doctoramiento en la Universidad Complutense de Madrid. Desde 1989 Director General de Política Lingüística.

2. ENRIQUE SAEZ PONTE (ESP) (hombre de empresa, nacionalismo moderado, clase media alta urbana, fundamentación económica del nacionalismo): Nacido en la Coruña el 15.2.1947. De padre empresario y madre dedicada a las labores de casa. Ha estudiado derecho, económicas y tiene un master en dirección de empresas. En el mundo laboral ha desempeñado diversas fundaciones bancarias. Actualmente

---

[5] Steinar Kvale, *Om tolkning af kvalitative forskningsinterviews*. Sobre métodos y técnicas de entrevistas he consultado además, A) Torben Berg Sørensen, *Fænomenologisk Mikrosociologi. Interview og samtaleanalyse*, Randers, 1988, B) Charlotte S.H. Jensen, *Sådan laver du interviews*. C) Knut Kjelsstadli, *Kildekritik*.

es director de la división de banca especializada en el Banco Pastor en la Coruña. Además trabaja en una empresa familiar de distribución (Torres y Sáez). Fuera de la Coruña ha vivido en Santiago de Compostela. Partidario de un acercamiento a Portugal y al portugués, posición fundamentada en una reflexión económica.

3. ALBERTO ANSEDE ESTRAVIZ (AAE). Nacido en Villa Santar el 03.09.57, de padre labrador. En la actualidad profesor de filosofía. Representante de una nueva generación de gallegos, que proviniendo del medio rural y de padres gallego hablantes han adquirido una educación universitaria. Orgullosos de la lengua y cultura gallega, luchan por su preservación y expansión. Ansede es nacionalista militante y presidente de la Asociación Sociopedagóxica Galega que defiende y promueve la lengua y la cultura vernácula en la enseñanza.

4. XAVIER PUENTE DO CAMPO (XDC). Nacido en Rabad (Lugo) el 5.4.1946. Su padre trabajó como labriego, trabajador industrial y mecánico, y su madre como ama de casa y modista. XDC es maestro, escritor y representante destacado del nacionalismo cultural.

5. ISAAC DIAZ PARDO (IDP). Nació en 1920 en Santiago de Compostela de padre estenógrafo y cartelista, la madre se ocupaba en labores de casa. ISP es uno de los grandes del galleguismo actual. Conoció personalmente y mantuvo una relación de amistad con destacadas figuras históricas del nacionalismo gallego como Castelao y Otero Pedrayo.

El presente trabajo ha sido posible con la ayuda del Centro de Lenguas y Estudios Interculturales de la Universidad de Aalborg y el Programa de Lenguas y Encuentro Cultural patrocinado por el Consejo Humanístico de Investigaciones de Dinamarca, que financiaron mi estudia en Galicia en el mes de octubre de 1994.

La cooperación de los entrevistados fue inestimable. Me entregaron su tiempo, hospitalidad y conocimientos. Los consejos, la orientación y los contactos con Cristóbal Ramírez del diario «La Voz de Galicia», y de la investigadora y escritora Silvia Gaspar Porras hicieron que pudiese lograr en un mes lo que sin ellos me hubiese costado medio año o muy probablemente no hubiese podido conseguir.

COMUNIDADES IMAGINADAS

De la comunidad religiosa a la nación

El problema de la identidad parece resurgir y adquirir mayor complejidad en las sociedades modernas. Diferentes factores confluyen a esta situación como ya he mencionado al referirme a las posibles causas del resurgimiento de los conflictos étnicos.

La identidad está relacionada con la necesidad de pertenencia tan antigua como el hombre mismo, que encuentra y ha encontrado un cauce en la familia, el clan, la tribu o el estamento. Lo que se denomina en la actualidad «identidad nacional» es una de las formas de identidad colectiva en las que se canaliza el sentido de pertenencia mediante la construcción de una comunidad imaginada, utilizando el concepto acuñado por Benedict Anderson.[6] Con anterioridad la necesidad de formar parte era satisfecha por otras comunidades imaginadas como la étnica, la dinástica o la religiosa.

La adquisición de una identidad es un proceso complejo a partir de la relación entre el individuo, su grupo y la sociedad y las diversas identidades pueden yuxtaponerse o en ocasiones entrar en conflicto. De esta forma sería conveniente tener en mente algunas de las fuentes que nutren el sentido de la identidad tales como raza, sexo, edad, lenguaje, cultura, clase, profesión, prestigio, creencias religiosas y políticas.[7]

Los lazos afectivos, de lealtad y pertenencia a una nación son un fenómeno moderno, lo cual es enfatizado por todos los estudiosos del nacionalismo.[8]

La nación en el sentido actual del concepto surge de un proceso que podría remontarse a la conformación de los actuales Estados territoriales europeos. En efecto, la formación de los Estados-nación corre paralela con el proceso de creación de la llamada sociedad moderna. La aparición de esta última esta ligada a procesos culturales, económicos y políticos de honda

---

[6] Benedict Anderson, *Imagined Communities. Reflections on the Origin and Spread of Nationalism.*

[7] Erhard U. Heidt, *The Issue of National and Cultural Identities. Some Conceptual Considerations*, pp.3-10, ver también Joahn C. Condon y Fathi S. Yousef, *An introduction to intercultural communication*, p.7.

[8] "De hecho, las naciones, al igual que los estados son una contingencia, no una necesidad universal. Ni las naciones ni los estados existen en toda época y circunstancia". Ernest Gellner, *Naciones y nacionalismo*, p.19. Isaiah Berlin escribe: "el nacionalismo no parece existir en el mundo antiguo o en las edades medias cristianas", en *Nacionalismo: Pasado Olvidado y poder presente*, p.423

repercusión para las sociedad medieval europea: el Renacimiento, los llamados "Descubrimientos", la Reforma, la Imprenta.

Estas grandes transformaciones pusieron en cuestión la cosmovisión compartida por los diversos estamentos de las sociedades europeas durante la Edad Media.

Para ilustrar estos cambios podemos escoger la crisis provocada en la comunidad imaginada que había aglutinado a los europeos al través de sus afiliaciones dinásticas o étnicas: la comunidad religiosa.

La comunidad religiosa de los europeos descansaba en la creencia de la unicidad y sacralidad de una lengua, el latín, medio de comunicación de las élites políticas y religiosas y cuyo dominio era requerido para llegar a ser miembro. La conversión a esta lengua hacía posible que cualquier europeo podía llegar a ser Papa y el poder de este último sólo llega entenderse por la existencia de un clérigo transeuropeo que escribía en latín y por la idea compartida de que la intelectualidad bilingüe, al mediar entre el latín y las vernáculas, mediaba entre el cielo y la tierra.

El latín era la única lengua que se enseñaba y en la que se enseñaba. Durante el Renacimiento el latín se alejó del uso religioso—en un mundo en el que mito cristiano operaba intensamente en todas las mentes—y pasó a utilizarse para un prosa más rebuscada y acorde con el paradigma renacentista: el de la Antigüedad. A su vez la Reforma, con su traducción de la Biblia a las vernáculas asestó un duro golpe al clero en su rol de mediador lingüístico y como es sabido también en el de intérprete único, lo cual constituye el elemento democrático de la Reforma. Aun más, la imprenta hizo posible un mercado a mayor escala que el del extendido, pero poco numeroso de los lectores en latín.

El contacto de Europa con otras culturas y civilizaciones, de costumbres, creencias y sistemas de valores diferentes, ampliaron el horizonte cultural enfrentando a los europeos con situaciones difíciles de explicar a partir de la Biblia y abriendo así el camino a un cierto relativismo.

Resumiendo: Renacimiento, Reforma, Imprenta y contacto con culturas no europeas contribuyeron a disolver la comunidad religiosa imaginada. Sin embargo, es importante retener en la mente el hecho que hasta que estos procesos tuvieron lugar, *lo fundamental era ante todo ser cristiano*. [9]

"Difícil es imaginarse hoy que el reino dinástico se presentaba para la mayoría como el único sistema político imaginable", escribe Benedict Anderson en su ya citado libro.[10] La adhesión con anterioridad a la Revolución Francesa no era a una nación tal cual se concibe hoy día, sino hacía un monarca cuya legitimidad no arrancaba de inexistentes ciudadanos —la población estaba constituida por vasallos— sino de la tradición y la religión.

El prestigio de los linajes reales derivaba del aura de divinidad y también del entrecruzamiento de los linajes. Es decir, el príncipe era señor de

---

[9] Cesáreo Rodríguez Aguilera, *La nación y los nacionalismos*, p.57

[10] Benedict Anderson, *Imagined Communities. Reflections on the Origin and Spread of Nationalism*, p. 19

diferentes reinos y ducados en virtud de estos entrecruzamientos y por consiguiente, los antiguos estados monárquicos se expandieron no sólo por medio de la guerra sino también mediante una política sexual.

Finalmente mencionaré aquí la comunidad imaginada de mayor antigüedad: la étnica, que hunde sus raíces en hechos tan observables como las diferencias en las formas de vestirse, de hablar, de comer, de actuar y en el rechazo de las personas que no comparten las mismas formas de vida.[11] Ya Heródoto decía que "los griegos forman sólo un pueblo, a pesar de su fragmentación geográfica y política, porque tienen una ascendencia común, un lenguaje común, dioses y lugares sagrados, festivales de sacrificios, costumbres, tradiciones y formas de vida comunes."[12] Podría esto también expresarse de otra manera diciendo que la comunidad étnica griega es una entidad mayor que abarca una serie de comunidades étnicas menores: dorios, jonios, etc.

Las naciones-estados actuales son un producto del desarrollo de la modernidad, es decir, del proceso que lentamente fue disolviendo las estructuras políticas, sociales y culturales de la sociedad feudal.

En realidad, y en un comienzo, deberíamos hablar del Estado territorial que surge en el escenario europeo en el siglo XV y del que España es uno de los primeros ejemplos.

Durante la gestación del Estado territorial, que sería más tarde la nación-Estado, los monarcas primero y el Estado después fueron disolviendo los lazos de dependencia y explotación que ataban al campesinado a los señores de la tierra y se impusieron a ellos para dar protección económica y social a los pueblos. Así, hacia 1500 se esperaba de un monarca que atendiese al bienestar del país y de su pueblo.[13] Aún más, mediante edictos y legislación que afectan a todos los niveles sociales y que benefician al pueblo en general (impuestos, comercio, reglas laborales, comunicación y salud pública) se van creando lazos de identificación entre el pueblo y el Estado representado por los monarcas. Este Estado va haciendo suya la adhesión que anteriormente se canalizaba hacia las agrupaciones locales y las élites de poder de ese nivel (clérigo y nobleza) y delimita su "pueblo" creando una nación a partir de la multiplicidad de regiones. Posteriormente el Estado crea una seguridad interna limitando los derechos de los estamentos y liberando al individuo de la red de dependencias feudales a la que estaba atado, culminando en una situación en la que individuo y el Estado quedarían frente a frente.

La imagen predominante de este proceso ha sido la de un centro dinámico que fue absorbiendo a las periferias tradicionales modernizándolas e integrándolas económica, política y socialmente. Esta integración ha consistido en la adquisición por parte de la periferia atrasada de los valores sociales, políticos y económicos del centro.[14]

---

[11] Max Weber, *Economía y Sociedad*, p.317.

[12] Herodotus, IV, book VIII, 144, p. 153.

[13] William Bloom, *Personal Identity, National Identity and International Relations*, p.64.

[14] Michael Keating, *State and Regional Nationalism. Territorial Politics and the European State*, p.2-8.

La irracionalidad económica y administrativa fue superada y el Estado se convirtió en el agente del desarrollo económico: industria, mecanización, especialización, agricultura comercial. El Estado-nacional supera entonces la diversidad regional y se convierte en el instrumento para asegurar el desarrollo político, social, económico y cultural.

Es un lugar común en los estudios de los conflictos nacionales el señalar que los actuales Estados de las naciones modernas como Francia y Gran Bretaña se superpusieron a una variedad de etnias. Sólo hay que mirar un atlas histórico para comprobar cuantos grupos étnicos cohabitaban en lo que hoy se llama Francia. Por otro lado se puede objetar que en el caso de España precisamente, no se puede hablar de un desarrollo caracterizado por un centro dinámico y una periferia retrasada —el caso de Galicia se atendría quizá a este modelo[15]— ya que el País Vasco y Cataluña a finales del siglo pasado y comienzos del presente eran enclaves económicos pujantes, mientras el centro, Madrid, mantenía una hegemonía administrativa y militar. Además como se verá en el apartado sobre las debilidades de España como nación, el Estado no ha tenido este rol progresista.

El Estado-nacional se convierte en las actuales naciones — Estado mediante la creación de mitos y símbolos expresivos de la nueva identidad (bandera, himnos, uniformes, paradas, imposición de una lengua nacional) que aglutinan a la población en torno a una nueva comunidad imaginada.

La concepción ilustrada, racionalista y liberal de la nación que se fundamente en los procesos que vengo mencionando, partiendo del desarrollo histórico y político de la Europa Occidental, entiende a la nación tal como la habían ya definido los filósofos de la Ilustración: una comunidad de gentes que obedecen las mismas leyes e instituciones dentro de un mismo territorio. La nación entonces se caracteriza por un territorio compartido, una comunidad legal y política, la igualdad legal y política y una cultura cívica e ideología común.[16]

Los pensadores liberales del siglo pasado veían la nación como un proceso expansivo y el Estado nacional como un progreso, que ayudaba al desarrollo económico y cultural de los pueblos. No podían entender la nación construida a partir de criterios étnicos-culturales. Aún más hablaban de un criterio del umbral, es decir, que habían naciones que por su tamaño reducido no eran viables ni cultural ni económicamente, así para esta concepción Bélgica y Portugal no lo eran. En este contexto hubo austríacos que pretendieron disolver su nación en Alemania porque precisamente no consideran que Austria fuese viable de acuerdo a los criterios mencionados.[17]

El nacionalismo, basado en factores étnico-culturales, era entendido por burgueses y socialistas europeos en el siglo pasado como característico de

---

[15] Ver el artículo de César E. Díaz López, *The Politization of Galician Cleavages*, p.389

[16] Ver Anthony D. Smith, *National Identity*, p.11

[17] E. J. Hobsbawm, *Nations and Nationalism since 1780*, p.32.

los de los pueblos sin historia, un nacionalismo afectivo, destinado a ser erradicado por las leyes del progreso.[18]

Siguiendo esta línea de razonamiento la pretensión de los grupos nacionalistas de que ellos se limitan a despertar una nación que está allí y que siempre ha existido con su cultura y lengua comunes es un equívoco. Son precisamente estos grupos los que crean y preservan la identidad nacional difundiendo su lectura del pasado común, creando mitos y símbolos que cohesionan, e intentando imponer una lengua creada y estándar al conjunto de la población. De hecho el cultivo de la historia, los estudios de la mitología nacional y de la lengua, han acompañado la formación de las naciones modernas.

Ahora bien, hay que recordar que en la génesis de las naciones modernas se puede constatar una combinación tanto de elementos jurídico-políticos como de culturales, es decir, de lo racional y lo afectivo. La creación de mitos, símbolos y valores, de festivales, rituales, himnos, discursos, paradas y más tarde la difusión de una cultura de masas común a través de la escolarización masiva de la población y de los medios de comunicación de masas, de la creación de una lengua y norma estándar y en muchos casos "nueva" a partir de los dialectos locales.

Además, el racionalismo y la Ilustración van desde muy temprano acompañados de una contracorriente. Así, p ej., el intento de Federico el Grande de introducir la cultura francesa y con ella el racionalismo económico y social, en la Prusia Oriental a mediados del siglo XVIII, provocó una profunda protesta. Uno de los portavoces de esta protesta fue el filósofo Hamman, para el cual, según Berlín, no era posible amar fórmulas, proposiciones generales, leyes, las abstracciones de la ciencia, el vasto sistema de conceptos y categorías con los que las (lumières) francesas se habían cegado a la realidad concreta, a la experiencia real que sólo la información directa, especialmente de los sentidos, proporciona.

Lo real era lo individual que no podía ser aprehendido por las ciencias generalizadoras que buscaban lo común. El lenguaje era la expresión directa de la vida histórica de sociedades y pueblos y *"cada tribunal, cada escuela, cada profesión, cada corporación, cada secta tiene su propio lenguaje. Para penetrar estos lenguajes se requiere la pasión de un amante o amigo íntimo y no reglas, imaginarias llaves universales que no abren nada."*[19] Estas ideas hermanan a Hamman con otro pensador alemán de la época, Herder.

Herder, en la segunda mitad del siglo XVIII, concebía un pueblo como una personalidad que se expresaba de diferentes formas, en sus tradiciones, lengua, costumbres, formas de vida y música.

---

[18] El nacionalismo era concebido por los liberales como una "fase pasajera debida a la exacerbación de la conciencia nacional rebajada y reprimida por gobernantes despóticos ayudados por iglesias subordinadas". Isaiah Berlin, *Nacionalismo: Pasado Olvidado y poder presente*, p. 421

[19] Isaiah Berlin, p. 69

Afirmaba, además, que para entender una religión, una obra de arte o un carácter nacional, se debía entrar en las condiciones únicas de su vida. Entonces, para entender la Biblia verdaderamente hay que entrar dentro de la experiencia de los pastores de Judea. Según él, sigo aquí la presentación de Berlín, era vanidad y ceguera el *"clasificar los méritos de conjuntos culturales, el legado de tradiciones enteras, mediante la aplicación de una colección de reglas dogmáticas que reclaman validez universal, enunciadas por los árbitros parisienses del gusto"*. [20]

Herder fue el mayor inspirador del nacionalismo cultural entre las naciones oprimidas por los imperios austro-húngaro, turco y ruso. El impacto de estas ideas hicieron que el cosmopolitismo perdiera su atractivo sobre los pueblos de la Europa central y del este. A finales del siglo XVIII entre los intelectuales de esta región el culto a los valores universales es reemplazado por la enfatización del colorido local. [21]

El modelo de nación basada en elementos étnico culturales ha sido por ello también clasificado como "no occidental".

Resumiendo: la noción de nación cultural subraya la concepción étnica, la comunidad de nacimiento y cultura nativa, el lenguaje, las costumbres y los vínculos con los antepasados.

Nacionalismo e identidad nacional

El nacionalismo puede, en algunos casos, ser una respuesta a una serie de desafíos socioeconómicos, p.ej., la industrialización o la modernización de una sociedad pues ambos procesos significan la ruptura de lazos afiliativos existentes. La respuesta nacionalista o de los nacionalistas es, enfrentados a esta situación, el crear una identidad alternativa basada en la recreación de símbolos, ideas y valoraciones con raíces en el pasado, el que a su vez es visto como la base de la autenticidad.[22] Esta es, en algunos casos, una de las contradicciones del nacionalismo: Por un lado promueve la modernización y por el otro subraya que las auténticas virtudes se encuentran en el pasado común. Otra contradicción es la utilización de técnicas e instituciones modernas acompañada de la crítica a la modernidad.

Las élites nacionalistas han desempeñado, en ocasiones, un rol principal creando una identidad alternativa para los sectores que han visto rotos sus lazos afiliativos (por la emigración a la ciudad, p.ej.) mediante el redescubrimiento de las tradiciones olvidadas, la recreación del lenguaje semiolvidado, la confección de un generoso mapa que representaría los límites de la comunidad en cuestión en tiempos pasados. Estas élites siendo ellas mismas urbanas, subrayan los méritos y virtudes de las clases bajas y muy

---

[20] Isaiah Berlin, p. 70

[21] Ver Mihály Szedy-Mazák, *The Idea of National Character: A Romantic Heritage*, p.46.

[22] Ver Joshua A. Fishman, *Language and Nationalism. Two integrative Essays*, p. 8

principalmente del campesinado —que en su visión no está contaminado por ideologías e influencias foráneas— y siendo ellos mismos intelectuales (lo que a veces los separa de los sectores sobre los cuales pretenden ejercer influencia) intentan también convencer a los sectores urbanos de lo apropiado y auténtico de los valores, ideas y actitudes provenientes del medio rural. Esto se explica porque el proceso de modernización implica que la ciudad suplanta al campo como centro de poder y de cultura y con ello de centro creador de la identidad nacional. En el caso de Galicia, p.ej., la vida en las ciudades se hacía —y se hace en gran parte— en español, mientras que el gallego era usado en el medio rural.

El subrayar los propios valores etno-culturales puede también ser el efecto de una situación en que un grupo étnico ve que puede ganar o perder beneficios económicos, el caso catalán estaría, en mi opinión, dentro de la primera categoría y el gallego en la segunda.

Lengua, nacionalismo e identidad

La lengua puede ser, y de hecho la ha sido, la expresión aglutinadora del renacimiento étnico. Esto ha sucedido desde que Herder, como hemos visto, lanzó la idea de que el genio de un pueblo se expresaba en su lengua y J. F. Fichte despertó con su *Reden an die deutsche Nation* un fuerte nacionalismo alemán. Fichte opinaba que allí donde se encuentra una lengua separada existe una nación separada, que tiene el derecho a manejar sus propios asuntos y a autogobernarse.[23]

Hacía 1842 la Revue des Deux Mondes observaba que las verdaderas fronteras no estaban determinadas por las montañas y ríos, sino más bien por el lenguaje, las costumbres, las memorias y todo aquello que distingue a una nación de otra.[24]

Hoy en día, la homologación de lengua y nación es tan evidente (los franceses son aquellos que hablan francés, etc.) que es difícil imaginarse que la fusión de las dos categorías es algo relativamente reciente. Para dejar en claro lo que entiendo con esta afirmación voy a mostrar la actitud ante la lengua que han tenido los gobernantes, las élites o estamentos dominantes y la situación de esta en la población antes del advenimiento de la sociedad moderna.

Federico el Grande, p.ej., hablaba francés y le parecía perfectamente normal que un príncipe alemán lo hiciese.[25] Por otro lado, si pensamos en el concepto de la "Sagrada Rusia", éste carece de dos elementos que hoy se consideran como consustanciales de la nacionalidad: la lengua y la etnicidad. La "Sagrada Rusia" estaba definida por el Zar, la fe ortodoxa, el

---

[23] Ver Rafael L. Ninyoles, *Estructura Social e Política Lingüística*, p.53

[24] E.J. Hobsbawm, *Nations and Nationalism since 1780*, p.98

[25] Jonathan Steinberg, *The Historian and The «Questione della Lingua»*, p.198.

Estado y los símbolos sagrados y se trataba de una comunidad sentida profundamente por los estamentos populares a tal grado que ser ruso era sinónimo de labriego y cristiano. [26]

La élite dominante, junto con manejar por necesidad una o más lenguas campesinas, usaba de otra/as lenguas para delimitarse de los sectores populares y marcar su distancia, pero también por la necesidad de tener un vehículo de comunicación con las otras élites dominantes de la región: el latín, el chino el árabe han sido utilizados con este fin, así como la nobleza húngara, p.ej., desenvolvía sus asuntos parlamentarios en latín antes de 1840 y la hindú lo ha hecho tradicionalmente en inglés.

El proceso de surgimiento de algunas lenguas como lenguas nacionales también es un producto histórico, al igual que la modernización y adaptación de las lenguas a la vida moderna. En la sociedad tradicional donde el trabajo era normalmente manual y artesanal el uso de la lengua era un factor de importancia, por así decirlo, secundaria. Para los aldeanos y campesinos la utilización de una de ellas era un hecho natural que no daba lugar a conflictos de carácter político o lingüístico.

Por otro lado, las vernáculas orales siempre han sido un complejo de variantes o dialectos que se comunican con mayor o menor facilidad dependiendo de la accesibilidad geográfica. Por ello no puede hablarse de una lengua nacional hablada antes de la extensión de la Educación General Básica. Es decir que no existe —como pretenden los nacionalistas— una lengua francesa, danesa o gallega, hablada por toda la nación, anterior a la escolarización y alfabetización masiva de la población en la lengua estándar que se impone al conjunto de la población, proceso que se está experimentando en Galicia en la actualidad. El caso de la lengua que actualmente denominamos como italiana puede ilustrar lo que vengo afirmando.

En 1861 no más del 2 o 3% de la población italiana hubiese podido entender el italiano. Se hablaba una gran variedad de dialectos y el italiano se había congelado en una lengua muy parecida al latín apta para la lírica y la alta cultura, pero no para su uso en una sociedad con masas analfabetas y económicamente retrasada. La lucha por unificar la península significó la resurrección de una lengua culta extraña y su imposición sobre las masas . Según Steinberg, "a través del siglo XIX gramáticos, lexicógrafos, maestros y administradores lucharon para unificar, purificar y difundir el lenguaje nacional". [27]

Algo parecido aunque en menor escala ha sucedido con el francés. Con respecto al caso que nos interesa está claro que no ha existido una lengua nacional gallega antes de la Autonomía. Es en la actualidad cuando se está difundiendo.

Todas las lenguas nacionales son una creación más o menos artificial o inventadas que a través de la escuela y los medios de comunicación se ha impuesto sobre el conjunto de la población, por eso lleva razón Hobsbawn

---

[26] E. J. Hobsbawm, *Nations and Nationalism since 1780*, pp.50-51.

[27] Jonathan Steinberg, *The Historian and the «Questione della Lingua»*, p. 203.

cuando escribe que, *"la identificación mística de la nacionalidad con una especie de idea platónica del lenguaje, existente con anterioridad y por encima de las variantes y versiones imperfectas, es más la característica de la construcción ideológica de los intelectuales nacionalistas que de los usuarios de base del idioma".* [28]

La idea de la creación de una lengua nacional en oposición a la lengua usada sólo por las élites del poder surgió hacia los 1700 y fue paralela al proceso de formación de las naciones-estado modernas. Hoy con la crisis de los Estados territoriales se observa un regreso a la cuestión de los comienzos, es decir la utilidad sicológica y social de la elección de una u otra lengua y la del rol de la lengua en la construcción de nuevas comunidades imaginadas.

El rol de los nacionalistas en el establecimiento de las comunidades políticas ha sido crucial. Ellos ven, en general, en la lengua un factor más permanente que el territorio, la religión y las instituciones políticas, ya que no cambia o no es tan frágil como éstas. Por otra parte son los nacionalistas mismos los que por así decirlo, con su pluma crean e imponen una lengua moderna, estándar y unificadora. La lengua se constituye en el vehículo a través del cual el nacionalismo debe expresarse, así como sus ideas y conceptos. El nacionalismo crea frecuentemente una imagen del pasado como una época dorada para la etnia en cuestión, *in illo tempore,* de los orígenes míticos a los cuales en muchos sentidos se debe volver, por ello tienden a ver la lengua de los sectores populares como la mas auténtica y menos contaminada.

La contaminación de la lengua es considerada tradicionalmente como algo negativo, sobre todo en lo que concierne a cuestiones subjetivas y conceptuadas étnicamente vitales. Cuando se trata de cuestiones relativas a objetos físicos o aspectos técnicos y por tanto, no cruciales desde el punto de vista étnico ha existido una mayor tolerancia. Todos los procesos de construcción nacional modernos han estado precedidos tanto por investigaciones arqueológicas y estudios filológicos como por un panagerio acerca de las virtudes de la lengua en cuestión y de sus capacidades, dentro de una tendencia a considerar la propia lengua como la más apropiado, por naturaleza, para expresar las ideas y sentimientos.

Así, p. ej., la Academia Francesa de la Lengua explicaba al pueblo francés la superioridad de su idioma afirmando que por tradición la lengua francesa era la más clara y precisa del mundo y que por ello era el lenguaje natural de la diplomacia internacional.[29] A su vez los alemanes tuvieron que defenderse de la critica que homologaba su lengua a sonidos guturales, defendieron su autenticidad y no tardaron en sostener, a su vez, la superioridad de su lengua sobre el francés, el italiano y el inglés porque, de acuerdo a sus paladines defensores, no era el producto de la mezcla de lenguas de varios pueblos. Fichte escribió que los alemanes eran honestos, serios, sobrios y hablaban una lengua modelada para expresar la verdad.[30]

---

[28] E. J. Hobsbawm, *Nations and Nationalism since 1780,* p. 56.

[29] Joshua A. Fishman, *Language and Nationalism. Two integrative Essays,* p.64.

[30] Joshua A. Fishman, *Language and Nationalism. Two integrative Essays,* p. 65

Hoy día existe un consenso, entre los especialistas en los problemas de la lengua, acerca de que cualquier lengua es capaz de adaptarse a las a las condiciones de la vida moderna, es decir que no hay en sí lenguas más idóneas para un uso u otro, *verbi gratia* el francés para la diplomacia o el alemán para la reflexión filosófica.

Hoy día una de las cuestiones vitales en esta discusión sobre la lengua es que si cada nación entendida en el sentido cultural (lengua, costumbres) debe de aspirar a su propio Estado, teniendo en cuenta que existen miles de lenguas y etnias en el mundo y a veces varias de ellas dentro de una misma nación-Estado.

Otro asunto es el de la recuperación de una lengua. Pocos discutirán la utilidad social y psicológica de que un niño con el gallego como lengua de instalación esta lengua sea enseñado en ella. El punto de conflicto surge cuando se plantea la cuestión de la misma utilidad con respecto a enseñar en esta lengua a u niño que habita en las zonas urbanas de Galicia y que tiene el español como lengua materna.

El tercer punto de debate es si se debe pasar de una situación de bilingüismo a una situación de monolingüismo en regiones como Cataluña, El País Vasco y Galicia.

Sobre estos temas veremos la opinión de los entrevistados.

CONTEXTO HISTÓRICO-CULTURAL

Debilidades del proceso de formación y desarrollo de la nación española

En el caso de España se puede apreciar con claridad la necesidad de estudiar los conflictos étnicos en su contexto económico, social y histórico. Con ello quiero decir que a partir de condiciones similares (diferencias de lengua y represión política y lingüística-cultural) se puede desembocar en situaciones diversas, como los casos catalán, vasco y gallego parecen indicarlo.

Los conflictos étnicos y lingüísticos en España pueden, en mi opinión ser analizados y comprendidos sólo si se tiene en cuenta la peculiar construcción del Estado territorial y en particular las debilidades de la cultura y lengua castellana, ejes aglutinadores del Estado. En efecto, España fue uno de los primeros Estados territoriales en la Europa moderna. La unidad se logró a través de la Reconquista, la expansión territorial en América y la expansión dinástica que precedieron la creación del Imperio. Mediante casamientos dinásticos diferentes reinos peninsulares (León, Navarra, Aragón y Portugal) fueron enlazados con Castilla; la culminación de este proceso fue el matrimonio de Isabel de Castilla con Fernando de Aragón en 1469. La hegemonía de Castilla por ese entonces era un hecho indiscutido desde el punto de vista geográfico, demográfico y militar.[31] A pesar de este contexto favorable a Castilla, no se creó un Estado unitario: los diversos territorios de la Corona Española mantuvieron una variedad de privilegios e instituciones feudales y se siguió hablando las lenguas vernáculas, aunque las élites de poder como en el caso de Galicia comenzasen a utilizar el español. Castilla era gobernada directamente por Madrid mientras que p.ej. los territorios de la Corona de Aragón estaban bajo un Virrey castellano que, no obstante, poco podía hacer sin el consentimiento de las Cortes locales o de su órgano ejecutivo: la Diputación.

La estructura jurídico-política y administrativa se complicó aún más con la creación de un Imperio Europeo multinacional bajo Carlos V. Los reyes españoles canalizaban sus energías en la política imperial y pocas restaban para un proceso de construcción de la unidad nacional.

---

[31] Castilla abrigaba cerca del 80% de la población de la Península y su territorio era con lejos el más extenso en comparación con los otros reinos. Era un Estado unificado con un sólo gobierno y contaba con poderosas estructuras de comercio que manejaban la mayor parte del comercio exterior de España. Ver Henry Kamen, *Spain 1469-1714. A Society of Conflict*, p.12-15.

Hay otro elemento que en este contexto debe ser considerado: todo indica que la corona castellana intentó lograr la unidad de la nueva nación en torno al factor religioso, es decir al catolicismo. De ahí las persecuciones y expulsiones de judíos y árabes ya bastante conocidas. Ser español —durante un período histórico relativamente largo, e independientemente de la raza y cultura— fue sinónimo de ser católico. Los miembros de la nación española estaban unidos por una común misión histórica y religiosa como vanguardia de la cristiandad primero contra el Islam y posteriormente contra la herejía protestante. La conquista de América con el sometimiento militar y la evangelización de etnias y culturas muy diferentes a las europeas, reforzó este proceso.

La política castellana con respecto a los territorios y culturas bajo su hegemonía en los siguientes siglos en ningún caso fue monolítica. En ciertos períodos, se restringían los privilegios y fueros y en otros se concedían nuevamente. Eran utilizados para retribuir o castigar la lealtad o la deslealtad con los detentores del poder castellano.

Así, p.ej., en 1714 Felipe V para castigar el apoyo otorgado por los territorios de Aragón a su rival en la disputa por el trono —un archiduque austríaco que era apoyado por Austria, Inglaterra y Holanda mientras que Felipe, nieto de Luis XIV, fue sostenido por Francia[32]— suprimió los derechos forales y las diputaciones en Aragón, Valencia y las Islas Baleares, las Cortes fueron fusionadas con las generales del reino, desapareció el Consejo de Ciento y la Diputación General. Los impuestos aduaneros y los privilegios municipales fueron igualmente abolidos. En 1716 el decreto de Nueva Planta suprimió el uso del Catalán en los tribunales. En cambio en las provincias vascongadas y en Navarra los fueros siguieron vigentes.[33]

No obstante, la política de Felipe V benefició a la burguesía catalana, que a fines de los 1700 se sentía intensamente española,[34] comenzando a desplazarse la dinámica económica a la "periferia".

El siglo XVIII presenció también un proceso de desarrollo de identidad doble. Por un lado surge el descubrimiento de una nacionalidad española y por el otro el surgimiento de una preocupación regional. Expresiones de la primera son la fundación de las Reales Academias (de la Lengua, Historia y Bellas Artes) y de obras como *España Sagrada* de Enrique Flórez que junto con otros escritores echan las bases de una historiografía nacional. Testimonios de la preocupación regional es la actividad del jesuita Larramendi que inició la labor de recuperación y sistematización de la lengua vasca y en Galicia el padre Martín Sarmiento y Feijoo.

Es necesario recordar que hasta bien entrado el siglo XX la región, la provincia y la comarca eran el centro de la vida social. Sin embargo en el

---

[32] Ver Salvador Madariaga, *ESPAÑA. Ensayo de Historia Contemporánea*, p.52.

[33] Michael Keating, *State and Regional Nationalism. Territorial Politics and the European State*, p.39. Ver también Salvador Madariaga, *ESPAÑA. Ensayo de Historia Contemporánea p.167*.

[34] Ver Andrés de Blas Guerrero y Juan José Laborda Martín, *La Construcción del Estado en España*, p.485.

siglo XIX mediante un proceso lento[35] y complejo se va creando una identidad nacional española que corre paralela con el proceso de integración económica, política y cultural de las diferentes regiones que integran España. Así en el plano económico, el establecimiento de instituciones como La Bolsa de Madrid en 1831 y el Banco de España en 1856 (con monopolio de emisión de moneda) aceleran esta integración, la extensión de carreteras y la construcción de ferrocarriles desempeñan la misma función en las comunicaciones.

El Código Penal de 1848 y el de 1890 unifican el derecho y con la introducción de sistemas nacionales de educación secundaria y superior en 1845 y 1850 se establece otro de las fundamentos necesarios para la formación de una identidad nacional moderna: un sistema educacional que puede entregar una socialización secundaria uniforme.

La transformación ocurrida se puede constatar en las diferentes repercusiones que tuvo la pérdida de colonias a principios y a finales de la centuria.[36]

La sociedad española —hasta bien entrado el presente siglo— fue una sociedad tradicional, esto quiere decir sin una infraestructura moderna y sin la uniformación y la estandarización de la vida que el resto de la Europa Occidental había experimentado. Aún más como es bien sabido la relación Estado/ciudadano en España en el siglo pasado y presente ha sido conflictiva. No esperaba mucho el ciudadano de un Estado español que no le concedía derechos y libertades inajenables para no hablar de ayuda social o económica. El grado de identificación con el Estado-nación tiene, bajo esta circunstancias, que haber sido bajo. No es de extrañar entonces que las conquistas sociales y económicas sean asociadas con una mayor autonomía política exigida apoyándose en diferencias culturales y lingüísticas reales o pretendidas.

---

[35] Sobre este proceso veáse, *"La Organización territorial del Estado"* de *Juan Pablo Fusi Aizpúrua.*

[36] Cuando se perdió la parte continental del Imperio (en las primeras décadas del siglo pasado, PC) la mayor parte de los españoles tenían poca conciencia de él, o no se sentían ligados a él, escribe Martin Blikhorn y agrega que hacia los 1900 (después de la pérdida de Cuba, Puerto Rico y las Filipinas) el honor de la patria constantemente invocado por la élite gobernante se había convertido en una cuestión política y en una preocupación intelectual. Ver, *Spain: The 'Spanish Problem' and the Imperial Myth,* p.6.

LENGUA, REGIONALISMO Y NACIONA-LISMO EN GALICIA

El gallego desde el siglo XIII hasta mediados del XIX

El gallego, lengua románica[37], era hablado por todos los estamentos de sociedad hasta mediados del siglo XIV. Como lengua escrita vive una época de auge desde mediados del siglo XIII hasta la primera mitad del XIV, es el instrumento de una poesía lírica y satírica de gran calidad artística; como señala Manuel Jardón: *el gallego llegó a convertirse en lengua literaria de los reinos occidentales de la Península cuando se trata de desempeñar funciones líricas"*. [38] El gallego se utiliza además en los documentos notariales de contrato y ventas y también en la vida interna del municipio, en bandos y pleitos. Sin embargo, no llegó a generar una producción en prosa significativa.

Galicia estuvo unida políticamente a Asturias y Cantabria y más tarde a León. En los cortos periodos en que Galicia contó con regentes propios y con una cierta independencia política como ocurrió bajo los reinados de Alfonso III (rey asturiano 866-910 y gallego durante cuatro años) Ordoño II (rey gallego: 892) y Sancho Ordoñes (925-929), la lengua oficial y literaria, en toda la Península, era el latín. El gallego nunca llegó a ser lengua del Estado.

La integración de Galicia a la Corona Castellano-leonesa durante Alfonso VI (1072-1109) es un elemento explicativo del inicio de un proceso de sustitución del gallego por el castellano como lengua escrita. Así, las leyes y documentos que llegaban de la Corte estaban, desde Fernando III (1230-1253) redactados en castellano.

En este mismo siglo se crean las universidades y también son dadas a la luz obras escritas en prosa castellana, catalana y portuguesa. En el contexto del presente artículo es necesario recalcar que, como escribe Francisco Rodríguez, "gallego y portugués son, en sus orígenes el mismo idioma cuya base la constituye un territorio, perfectamente definido desde el punto de vista geográfico y cultural".[39] Las diferencias posteriores entre ambos se deben, en parte, a la expansión del gallego-portugués hacia el sur en el que es influido por los dialectos mozárabes y sobre todo a la constitución del

---

[37] Galicia antes de la llegada de los romanos estaba conformada por una serie de pueblos entremezclados y enfrentados entre si, sin una lengua común, sin cultura uniforme y sin cohesión política. Ver, *Galego*, p.228.

[38] Manuel Jardón, *La «normalización lingüística» una anormalidad democrática. El caso gallego,* p.11. Ver también Manuel Portas, *Lingua e Sociedade na Galiza,* pp. 51-52.

[39] Francisco Rodríguez, *La Lengua,* p.220

Portugal como nación independiente, mientras Galicia, como estamos viendo, sigue una evolución política distinta.

Como consecuencia del proceso de formación del Estado territorial español, lidereado por Castilla, reino como hemos visto militar, geográfica y demográficamente dominante no sólo en la Península sino también en Europa y América la lengua castellana se va imponiendo dentro de los límites del nuevo Estado, en Galicia primero en el nivel escrito y posterior- ente y en parte, en el oral.[40] En los siglos XVI y XVII el gallego deja de escribirse, y los estamentos dominantes (nobleza, clero, pequeña burguesía profesional y rentista) comienzan a hablar también la lengua castellana, que por su difusión por todo el Estado (hablada por catalanes, vascos, navarros y andaluces) comienza también a denominarse lengua española y así ha sido traducida a las diferentes lenguas extranjeras: spanish, spanisch, spansk, spagnuolo, etc. Un testimonio contemporáneo de este proceso lo encontra- mos en un texto de Juan de Valdés, que escribe: *"Como la lengua castellana se habla no solamente por toda Castilla, pero en el reino de Aragón, en el de Murcia con toda el Andalucía, y el de Galicia, Asturias y Navarra, y esto aun entre la gente vulgar".* [41]

Desde el siglo XVI hasta mediados del XIX aproximadamente, el gallego hablado es lengua exclusiva de los estamentos populares: campesinos, marineros, artesanos. Además se mantiene una tradición de literatura oral expresada en refranes, cánticos, cuentos y leyendas. El sistema educacional, dependiente de la Iglesia, enseñaba en lengua latina y española.

El proceso de penetración del español en Galicia[42] fue facilitado por el hecho que los grupos económicos que introdujeron embriones de moderni- dad en la economía gallega, como por ejemplo la industria pesquera, eran foráneos, concretamente catalanes y naturalmente en Galicia, utilizaban el español.

La situación del gallego como lengua escrita no experimenta cambios hasta mediados del siglo XIX y desde esa época sigue un proceso paralelo al

---

[40] La nobleza gallega obtuvo provecho de la convivencia con el Estado y hubo gallegos como virreyes de Indias, Europa o España, presidentes del Consejo de Castilla o em- bajadores, véase, Xosé Ramón Barreiro Fernández, *Historia de Galicia*, p. 123.

[41] *Galego*, p. 247

[42] Utilizo conscientemente la palabra español porque es el idioma que hablan no sólo los castellanos como hemos visto sino también catalanes, andaluces y gallegos que le han conferido al castellano original sus peculiaridades fonéticas y lexicales. Lo mismo es válido para el español que se habla en América. El catedrático de Lengua española de la Universidad Complutense de Madrid, Gregorio Salvador, escribe: "Lengua española la conocida así en todo el mundo, la que surgió en Castilla, la que se habla, bien como primera y segunda lengua, en todo el territorio nacional y en veinte naciones ultra- marinas". Y más adelante, "es lo mismo que pensaba Fernando de Herrera en el siglo XVI, que como andaluz era español lo que hablaba, y es lo mismo que los dialectólogos de hoy enunciamos con equívoca precisión terminológica: el castellano no es otra cosa que una variedad del español, como la sevillana, la canaria, la mexicana, la chilena o la rioplatense. Poco nombre, pues, ya para tan ancha lengua" en *Lengua Española y Lenguas de España*, pp.92-93.

del surgimiento del regionalismo que se inscribe en el movimiento general romántico y de protesta contra las tendencias uniformizantes y reductoras en el plano cultural e espiritual de la Ilustración francesa[43]. Alonso Montero expresa una opinión parecida cuando escribe: "recobran su voz comunidades europeas que durante siglos vivieron enajenadas culturalmente".[44]

Existe un cierto consenso en remontar la génesis de una concepción diferencialista de Galicia a la Guerra de Independencia y la década de los 1840. Está última guarda relación con los intentos homogeneizadores y uniformadores del Estado central que, no obstante, como he señalado, no pueden compararse en cuanto a su intensidad a los experimentados por los otros Estados territoriales europeos que estuvieron en la vanguardia de la modernidad.

Frente a la homogeneización surge la conciencia de la diferenciación.

Se pueden según los estudiosos del problema[45] distinguir, a grandes rasgos, las siguientes etapas en este proceso de creación de una identidad nacional gallega:

I. *La llamada regionalista*, que va desde 1840 hasta la última promoción de Solidaridad Gallega y la fundación de las Irmandades de Fala.

II. *Nacionalista* con la creación de las Irmandades de Fala en 1916.

Regionalismo y lengua

En los comienzos de esta fase puede apreciarse una corriente provincialista. En efecto, entre los años 1840-46, un grupo de intelectuales comienza a destacar aspectos peculiares de Galicia, que la diferencian del resto de los pueblos de la Península: lengua, artes, costumbre e historia. Este grupo, a través de la actividad periodista diagnostica el carácter tradicional, nomoderno de la sociedad gallega: agricultura atrasada, poca industria, pésimas comunicaciones, población con bajo nivel de vida. Los títulos de las publicaciones ilustran el carácter de las medidas consideradas como necesarias por estos intelectuales: *El Emancipador Gallego, La Aurora de Galicia, EL Porvenir.* Ellos despiertan asociaciones con el ideario ilustrado que lucha por una sociedad moderna sinónimo del porvenir y la luz en contraste con la noche de la opresión en el pasado.

El inicio del regionalismo propiamente tal se suele situar en 1886, año en que con ocasión de un Certamen Literario Musical presidido por Murguía se

---

[43] Los ilustrados más destacados de Galicia, los eclesiásticos Feixó y Sermiento, fueron estudiosos y defensores de la lengua gallega. Ver Manuel Portas, *Lingua e Sociedade na Galiza*, pp. 62-63.

[44] Alonso Montero, *Informe dramático sobre la lengua gallega*, pp.67-68.

[45] Sigo aquí la presentación de Xosé Ramón Barreiro Fernández en su *Historia Contemporánea. (pp. XIX—XX). Los grandes movimientos políticos: galleguismo, agrarismo y movimiento obrero* . También a Ramón Villares en, *A Historia*.

defiende la utilización del gallego. Figuras claves del regionalismo son el mismo Murguía y Alfredo Brañas. Ambos forman parte de un movimiento cultural más amplio, el Rexurgimiento, que a su vez es una expresión local de la corriente romántica europea, que cuestiona el racionalismo de la Ilustración. Poetas señeros del Rexurgimiento gallego son Rosalía Castro, Eduardo Pondal y Curros.

Inicialmente este regionalismo es más bien un entusiasmo por todo lo gallego y muy especialmente por su idioma. Murguía se da a la tares de elaborar una fundamentación doctrinal. Historiador, elabora el mito de la común ascendencia celta de los gallegos y fundamenta así la raza como un valor central del hecho diferenciador.

En la visión de este padre fundador del galleguismo, frente a la raza gallega —enlazada estrechamente con los celtas de Francia, irlandeses y escoceses— dotada de una serie de atributos peculiares: (bravura, resistencia, capacidades líricas) se encontraría el resto de España influida por semitas y árabes con sus características: inconstancia, blandura. Así, por un lado tendríamos a una Galicia que por factores raciales estaría más integrada en Europa y en el otro, el resto de España con su trasfondo semita pertenecería más al África.[46] En su «Historia de Galicia» intenta mostrar que Galicia se encuentra en un estado más avanzado que el resto de los pueblos peninsulares en razón de su situación geográfica, la lengua, las costumbres y en especial el factor señalado: la raza.

El otro gran teórico del regionalismo de las últimos décadas del siglo XIX, Alfredo Brañas, fundamenta sus concepciones en algunas ideas provenientes del pensamiento social católico. Así, Brañas rechaza tanto el socialismo por la subordinación al Estado como el individualismo liberal. A la obsesión por el Estado o el individuo contrapone el rol de las agrupaciones naturales como la familia, el municipio y la región.

Brañas era profundamente antiliberal y terminó su corta vida, militando en el carlismo. En su obra "El Regionalismo" escribe sin ambigüedades que: "*el objetivo de los regionalistas debe de ser en primer término acabar de un solo golpe y de una vez con el sistema parlamentario*".[47]

En cuanto a la lengua Brañas en su obra central, escribe: "*Galicia posee un lenguaje propio, quizás el primero entre los progenitores del romance castellano, y por consiguiente uno de los elementos más importantes y constitutivos de las agrupaciones regionales y aún de las nacionalidades libres é independientes.*"[48]

Este antiliberalismo lo distanció del importante sector regionalista de tendencia liberal entre los que se encontraba Murguía. Un especialista en Murguía, Ramón Máiz, sostiene que Murguía se diferencia claramente de otros teóricos regionalistas/nacionalistas en España como Sabina Arana que sustentaban ideas tradicionalistas y organicistas, pretendiendo un retorno al

---

[46] Ver Ramón Máiz, *Raza y mito céltico en los orígenes del nacionalismo gallego: Manuel Murguía*,pp.165-170.

[47]. *El Regionalismo Gallego*, p.92.

[48] *El Regionalismo Gallego*, p. 18

pasado.[49] En mi opinión Murguía con su énfasis en los factores étnicos en cuanto su concepción de la nación no puede ser caracterizado como liberal, ya que como hemos visto la concepción liberal, moderna y racional de la nación descansa sobre todo en derechos y libertades políticas del ciudadano y en un cuerpo de leyes común y válido para todos ellos y de forma alguna en elementos tales como una ascendencia racial común. Piénsese lo que sucedería si los criterios de Murguía fuesen aplicados para definir el derecho de pertenencia en una nación moderna y constituida de acuerdo al paradigma liberal, como los Estados Unidos.

En el período del que vengo hablando surgen una serie de organizaciones inspiradas por el sentimiento de identidad regional tales como la *"Asociación rexionalista galega"* en 1891, en Santiago de Compostela, presidida por Murguía que centró sus esfuerzos en la organización de los Xogos Florais y en la defensa de la Capitanía general de la Coruña amenazada con ser trasladada a León. Es nuevamente Murguía el líder de una nueva asociación regionalista fundada en 1897, la *"Liga Galega"* que como nuevo objetivo tiene el del reconocimiento oficial del gallego como idioma paralelo al español.

Existe un amplio consenso en cuanto a señalar el escaso arraigo en los sectores populares del galleguismo finisecular. Y estos por varias razones: el carácter de sociedad tradicional de Galicia sin una infraestructura de caminos y vías férreas que hiciesen la comunicación expedita, la situación de miseria y sometimiento del campesinado y la inexistencia de una burguesía autóctona que tuviese verdaderamente el carácter de una élite nacional. Quizá tan importante como lo anterior es el hecho que la intelectualidad del galleguismo, posiblemente por su propia extracción social, se dirigió a sectores sociales que no fueron receptivos a su llamado: sectores dispersos de la burguesía y la clase de rentista. Al mismo tiempo su discurso político era de carácter elitista y retórico lo que la alejaba de un estamento de importancia vital para un movimiento regionalista o nacionalista de masas: el campesinado.

En el período bosquejado se puede ver, como lo señala Manuel Jardón [50], un paralelo con la situación que se había experimentado en los últimos siglos medievales: esplendor de la poesía y una prosa de poca importancia. Rosalía Castro escribió su última obra poética en español, como lo había hecho con todas sus novelas. Murguía había también escrito su obra histórica en español, al igual que Brañas su *"Regionalismo"*. Los documentos y cartas de los representantes del regionalismo también están escritos en español.

Un acercamiento al campesinado se produce con "Solidaridad Gallega" fundada en 1907 y formada por grupos de tendencia muy disímil: republicanos, tradicionalistas, neocatólicos y galleguistas. Solidaridad Gallega

---

[49] *El Nacionalismo Gallego. Apuntes para la historia de una hegemonía imposible*, pp.202-203.

[50] Manuel Jardón, *La «normalización lingüística» una anormalidad democrática. El caso gallego*, p. 13.

tuvo una serie de publicaciones como, «Galicia Solidaria», «Solidaridad Gallega» y «A Nosa Terra» [51].

Entre los objetivos centrales de Solidaridad se encontraba:

    a) el afirmar y hacer valer la personalidad de Galicia a través de una amplia descentralización;

    b) eliminar el caciquismo y conseguir una representación genuinamente gallega;

    c) estudios de economía de la realidad gallega;

    d) atención a los problemas de la agricultura gallega.

Entre las contribuciones significativas de Solidaridad cabe hacer resaltar la organización de las sociedades de ámbito agrario y la organización de Asambleas en Monteforte en los años 1908, 1910 y 1911. En estas asambleas junto a los sociedades agrarias de inspiración solidaria, participaron otras de procedencia anarquista y antiforista y se discutieron reformas consideras como necesarias para modernizar el agro afectado por los foros[52], el atraso técnico, la baja productividad y la escasa integración al mercado.

Con este discurso no es de extrañar que Solidaridad tuviese una acogida más entusiástica en el campo y fría entre algunos intelectuales y en las ciudades. Solidaridad desapareció en 1912.

Nacionalismo y lengua

De principios de siglo a la dictadura de Franco

En Madrid, en los años 1915-16, un grupo de intelectuales gallegos celebra conferencias y publica la revista *"Estudios Gallegos"*. El objetivo era discutir los problemas económicos de Galicia y asegurar su personalidad regional de ella mediante la defensa del idioma. Esta publicación inspira el folleto de Antón Villar Ponte, *"Nacionalismo gallego. Nuestra afirmación regional."*. El 18 de marzo de 1916 Villar Ponte convoca a una asamblea en la Coruña a la que asisten las figuras más prominentes del galleguismo y del regionalismo. Es el punto de arranque de las Irmandades da Fala fundadas en las principales ciudades de Galicia que llegaron a ser 28 en 1923.

En el Reglamento de la primera Irmandade de Amigos da Fala creada en la Coruña, se establece, *"falar entre os asoziados o idioma galego"*, *"traballar por todo los medios para que os boletís galegos adiquen periódicamente unha seizión para que os escritores da fala galega poidan dar a conocer as suas prodiziós"* y quizá aún más importante, *"acostumar aos asoziados a escribir na nosa fala."*[53]

---

[51] La revista de los los nacionalistas del Bloque Galego lleva hoy el mismo título..

[52] Foro: rentas pagadas por los labregos por el usufructo de la tierra.

[53] *Galego*, op.cit, p. 249.

En noviembre de 1916 aparece el primer número del jornal decenal *A Nosa Terra* que será el vocero de las Irmandades.

Los irmandiños[54] se conciben, en un comienzo, como regionalistas pero rápidamente se delimitan de otros regionalismos como ya se puede apreciar por el título del folleto de Vilar Ponte.

Este último da cuenta en la primera editorial de *A Nosa Terra* de los objetivos principales de las Irmandades: a) fomentar la lengua gallega y b) estudiar los problemas económicos de Galicia que no tendrían solución, en su opinión, dentro del régimen político español imperante.

La actividad de los irmandiños ejerció una magnética atracción sobre un grupo de destacados intelectuales de Orense (Vicente Risco, Ramón Otero Pedrayo, Florentino Cuevillas, Arturo Nogueral) por su componente de recuperación etnográfica y la espiritualidad de la tarea. Con la entrada de este grupo en las Irmandades, la defensa del habla se convierte en un vínculo de unión entre las clases intelectuales y la populares.[55]

Este grupo de intelectuales conocido como la generación *Nós* y formado alrededor de la revista del mismo nombre, boletín mensual de la cultura gallega entre 1920 y 1936, entregó un aporte decisivo al desarrollo de la conciencia nacional gallega mediante sus estudios de literatura, arte, historia y política gallega. Por primera vez en su historia el gallego cuenta con una prosa significativa.

Todos los componentes de este grupo son conscientes de la crisis de la civilización occidental. Para Vicente Risco, figura líder, la alternativa ante esta crisis es la recuperación de formas de vida más espirituales lo que lo lleva a concluir, tras una búsqueda personal intensa, que ésta puede encontrarse en el cultivo de las culturas originarias, al margen del desarrollo occidental.

La exaltación de los valores étnicos (territorio, idioma, defensa de lo genuino) llevan a Risco y al resto del grupo a posiciones nacionalistas. Además el grupo *Nós*, rechaza la cultura mediterránea, ya que para devolver a Galicia su auténtico ser es necesario volverse hacia el Atlántico —cuna de la cultura céltica de Bretaña, Irlanda, Escocia— y dar la espalda a España. Galicia pertenece históricamente a Europa porque fue el camino de Santiago el que le confirió unidad cultural.

El nacionalismo de Vicento Risco[56] tiene una clara vinculación con el pensamiento romántico y se inscribe dentro de la rebelión propugnada por este en contra de lo que se concibe como el legado de la Ilustración

---

[54] Los irmandiños: El nombre proviene de las "revoltas irmandiñas", es decir, las sublevaciones campesinas tardomedievales. Con ello se despierta la asociación simbólica con el pasado étnico y el mito de la fraternidad.

[55] Ver Silvia Gaspar, *1923 y la generación Nós: la estética del nacionalismo gallego (del Atlantismo a Berlín)*. Conferencia organizada por el Laboratoire Littérature et Historie des Pays de Langues Européennes

[56] Risco publica su opúsculo, *La Teoría del nacionalismo Gallego* en 1920. Este, se convirtió en la obra de consulta obligada del galleguismo de las Irmandades.

francesa.[57] Así, en el opúsculo mencionado sobre el nacionalismo,[58] afirma que los racionalistas creían que el conocimiento científico respondía a la realidad y que teorizaron y legislaron para un hombre abstracto y mítico que ellos crearon, junto con el mito del progreso. En la perspectiva del presente artículo es interesante recalcar las siguientes ideas:

   a) en la concepción de Risco el Estado español fue creado a expensa de las libertades de los pueblos ibéricos, es la obra del despotismo de los Austrias y sometía al pueblo gallego a las esferas de gobierno, al caciquismo las arbitrariedades y la incompetencia.

   b) El nacionalismo gallego busca la desaparición de la España unitaria y oficial no de la vital. Galicia no debe vivir separada de las otras nacionalidades ibéricas y debe contribuir con su genio nacional a la vida española.

   c) lo que los nacionalistas piden es Autonomía para Galicia y ante este objetivo todas las diferencias partidarias deben desaparecer.

   d) el deber de Galicia es desarrollar originalidad es decir su lengua, arte, derecho, etc. Galicia nunca llegará a ser nada si se uniformiza con el resto de España.

   e) el nacionalismo gallego se propone la reconstrucción de toda la vida gallega, espiritual, política, económica, según la tradición castiza.

   f) el habla de Galicia la hermana con el Portugal y la une a este país y a su civilización

Risco encabezó una de las tendencias dentro de las Irmandades, la denominada culturalista, cuya tesis nuclear era hacer de Galicia una comunidad cultural pues, una vez alcanzada esta meta, lo demás vendría de por sí. La tendencia contraria conocida como la política razonaba que como las Irmandades debían ocupar el poder políticamente era lógico que se convirtiesen en un partido político.

La ruptura entre las dos tendencias se produjo en 1922 y después de la dictadura de Primo de Rivera, marcadamente antiautonomista —durante su dictadura, en 1926, se prohibió el uso de las hablas minoritarias: catalán, euskera y gallego en la escuela— le restó significado a la contienda.

En los comienzos de la II República se constituye el Partido Galleguista. Diversos sectores concluyen en él: a) uno conservador opuesto a todo acercamiento a la izquierda por razones religiosas y filosóficas, b) el de los arredistas (separatistas), radicalmente antiespañoles y c) un sector populista con simpatías izquierdizantes entre los que sobresale Alfonso Castelao Rodríguez.

---

[57] Ver el artículo de Isaiah Berlin, *La Contra-Ilustración*.

[58] Vicente Risco, *Teoría do Nacionalismo Galego*, p.118.

En el Programa del Partido Galleguista de 1931[59] se menciona entre otras cosas:

a) La creación de un organismo gallego de base exclusivamente democrática y con facultades deliberantes para regir, con autonomía integral, los intereses de Galicia.

b) El problema agrario estableciéndose que, 1) la regulación de la propiedad rural debe tender a la libertad de toda carga para quien la trabaja, 2) la tierra debe ser considerada como instrumento de trabajo para los pequeños propietarios.

c) La galleguización de la enseñanza, el derecho indiscutible al empleo del gallego y la co-oficialidad con el español.

El Partido Galleguista arrastraba una serie de conflictos. Primero, siendo una entidad política con marcadas tendencias de derecha, no podía durante la II República, periodo en que como es bien sabido se debatieron grandes conflictos que afectaban a todos los grupos sociales en España, encontrar su correspondencia a un nivel central, porque la derecha española era antidemocrática y antiautonomista. Segundo, las reivindicaciones autonomistas del Partido Galleguista podían encontrar eco en la izquierda española, pero un sector clave del galleguismo de extracción católica no podía aceptar alianzas con esta izquierda que muchas veces daba muestras de un violento anticlericalismo. De hecho cuando en 1935 se decide la alianza con los partidos de izquierda, ésta causa la escisión de amplios sectores.

Uno de los grandes logros del Partido Galleguista durante la II República fue la obtención del Estatuto de Autonomía para Galicia. En efecto, en 1932 se aprobó un texto definitivo con la aprobación de ¾ partes de los consejos gallegos. En el plebiscito por el Estatuto el 24 de junio de 1936, que nunca pudo entrar en vigencia por el advenimiento de la dictadura del general Franco, se aprobó con 1.343.135 votos a favor y 993.351 en contra.[60] El precedente creado por este Estatuto creó la base para el reconocimiento de Galicia como nacionalidad histórica al alcanzar España un sistema político democrático después de la muerte de Franco.

Antes de esbozar el nacionalismo galleguista bajo y después de Franco es importante, por la influencia que ha tenido sobre un número apreciable de los entrevistados, algunas de las ideas centrales de Alfonso Castelao, considerado hoy por nacionalistas y muchos galleguistas como un faro ideológico, sobre el carácter de Galicia como nación.

A continuación algunas de las ideas centrales:[61]

---

[59] El programa se encuentra en Xosé Barreiro Fernández, *Historia Contemporánea. (ss. XIX—XX). Los grandes movimientos políticos: galleguismo, agrarismo y movimiento obrero.* pp. 385-394.

[60] Cesar Díaz López, *The Politicization of Galician Cleavages*, p. 410

[61] En su obra central y más difundida, *Sempre en Galiza*

1. Gálicia, en la opinión de Castelao, desea abrir un nuevo camino para la hispanidad mediante la unión de los dos Estados peninsulares.

2. Galicia no puede pertenecer a los que la ultrajan, a los que le niegan el habla y el pensamiento. Castelao escribe esto después del triunfo de Franco —que por lo demás era gallego— refiriéndose a la política centralista de Madrid. La imposibilidad de expresarse libremente y la represión era algo compartido con toda la izquierda y los sectores republicanos. A la opresión general compartida con todos los vencidos en la guerra civil, en el caso de las nacionalidades históricas se sumaba la imposición del español como única lengua oficial.

3. La política castellana es la responsable de haber interrumpido las relaciones que Galicia sostenía con el fisterrá atlántico (los míticos extremos occidentales de Europa que de acuerdo a la mitología nacionalista unen a los gallegos con galeses, bretones e irlandeses) perdiendo Galicia el lugar que le correspondía en el concierto misterioso de la raza.

4. En un encendido y retórico pasaje Castelao da cuenta de los antepasados gloriosos de Galicia: el puñado de celtas gallegos que prefirió morir en el Monte Medulio a dejarse someter por los romanos, el heresiarca Prisciliano mártir cuya sangre, según Castelao, fue el germen de la reforma católica y el libre pensamiento, eruditos y pensadores como el padre Sarmiento, escritores y poetas como Concepción Arenal y Rosalía de Castro, Curros, Brañas, Pondal, etc.

5. Gracias a la comunicación con Europa vía el camino de Santiago, España se salvo de ser un país africano (¿africano = musulmán, incivilizado, inferior? PC)

6. Los gallegos crearon la insuperable poesía lírica de los cancioneros y el único Rey Sabio de España escribió en gallego.

Castelao utilizando la definición de nación de Stalin[62] entrega argumentos de por que Galicia lo es:[63]
1. Tiene un idioma propio:
   a) que fue el instrumento de la poesía lírica hispánica cuando la lengua de España no tenía categoría literaria.

---

[62] Según Stalin la nación tenía cinco ragos distintivos esenciales: una comunidad estable, con un lenguaje y territorio común, cohesión económica y carácter colectivo. Ver "Nation", en *A Dictionary of Marxist Thought*, p.344-345

[63] Ver *Sempre en Galiza*, pp.39-52.

b) el gallego es un idioma extenso y útil porque se habla, con pequeñas variantes en el Brasil, el Portugal y las colonias portuguesas.

c) es habla popular viva y gloriosa. "No olvidemos, escribe Castelao, que si aún somos gallegos es por obra y gracia del idioma"

d) a pesar del ilustre pasado de la lengua gallega, los señoritos y los trabajadores que quieren serlo, lo rechazan Aún más el gallego es prohibido en las escuelas y expulsado de las iglesias.

e) los castellanos son unos imperialistas fracasados porque el gallego está vivo a pesar de los siglos de política asimilista.

2. Tiene un territorio propio
   a) la entidad geográfica gallega tiene fronteras naturales bien delimitadas y comprende algo más de las 4 provincias.

   b) la tierra gallega es una entidad étnica, pero de dificultosa reconstrucción política ya que la frontera portuguesa impedía renovar la comunidad nacional de los tiempos suevos y visigodos.

   c) el culto a la tierra: "la tierra es fuente de vida, nos hace a su semejanza con tierra, piedra y agua, que son la carne, hueso y sangre de nuestro cuerpo".

3. Una vida económica propia
   a) Galicia es un país precapitalista, poblado por trabajadores que viven de un mísero jornal, que ellos mismos sacan de la tierra y el mar, sin industrias suficientes para absorber el excedente de población labriega y marinera

   b) España es un país de latifundios, Galicia de minifundios. En España la solución es el colectivismo; en Galicia, el cooperativismo. Para España el paradigma es Rusia; para Galicia Dinamarca.

   c) Ni la legislación liberal ni la de la II República se ajustaban a la situación de la agricultura gallega.

   d) los labriegos gallegos veían en el Estado la figura del recaudador de contribuciones y temían la justicia oficial porque nunca se había legislado en su favor. Por ello tenían necesidad de los caciques para que los liberaran de las injusticias de la ley y las disputas de abogados.

   e) Los problemas de la pesca eran enteramente ajenos a la mentalidad de los hombre de tierra adentro.

   f) el desarrollo de la industria pesquera era la única creación capitalista de Galicia.

f) una política estatal asentada en el centro de la Península no podía solucionar los problemas de los marineros.

4. Una comunidad de cultura

   a) en la cultura de castros y citáneas se puede apreciar un arte pulido y propio y símbolos religiosos que hacen suponer cultos peculiares y comunes de toda Galicia.

   b) La doctrina de Prisciliano —que injertó el sentimiento panteísta y las libertades morales de su raza en la doctrina católica— engendró una Iglesia separada y alrededor de ella se agruparon todos los gallegos.

   c) Los caminos que llevaban a Galicia engendraron la simbiosis de la cultura antigua y las formas espirituales de occidente, por esos caminos entró Europa en España.

   d) el romance gallego por su gran valor artístico llegó a ser la lengua cívica y cortesana de Castilla.

El rápido bosquejo de los diferentes movimientos que han luchado por preservar la identidad cultural/nacional de Galicia como asimismo algunos de las ideas centrales de los teóricos del regionalismo/nacionalismo, permiten constatar que todas las ideas que confluyen en la actualidad a conformar el discurso galleguista/nacionalista forman parte de un trasfondo común y que en el pensamiento gallego existe una fuente profunda a la que pueden recurrir en busca de argumentos, conceptos o inspiración los que hoy sostienen nociones similares. Fuera de eso, podemos encontrar en pensadores como Risco y Castelao la estructura característica de las doctrinas nacionalistas con paralelos en la Contra-ilustración y el pensamiento alemán de finales del siglo XVIII y comienzos del XIX.

De esta forma, y de acuerdo a este discurso, los gallegos conforman una etnia aparte del resto de los pueblos de España en razón de sus míticos antepasados comunes que los unen con los otros pueblos célticos y con las hijas e hijos ilustres de Galicia desde Prisciliano en adelante comparten un territorio común bien diferenciado que hace que un gallego *cando entra nas planueras de León ou de Zamora, síntese en terra allea, invadido pol-a tristura que producen os desertos*, [64] tienen una lengua con virtudes líricas especiales y una cultura diferente que se expresa, entre otras cosas en los castros, citáneas y una rica tradición poética. Frente a la Castilla de la épica, la jota, la guitarra, la picota y la lógica existe la Galicia lírica, de la muiñeira (baile popular), la gaita, el cruceiro (cruz de piedra monumental) y la intuición.

De acuerdo a esta visión, Galicia por su lengua y cultura forma parte de una civilización común con Portugal con el cual se busca restablecer alguna forma de comunidad política.

---

[64] Castelao, *Sempre en Galiza*, p.45.

Pueblo de pescadores (mariñeiros) y minifundistas (labregos) Galicia no puede ser comprendida por la España latifundista y los políticos de la Meseta.

Los deberes con la comunidad o nación (fundamentados por la raza, los lazos con la tierra natal, los antepasados, la lengua y la cultura) de acuerdo a pensadores como Risco y Castelao se anteponen a las posibles diferencias de convicciones [65] y entre estos deberes está el cultivo de las peculiaridades que distinguen a Galicia de los otros pueblos de España y muy especialmente al castellano, puesto que en ellas está contenida la promesa de grandeza.

Nacionalismo bajo el franquismo y en la democracia

Al tomar el poder Franco, muchos galleguistas son ejecutados, detenidos o se ven obligados al exilio. En Buenos Aires se constituye el Consello de Galicia, una especie de gobierno gallego en el exilio, que tiene como personalidad más destacada a Alfonso Castelao. Su libro, *Sempre en Galiza*, se convierte en la obra de consulta obligada de la nueva generación de galleguistas que, a pesar de la existencia de la dictadura, se va desarrollando en España.

En 1950 se disuelve el Partido Galleguista y los miembros más jóvenes junto con sobrevivientes de la generación Nós se centran en la labor cultural, cuyo resultado más visible es la fundación de la editorial Galaxia, surge así el llamado culturalismo lidereado por Ramón Piñeiro.

En la década de los 60 surgen nuevas formaciones políticas que aúnan la herencia cultural del nacionalismo con nuevas corrientes ideológicas tales como la estrategia de descolonización nacional y el marxismo leninismo .

En 1964 se funda la Unión do Povo Galego y en 1965 el Partido Socialista Galego (PSG). En los 70 surgen el Partido Galego Socialdemócrata, el Partido Popular Galego y la Asamblea Popular Galega.

Parte de la élite galleguista se integra en partidos de alcance nacional-estatal como el PSOE o la Alianza Popular.

Los años 70 fueron testigos de un conflicto —válido en parte en la actualidad— debido a la presencia de partidos/movimientos políticos nacionalistas radicales y de izquierda y un electorado que es fundamental

---

[65] En el nacionalismo como algo definito, ideológicamente importante y peligroso —escribe Berlin— se piensa, "que el patrón de vida de una sociedad es similar a la de un organismo biológico; que lo que este organismo necesita para su desarrollo propio, que lo que aquéllos más sensibles a su naturaleza articulan en palabras o imágenes u otras formas de expresión humana, constituye sus metas comunes; que estas metas son supremas; que en casos de conflicto con otros valores, los cuales no se derivan de los fines específicos de un "organismo" específico —intelectual o religiosos o moral, personal o universal— estos valores supremos deben prevalacer, dado que sólo así la decadencia y la ruina de la nación será evitada". Ver, *Nacionalismo: Pasado Olvidado y poder presente*, p. 424.

conservador. Los partidos nacionalistas nunca han obtenido un apoyo superior al del 10/11% del electorado.

Claro que hay que considerar dentro de este panorama el hecho que Galicia cuenta hoy con un régimen autonómico pleno con un Estatuto e instituciones propias: Junta, Consellerías, Parlamento y que los personeros gallegos que ha dirigido estas instituciones, miembros del Partido Popular, se reclaman galleguistas.

La corriente particularista de la segunda mitad del siglo XIX, —que surge precisamente cuando los efectos de los débiles esfuerzos por constituir una nación española articulada económica, lingüística y culturalmente se hacen sentir— parece corresponderse hoy por un nuevo resurgimiento del sentir étnico en esta época finisecular cuando el Estado-nación y las concepciones cientifistas y racionalistas que lo sustentan atraviesa una crisis y cuando al mismo tiempo se intenta uniformar económica, monetaria, legalmente etc. a los Estados-naciones de Europa realizando quizá la visión de Condorcet y de Saint-Simon. En efecto, este último sostenía que los Estados europeos debían adoptar la misma constitución fundada en la observación y en la lógica y después podrían reunirse *"fácilmente en una confederación, que se dotará de instituciones comunes, de una educación uniforme y de un código moral único".* [66] Esta idea de una forma de gobierno y una constitución única primero para Europa y después para el resto del mundo surge de la concepción de que se debe poder llegar a un acuerdo sobre ambas a través del razonamiento, dado que hay sólo un método de razonar correctamente.

La situación de la lengua inmediatamente anterior a la Autonomía.

Con anterioridad al Estatuto y la puesta en marcha de la denominada normalización de la lengua gallega, la situación lingüística estaba caracterizada, a grandes rasgos, por la presencia, por un lado, de los sectores populares (campesinos, marineros, obreros) fundamentalmente gallegohablantes que podían hablar el español con grandes dificultades y, por el otro, los estamentos pudientes de ciudades y villas que utilizaban exclusivamente el español, pero muchos de ellos entendían el gallego. El gallego, escribe Jardón, era el lenguaje de la camaradería, y por ello del bar y la taberna, de la feria y la romería. Era el idioma del pueblo: campesinos, marineros, y también artesanos y obreros de la escasa industria. En los años previos a la Autonomía era más propio de adultos y ancianos que de niños y jóvenes, castellanizados por la escuela y más de hombres que de mujeres (con la exepción de las mujeres mayores en el campo) porque la mujer era la encargada de introducir a los hijos en el aprendizaje del español. Este último era, por su lado, el idioma exclusivo de las clases, conferencias y de los trámites burocráticos, también la lengua que usaba la gente de las aldeas en la iglesia, la escuela, el médico y el servicio militar o cuando salían a trabajar como temporeros fuera de Galicia. En el mundo rural también lo hablaba la

---

[66] Veáse Tzvetan Todorov, *Nosotros y los Otros*, p.46

élite local: el cura, el maestro, el secretario del Ayuntamiento y el señorito del paso. Los padres intentaban educar a sus hijos en español. [67]

La existencia de un régimen político democrático ha significado un cambio sustancial en la situación de las lenguas minoritarias de España. Textos básicos en cuanto a la legislación sobre la lengua gallega son la Constitución española de 1978, El Estatuto de Autonomía para Galicia de 1981 y la Ley de Normalización Lingüística de 1983. [68]

La Constitución habla sólo de deber en relación al conocimiento del castellano, lengua oficial del Estado., que todos tienen derecho a usar, (artículo 3, párrafo 1). En lo que se refiere a las otras lenguas de España dice que serán oficiales en sus respectivas Comunidades Autónomas y además, "serán objeto de especial respeto y protección".

El valor que inspira la Constitución, en el problema de las lenguas, es el pluralismo, (artículo 20, párrafo 3)

El artículo 148 establece que las Comunidades Autónomas podrán asumir competencias, "en el de la cultura, de la investigación y en su caso de la enseñanza de la lengua de la Comunidad Autónoma."

El Estatuto de Autonomía para Galicia hace constar que Galicia ha adquirido sus propias instituciones, La Comunidad autónoma y que ésta, "asume como tarea principal la defensa de la identidad de Galicia y de sus intereses" (artículo 1, párrafo 2). Aunque se reconoce que el castellano también es lengua oficial en Galicia, se especifica que, "la lengua propia de Galicia es el gallego" (artículo 5, párrafo 3).

La intención tras toda la política oficial, sobre la lengua, que se ha seguido como sus consecuencias, quedan claras cuando se hace constar que los poderes públicos de Galicia, "potenciarán la utilización del gallego en todos los órdenes de la vida pública, cultural e informativa, y dispondrán los medios necesarios para facilitar su conocimiento" (artículo 5, párrafo 3).

Finalmente podemos agregar que el Estatuto da a conocer que Galicia como comunidad con su propia identidad cuenta con los símbolos que la manifiestan: bandera, himno y escudo propios. (artículo 6, párrafos 1 y 2)

La Ley de normalización lingüística es más detallada, y precisa como las intenciones generales esbozadas en el Estatuto se concretarán. Me referiré aquí acerca de lo que esta ley establece en el campo de la educación que tiene indudablemente consecuencias decisivas para la comunidad y el que concierne a los medios de comunicación.

El título tercero de la ley está dedicado al uso del gallego en la enseñanza y para evitar situaciones tantas veces descritas sobre la opresión de los gallego hablantes[69] declara que, "os nenos teñen dereito a recibi-lo primeiro

---

[67] Manuel Jardón, La «normalización lingüística» una anormalidad democrática. El caso gallego, pp. 6-8.

[68] En El Estado Autonómico II. Anexos de Documentación. También se encuentran estos textos en gallego en Compendio de Lexislación sobre a Lingua Galega nas Administracións Local e de Xustiza, pp.49-67.

[69] Verbi gratia, Alonso Montero que escribe sobre un niño campesino que: "sabe canciones refranes y picardías en esa lengua, (la gallega) y en esa lengua posee una estimable

ensino na súa lingua materna" (artículo 13, párrafo 1). Además, *"a lingua galega é materia de estudio obrigatorio en todos os niveis educativos non universitarios".* Hay que aclarar que se trata de la asignatura de lengua gallega. No es lo mismo decir que la lengua danesa será de enseñanza obligatoria en Dinamarca (lo que parece tan natural y obvio que nadie pensaría en discutirlo) que toda la enseñanza será en danés. Posteriormente se ha legislado para que al menos la asignatura de Ciencias Sociales en la escuela básica se imparta en gallego. Todavía —como se puede apreciar mediante las entrevistas— son pocas las asignaturas que se imparten en gallego en las escuelas e institutos, al menos de grandes ciudades como la Coruña.

Para hacer realizable la enseñanza en gallego (no hay prohibición explícita de que otras asignaturas, además de lengua gallega y ciencias sociales, sean impartidas en gallego) la ley de normalización establece que en las escuelas universitarias y demás centros de formación será obligatorio el estudio de la lengua gallega. (artículo 17, párrafo 1)

En cuanto a los medios de comunicación, el artículo 18 precisa que el gallego será la lengua usual de las emisoras de radio y televisión y de los demás medios de comunicación social sometidos a la gestión y competencia de las instituciones de la Comunidad Autónoma.

Finalmente, y dado que los poderes públicos de Galicia deben promover el uso de la lengua gallega oral o escrito en sus relaciones con los ciudadanos, los poderes autonómicos consideran también como su tarea la promoción y la capacitación en el uso del gallego del personal de la Administración pública y en las empresas de carácter público en Galicia. (artículos 6 y 11).

En su libro citado, "La 'normalización lingüística', una anormalidad democrática", Manuel Jardón describe como la Xunta de Galicia (el ejecutivo autonómico) difunde la lengua gallega en las instituciones y la sociedad civil por medio de la legislación, las subvenciones económicas y la propaganda. Muchas de estas iniciativas le parecen al autor atentados contra los derechos humanos basados en una concepción individualista, moderna y liberal, que él contrapone al, *"espíritu colectivista, totalitario, que alienta en la política 'normalizadora', que se hace en nombre de Galicia prescindiendo de los gallegos. "*[70]

Difícil es orientarse en el intenso debate que atraviesa la sociedad gallega actual sobre la cuestión de la lengua, más aún es pronunciarse sobre la

---

cultura sobre siembras, vendimias, ovejas, ferias, aperos de labranza...A los seis años ve el mundo desde esa lengua y justo en ese momento va por primera vez a la escuela donde lo recibe un maestro que se dirige a él en castellano y donde lo esperan unos libros escritos con palabras que no son las de sus refranes, sus bromas y sus juegos. En ese instante, su idioma, el idioma en el que canta y sueña, el idioma en el que se respira, se convierte en vergüenza, en estigma, en algo nefando", en *Informe dramático sobre la lengua gallega,* p. 37. Quizá esta descripción sea cierta el caso de niños provenientes del medio rural. Muchos de los entrevistados como veremos aún proveniendo de sectores populares, no experimetaron el contacto con la escuela como algo traumático.

[70] Manuel Jardón, *La "normalización lingüística" una anormalidad democrática. El caso gallego,* pp 64-65.

infinidad de conflictos concretos, pero Jardón alude a un asunto central: deben o no dejarse desaparecer culturas y lenguas amenazadas. Una posición ilustrada, liberal y moderna puede sostener que es una cuestión de cálculo y efectividad y en que en lugar de usar el tiempo en aprender el gallego es mejor dedicarse al estudio del inglés y la informática o en una versión más refinada simplemente decir que las lenguas deben dejadas en paz. Todo esto recuerda la vieja discusión entre liberales por un lado y socialistas y socialdemócratas por el otro, sobre si dejar que las leyes del mercado funcionen sin obstáculos y que desaparezca lo que no es capaz de resistir su prueba o invertir recursos en proteger, dar oportunidades y desarrollar lo que no tiene quizá valor desde la óptica del mercado, pero sí lo tiene desde un punto de vista ético y humano integral: ciertas formas de arte, el medio ambiente, los parados, etc.

Retórica aparte: ¿es positivo o no la subsistencia y el desenvolvimiento del gallego, o da lo mismo que desaparezca? Jardón no responde directamente la pregunta, pero constata que sin la Autonomía y todo lo que ella ha significado, la dinámica sociolingüística en Galicia hubiera hecho desaparecer el Gallego.,

La alfabetización obligatoria de toda la población gallega en español, la electricidad en el campo, las carreteras, la diversas emisoras de radio, los diferentes canales televisión, la prensa en español, el prestigio social del español, su utilidad como lengua de comunicación con el resto de la Península e Hispanoamérica e incluso Europa (en muchos países europeos se estudia español y en los EE.UU. como primera lengua de relación) se podría agregar, en resumidas cuentas que la modernidad, hubiese significado la extinción del gallego.

Esta argumentación no deja de tener validez y resume los obstáculos a los que todavía hoy se enfrentan los que por diferentes razones y con diferentes motivos luchan por la supervivencia de la lengua gallega.

Por otra parte cabe preguntar que se entiende por normalizar la lengua gallega, porque pueden hacerse diferentes interpretaciones: a) volver a la situación anterior a la penetración del castellano, es decir, la situación existente en el siglo XIV en que todos los estamentos hablaban en gallego. Esto no sería normalizar ya que hoy se trata de escolarizar a toda la población en una lengua, de difundir la lengua en los medios de comunicación, etc. b) hacer válido el gallego para todos los usos, en la ciencia, la enseñanza, la Iglesia, en todos los ámbitos que estaba excluido, y que sea usado por las élites de la sociedad, política, económica, administrativa, intelectual. Esto se ha logrado en gran parte. c) hacer de Galicia una nación monolingüe. Esta es sin ambages la opción del nacionalismo político. El argumento del nacionalismo de que una comunidad no puede tener más que una lengua de instalación no me convence. El bilingüismo se da en Suiza, en la parte francesa del Canadá, en la minoría danesa del norte de Alemania, en los groenlandeses, etc.

Por otro lado, la Comunidad Europea aconseja, para hacer posible la realización por parte de las minorías nacionales y lingüísticas de su identidad cultural y social, muchas de las medidas propiciadas por el poder autonómico de Galicia que a Jardón le parecen alentadas por un espíritu colectivista y totalitario: reconocer el uso de patronímicos y topónimos en las lenguas minoritarias, acceso a los medios de comunicación y ayuda financiera para que esto sea posible, creación de fundaciones e institutos que se dedique al estudio de la lengua y preparen materiales didácticos, utilización de estas lenguas por parte de las empresas públicas, en las transacciones financieras, información de los consumidores y las etiquetas de los productos, etc.

La Comisión, sin embargo, recalca que este tipo de disposiciones, *"non deben ser interpretadas ou aplicadas de xeito que poña en perigo a integridade territorial ou orde pública dos Estados membros"*. Y aún más en el Proyecto de una Carta europea de las lenguas regionales o minoritarias, el Consejo de Europa hace constar que se trata de promover una igualdad entre los que hablan las lenguas minoritarias y el resto de la población, *"Sen que haxa de considerarse como un acto de discriminación contra os que falan linguas máis difundidas"*.[71] Algo quizá aún más importante y en la misma línea de argumentación: *"Subliñando o valor de interculturalismo e do bilingüismo e considerando que a protección e o favorecemento das linguas rexionais ou minoritarias non se deberían facer en detrimento das linguas oficiais e da necesidade de aprendelas"*.

El discurso del nacionalismo político no aboga por el pluralismo y la convivencia pacífica entre las lenguas, sino por el monolingüismo, el monoculturalismo y la exclusión. Así, la lengua castellana es calificada de *"intrusa e invasora"*, a los grupos castellano-hablantes que llegaron a Galicia con ocasión del Estado territorial de *"el enemigo dentro de la propia casa"*. A los defensores del gallego se les presenta como *"las fuerzas de resistencia que van a ser capaces de liquidar la agresión y restituir el gallego a su puesto de único idioma de la comunidad"*.[72] Francisco Rodríguez destacada figura intelectual y política del Bloque Nacionalista gallego escribe sin rodeos: *"Só facendo desaparecer a lingua que funciona como asimilacionista e dominante do contexto social poderemos lograr a normalización total da nosa."*[73]

---

[71] *Proxecto da Carta Europea das Linguas rexionais ou Minoritarias Aprobada Polo Comité de Ministros Do Consello de Europa, 22 de xuño de 1992*

[72] *Galego*, pp 222-223.

[73] Francisco Rodríguez, *Conflito Lingüístico e ideoloxía na Galicia*, Edicións Laiovento, Santiago de Compostela, 3. edición, 1991, p.80.

ANÁLISIS DE LAS ENTREVISTAS

Manuel Regueiro Tenteiro (MRT)

Como se pueden distinguir claramente dos secciones en esta entrevista—una por decirlo así oficial y otra personal—dividiré la presentación y el comentario en dos partes.

PARTE A

Explicación

MRT como representante oficial del poder autonómico entrega sus opiniones como representante de un colectivo: "nosotros".

Galicia tiene una personalidad propia que se expresa en una manera de ser, de decir y de pensar que no es muy diferente a la del castellano y del portugués. Tiene una personalidad histórica, que se expresa en una lengua histórica.

Galicia se sitúa, sin embargo, en el marco de España y la unidad de España es la premisa desde la cual, la política lingüística, se articula. Por ello, debe encontrarse una solución al problema de la presencia y uso de las dos lenguas.

Ha existido o existe una situación de diglosia. Esta debe de ser reemplazada por el bilingüismo armónico y el objetivo a alcanzar es que los gallegos sean competentes en ambas lenguas. La consecución de este objetivo, no obstante, no debe lograda mediante el enfrentamiento . La paz lingüística y social tienen que ser preservadas.

Para fomentar el gallego, se impulsan las investigaciones lingüísticas y didácticas. Ellas han llevado a la conclusión que el gallego es lengua distinta del castellano y del portugués. Además de la investigación, para promover el gallego se forma a los profesores —para que sean capaces de impartir sus asignaturas en este idioma—, se divulga y se sensibiliza sobre la lengua. El objetivo final es que en las escuelas e institutos, el castellano y el gallego, tengan el mismo número de horas, es decir, que la mitad de las asignaturas sean enseñadas en una lengua y la otra mitad en la otra.

Una lengua gallega estándar no existía antes de la normalización, sólo una serie de dialectos. La normativa oficial ha sido elaborado, adaptando la lengua oral y por el acuerdo de instituciones como la Real Academia Gallega y el Instituto de la Lengua gallega. Además de esta normativa oficial, existen dos opciones en cuanto a cual debe de ser la lengua nacional de Galicia: a) una lusófona, que quiere que a corto o largo plazo el gallego confluya con el portugués y b) la de mínimos que desean aproximar más el gallego al portugués.

La introducción de nuevas normas y de nuevas expresiones es regulada por la Real Academia Galega. La ley nombra a ésta como la autoridad competente en este tipo de cuestiones.

En la administración autonómica, los funcionarios tienen el deber de conocer el gallego y poder responder en gallego a quien se dirija en esta lengua. Sin embargo, todavía hay funcionarios que entienden el bilingüismo como una sociedad donde el uso de una lengua es suficiente ya que cualquiera de las dos lenguas que se hable o escriba es aceptada.

El Estado español, ha apoyado económicamente, con la cantidad de 18 mil millones de pesetas, en el lapso de 8 años, a la normalización de la lengua gallega.

No se han dado conflictos con los castellano-hablantes en Galicia, se ha buscado conscientemente la cooperación más que la imposición.

En la enseñanza se dan tres años a los alumnos que vienen de fuera (ya sea gallegos que regresan del extranjero o alumnos provenientes de otra zonas de España) para conocer, integrarse y adaptarse en Galicia y para estudiar la lengua gallega. Este decreto de exención ha provocado conflictos con las organizaciones nacionalistas.

A los profesores que deberían dar sus materias en gallego y no lo hacen se les ofrece asistencia para efectuarlo en lugar de aplicarles la fuerza de la ley.

El monolingüismo debe de ser rechazado porque conduce a la cerrazón y al enfrentamiento. No sólo los que plantean el monolingüismo gallego crean situaciones conflictivas, también los monolingües castellanos que a nivel estatal califican el hablar en gallego de esperpéntico.

Interpretación

Como esta parte de la entrevista constituye una unidad en si misma, prefiero comentarla a continuación.

MRT parte de una premisa diferente de la AAE. Galicia es parte de España y el castellano es considerado como lengua común, *"a nosotros nos molesta muchísimo, como defensores del castellano como patria común que se nos excluye en un momento como esperpénticos"*.

Galicia, no obstante tiene una personalidad propia cuyo símbolo más significativo es el gallego.

MRT desea una igualdad, entre las dos lenguas que históricamente han sido utilizadas en Galicia, y que exista una paz lingüística.

El problema que hay que superar es el estado en que se encuentra la lengua gallega, una situación aparentemente desventajosa, que MRT menciona directamente, sólo una vez, pero que se puede visualizar a través de las expresiones que usa.

Así, nos habla de que hay que promocionar el gallego (no el castellano), de sensibilizar para, "*que el pueblo gallego valore su lengua*", "*el gallego estaba muy bajo*". Además, se refiere a las dificultades que existen tanto con el personal de la administración autónoma como con profesores en cuanto a lograr de que utilicen activamente el gallego. Esta actitud, se puede interpretar a partir de la falta de manejo de la lengua (pero los medios para aprenderla están a disposición de todos) o por una cuestión de valoración: de que el español todavía sea identificado por algunos funcionarios y profesores como la lengua de los sectores pudientes. En todo caso, es hecho insoslayable que el español fue impuesto por la escolarización a parte importante de la población, también la Iglesia y las élites del poder lo han usado como lengua única. El español es una lengua mayoritaria y cuya presencia se hace sentir fuertemente a través de la prensa, la televisión y los libros.

Frente a esta situación, el que sólo dos materias se dan obligatoriamente en gallego en la primaria, parece una medida débil. Aún lográndose el objetivo final de MRT (el 50 y 50%) el gallego por las razones mencionadas se encontraría frente al español en una situación de debilidad relativa.

La situación de debilidad del gallego se hace aún más patente si se piensa que la visión oficial, representada por MRT es de la opinión que el gallego es un idioma diferente del portugués. No voy a exponer las ventajas que significa el clasificar al gallego como una variante del portugués (habría que pensar si la distancia es mayor que la que existe entre el argentino y el español europeo) porque otros de los entrevistados con un mejor conocimiento del problema lo hacen, pero estas ventajas son evidentes.

MRT desea la recuperación del gallego, pero el alcanzar esta meta, no debe de hacerse a través de enfrentamientos. La instigaciones abundan: "*Estamos intentando persuadir y convencer*", "*somos flexibles*", "*no queremos vencer sino que queremos convencer, tener gente convencida no gente vencida*", "*queremos la colaboración*"

La pregunta que surge es si se podrá, p.ej., en las grandes ciudades de Galicia con mayoría castellano-hablante lograr el que el 50% de la enseñanza en las escuelas e institutos sea en gallego, sin despertar oposición y sin que se den situaciones de conflicto.

MRT rechaza el monolingüismo porque llevaría a la cerrazón, al chovinismo y también al enfrentamiento. A este contrapone la convivencia entre y el respeto por las lenguas.

El adversario e interlocutor ausente es el nacionalismo que está en contra de las exenciones, que quiere imponer la fuerza de la ley, que persigue la reintegración con el portugués, que pretende el monolingüismo en gallego.

PARTE B

Explicación

MRT procede de Perbes una aldea de pescadores y agricultores de la provincia de la Coruña. Sus padres hablaban el gallego entre ellos y con los hijos, pero también dominaban el español.

El aprender el español en la escuela no fue un proceso traumático sino, por el contrario, una experiencia agradable. Ello, porque tuvo un profesor que le respetaba en su lengua. Además porque el ser gallego-hablante comportaba algunas ventajas frente a los que sólo se manejaban en castellano, tal como la facilidad para aprender el francés y, finalmente, debido a que los gallego-hablantes al ser el español una segunda lengua, para ellos, pensaban más lo que decían.

El gallego era un signo de pertenencia local y de identificación con el pueblo trabajador frente al castellano, que era el idioma de los de afuera, de la gente que no obtenía sus entradas por el trabajo propio.

El problema de Galicia como nación no se vivía en la aldea, existía más bien una preocupación por el desarrollo local, como lo muestra la satisfacción por la creación de un astillero que contribuyó al florecimiento de la economía de la aldea.

La Iglesia tuvo una gran importancia para la vida de MRT. Su imagen de esta institución la tiene a través de dos personas: la del sacerdote de la aldea que trabajó por la unidad de ella y por canalizar ayuda económica a las personas que la necesitaban y el cardenal Quiroga que hizo posible que personas que no tenían, como MRT, recursos económicos para poder estudiar, lo pudiesen hacer

Al termino del régimen de Franco, MRT creía que se podía producir un enfrentamiento y piensa que éste se evitó por la visión del Rey, de Adolfo Suárez y de todos los líderes de los partidos políticos que sentaron las bases para la actual convivencia política en España.

Para MRT el Rey es un garante que la crisis de identidad nacional en España, será solucionada con cordura porque conoce en profundidad los problemas de España, incluidos los conflictos lingüísticos.

Los problemas que afectan a Galicia deben, en la opinión de MTR, ser solucionados en el marco del Estado español dado que el saltarse este nivel significaría una situación caótica de lucha de regiones a nivel europeo. El resolver los problemas a nivel de Estados no excluye el entendimiento entre las regiones.

Interpretación

La imagen que MRT nos presenta de la relación entre los dos idiomas durante su infancia y juventud es una imagen de coexistencia armónica. Repetidas veces da cuenta de su aprendizaje del español y siempre con calificativos positivos. De esta manera afirma que su aprendizaje fue: "normal", "beneficioso", "útil" y "agradable", y menciona las ventajas que, el conocimiento de dos idiomas, tenía para la adquisición de un tercero como el francés.

MRT sabe que esta visión es controvertida por eso, subraya que esa fue su experiencia personal.

Subraya que en el pasado se daba una situación parecida a la que él desea para el futuro: "No había enfrentamiento". Para ilustrar esta aseveración nos cuenta de la relajación de las posibles tensiones, producidas por las diferencias, por medio de la risa y del cachondeo.

A pesar de la aseveración de una situación no conflictiva, la imagen final que queda del castellano-hablante en comparación con el gallego-hablante es claramente favorable a estos últimos y desfavorable para los primeros:

GALLEGO HABLANTES	CASTELLANO-HABLANTES
los locales	los de afuera
de la aldea	de la villa
trabajadores	señoritos vagos
cautos y lentos	rápidos e irreflexivos

La intención, tras el énfasis en los factores positivos del aprendizaje de los dos idiomas, queda clara con la siguiente frase: *"Fue un aprendizaje muy útil el tener los dos idiomas y eso es lo que uno quiere para su entidad"*

La consciencia acerca de Galicia como comunidad no existía entre los marineros y agricultores de la aldea, en la época en que transcurre la infancia de MRT. En su lugar se puede constatar una preocupación por el desarrollo y bienestar local. La conciencia de ser diferentes pasaba por el idioma: *"Se vivía con naturalidad el tener el idioma y el resistir el idioma castellano"*.

MRT tiene conocimiento de que existen críticas a la actuación de la Iglesia, pero él la experimentó como unificadora de la aldea —impidiendo p.ej. los enfrentamientos— canalizadora de recursos a los que necesitaban ayuda económica y como la institución que hizo posible que gente del pueblo pudiese cursar estudios superiores.

La preocupación por el enfrentamiento es central en el discurso de MRT y se puede constatar un temor a que este viejo fantasma pueda ser despertado por los conflictos que atraviesan a la España actual: crisis de la identidad nacional española, la actuación y la exigencias de los nacionalismos.

La garantía de que estos conflictos se resuelvan con sentido común y paciencia la constituye, en la opinión de MRT, la institución de la monarquía y en especial la persona del Rey don Juan Carlos.

Aún creyendo en el contacto y diálogo de las regiones en el seno de la Unión Europea, MRT ve a la nación-estado como un marco y escalón necesarios y por ello instiga a que la lucha y la negociación entre las regiones deben hacerse y llevarse dentro del Estado, p.ej. el reparto de los fondos comunitarios.

Enrique Saez Ponte (ESP)

Explicación

ESP se considera el prototipo de una persona que ha nacido en una gran ciudad gallega, La Coruña, en el seno de una familia de clase media. Su padre era de origen castellano y su madre aunque nacida en Galicia tenía el castellano como lengua de instalación. En su hogar, el entorno familiar y el círculo de amigos, se hablaba exclusivamente el castellano., sólo el personal doméstico se expresaba en gallego.

En la escuela, dirigida por sacerdotes, los profesores, que provenían principalmente de fuera, se utilizaba también sólo el castellano aunque algunos lo hicieran con un fuerte acento gallego. El hablar gallego era mal visto, como también el no saber expresarse bien en español.

Los planes de estudio de la época no se ocupaban de Galicia como una región diferente o especial y a la familia tampoco le preocupaba este tema por lo cual ESP vivía en un mundo alejado del de la gran mayoría de la población de procedencia rural y con mucha emigración.

La Iglesia ejercía una gran influencia como trasmisora de la concepción del mundo y de la sociedad dominantes.

El proceso de adquisición de consciencia, acerca de la cuestión de Galicia, fue lento y en él confluyeron una serie de factores.

Las estadía en Irlanda, para estudiar inglés, fue uno de ellos.[74] La familia que lo alojaba era nacionalista y se hablaba el gaélico. En Irlanda también fue testigo de la atención que se le prestaba al violonchelista Pau Casals, que utilizaba su lengua vernácula para explicarse.

Estudio en Cataluña y constataciones de la pujanza de la cultura catalana también hicieron madurar su reflexión.

La relación con una chica suiza y sus visitas a Suiza, país multi-cultural y pluri-nacional, y con un modelo político federal que funciona, también influyeron su desarrollo.

Finalmente, el mundo universitario y en especial el tener a Beiras —conocido economista y miembro del Parlamento Autónomo por el BNG— como profesor de economía consolidaron sus convicciones de que Galicia constituía una unidad histórica, con una problemática social y económica compleja y específica. El resultado: galleguismo sin adscripción política.

A la caída del Franquismo ESP aspiraba a la obtención de un estatuto de autonomía, que hiciese constar el hecho diferencial que surgía nítidamente de sus reflexiones: Galicia era una región con fronteras claras y características culturales y económicas específicas.

---

[74] El contacto con el extranjero fue en el caso de varios de los entrevistados un hecho importante en cuanto a descubrir la propia identidad gallega. Así lo mencionan, entre otros, Arturo Lezcano y Encarna Otero..

La solución final expresada en la Constitución la aprecia como frustrante dado que con ella se afirma la existencia de dos sistemas de organización territorial contradictorios entre si: a) el provincial, de origen centralista, b) el autonómico que tenderá cada vez más al federalismo.

El proceso autonómico es irreversible en una España democrática. La unidad de España es un fracaso por dos razones. Siempre que se ha dado una apertura democrática la unidad de España ha sido cuestionada. Este fue el caso del corto y frustrado experimento federal de la Primera República y también el de la Segunda y el de la España postfranquista. La segunda razón viene dada con la existencia del Portugal que evidencia el fracaso histórico de la unidad política de la Península Ibérica.

Al fracaso de España como nación confluyen una serie de factores. Uno de ello es de carácter físico y geográfico: las cadenas de montañas que dificultan las comunicaciones por el interior. Otros son de carácter histórico y sociológicos.

La Reconquista, p.ej., creo un Estado centralizado en torno a un factor ideológico: la creencia en el dogma de la Trinidad. Se combatió a los moros y se les expulsó porque creían que Dios era uno. Por debajo del Estado centralizado siguieron existiendo culturas e idiomas diferentes. La unidad era aparente y fue principalmente una cuestión castellana-vasca. A los nobles gallegos se les envió al frente y la región quedó desarticulada. Por otro lado, Galicia, por su lejanía del frente y su riqueza, experimenta un temprano auge cultural .

Cataluña por su parte continuaba orientándose hacia el Mediterráneo.

Galicia cuya prolongación natural es hacia el Sur queda mutilada lingüística y culturalmente con la separación del Portugal. El Portugués se desarrolla bajo la influencia del francés y sobretodo del mozárabe que se hablaba en sur de la Península y que es absorbido. Mientras, el gallego queda sin mayor desarrollo y expuesto a la influencia del castellano.

Los hijos de ESP hablan y entienden el gallego, porque lo han aprendido en la escuela y porque siempre lo han escuchado a él hablarle en gallego a la persona que ayuda en la casa.

En la opinión de ESP la lengua de Galicia debe de ser el gallego, el castellano tiene que ser obligatorio en la enseñanza, pero como segunda lengua.

Como galleguista necesariamente hay que ser lusista y esta problemática la aprecia en su condición de economista.

Primero ESP menciona un artículo de Ricardo Carballo Calero en el que éste sostiene que la parte flamenga de Bélgica experimentó un arranque económico a partir de su unión con Holanda con la que comparte el idioma.

Segundo Galicia con el Portugal constituyen la fachada atlántica de la Península que demográficamente es más significativa que la mediterránea (12 y 11 millones de personas respectivamente). Las empresas gallegas exportan al Portugal. lo que es lógico pues constituye un mercado de 10 millones de personas mientras que Castilla y León es un desierto.

Finalmente y continuando en esta misma línea de argumentación, ESP piensa que el gallego escrito debe acercarse lo más posible al portugués . Los que sostienen que el gallego y portugués son dos idiomas diferentes, como lo hace la Xunta, intentan matar el gallego.

El Mercado Común ha tenido una gran importancia para Galicia. Su impacto ha sido tanto negativo como positivo.

Desde un perspectiva favorable el Mercado Común ha significado para Galicia el derrumbe de la frontera con el Portugal que ESP visualiza como un gran obstáculo histórico para el desenvolvimiento de Galicia, las razones ya han sido mencionadas.

El impacto negativo se debe a que esta integración se hizo por intermedio de un Estado cuyas prioridades económicas no son las de Galicia. En concreto un Estado que se interesa fundamentalmente por el desarrollo de Madrid y la fachada Mediterránea y para el cual los problemas de los pescadores y agricultores gallegos es periférico.

Interpretación

ESP dice que en su familia era normal el hablar el castellano, entre otras cosas porque el cabeza de familia era de origen castellano. Más adelante se puede sin embargo constatar que el padre de ESP nació en la Coruña de madre gallega y padre castellano. Los abuelos maternos eran ambos gallegos que habían pasado a hablar el castellano. En resumidas cuentas ESP es mayoritariamente de origen gallego y lo "normal" hubiese sido que el gallego fuera su lengua materna de no haber mediado las circunstancias históricas y sociológicas de las que venimos hablando.

La lengua de comunicación con los hijos es el castellano a pesar de que ellos entienden el gallego. ¿A quién han escuchado hablar el gallego en su hogar?. A la gente del servicio doméstico. En el hogar de ESP siempre, desde su infancia, ha habido gente que hablaba el gallego o a lo más un castellano mal hablado en el que se transparentaban las construcciones sintácticas y la fonética gallega. En general eran, "gente de poco nivel cultural o "de un nivel cultural muy bajo".

ESP entiende por cultura —como muchos de los entrevistados y gallegos con los cuales tuve la oportunidad de conversar— la lectura de libros, el manejo de idiomas y la reflexión teórica, lo que ha servido tradicionalmente para distanciar y dar prestigio a una minoría: la que domina este tipo de saber. La definición de cultura utilizada hoy por antropólogos y sociólogos no da cabida a este tipo de elitismo. La cultura es entendida como: *"los acuerdos convencionales, manifestados en los actos y artefactos, que caracterizan a la sociedad"*[75] o como *"el conjunto de criterios mediante el cual un grupo sabe lo que es bueno, correcto, verdadero, válido, hermoso, sagrado; en general, lo que es positivo, lo que es negativo (malo, equivocado, falso, inválido, feo, profano) y lo que es indiferente"*.[76] Finalmente se puede entregar la definición de Gert Hofstede

---

[75] Definición entregada por Robert Redfield, ver *Introducción a la moderna antropología cultural*, p.31

[76] Johan Galtung, *¿Qué es el desarrollo cultural?*, p.15

cuyos escritos han tendido una gran influencia en el mundo de la empresa europea, norteamericana y asiática: *"La programación colectiva de la mente, que diferencia a los miembros de un grupo o categoría de personas de otra."[77]*

De acuerdo a esta definición un labrego gallego sabe lo que para su grupo es bueno, valioso, etc. Sabe como utilizar las herramientas para labrar la tierra, en resumidas cuentas "tiene cultura" aunque ella no sea de tipo libresco-teórico.

Llama también la atención el que para muchos entrevistados —incluidos nacionalistas del Bloque— al igual que para ESP les parece discordante el que una persona "educada" habla el castellano con acento gallego. Hoy día es reconocido por los especialistas en el aprendizaje de lenguas que todas la personas al hablar otra lengua, que no sea la materna, lo hacen incorporando en mayor o menor grado rasgos fonéticos, sintácticos y prosódicos de ella en la nueva lengua.

El proceso que llevó a ESP a posiciones galleguistas es complejo y un producto de diferentes influencias, reflexión y valores. Una de las premisas básicas tras las conclusiones a las que llega, es la idea de que las grandes unidades no son operativas; lo que lo lleva a plantearse críticamente frente a el Estado territorial y al temprano nacionalismo de inspiración marxista-leninista.

Esta idea se ve reforzada por experiencias que ponen en entredicho las visiones centralistas: Irlanda, Cataluña, el País Vasco y Suiza como modelo federal.

Este trasfondo, las lecturas de Castelao, Otero Pedrayo y otros le hacen concluir que Galicia es la región mejor delimitada en el seno de España, por su cultura, lengua, estructura económica y social.

Su crítica del centralismo y su desconfianza en él le hacen partidario de la desaparición del sistema de provincias en España por superfluo y oneroso.

La Interpretación del fracaso histórico de España como nación, de ESP, incorpora factores físicos, sociológicos e históricos, pero soslaya un elemento esencial para la comprensión de este problema: la modernización tardía de España. Si los medios y vías de comunicación hubiesen penetrado hasta los últimos rincones de Galicia tempranamente, si la población gallega durante Franco hubiese sido alfabetizada en su conjunto y en castellano, la relación entre el castellano y el gallego hubiese sido diferente en el momento del advenimiento de la democracia. En otras palabras: el relativo "éxito" del inglés y del francés frente a las otras lenguas vernáculas en Gran Bretaña e Irlanda y en Francia tiene que ver con la modernización e industrialización de estas sociedades y a la inversa el "fracaso" relativo del castellano —señalado por Castelao por lo demás— tiene que ver con el hecho de que España hasta las últimas décadas de Franco era esencialmente una sociedad tradicional.

Otra premisa central tras la visión de ESP es que la independencia del Portugal marginó a Galicia idiomática y culturalmente. en consecuencia

---

[77] Geert Hofstede, Kulturer og organisationer, p. 270

propugna el acercamiento idiomático y económico de Galicia al Portugal y evalúa el significado del Mercado Común desde esta óptica. Así instiga a *"normalizar el idioma escrito (gallego) lo más próximo posible al portugués"*, y *"debemos acercarnos a ella* (la norma portuguesa) *de tal forma que el aprendiera a leer en gallego aprendiera a leer en portugués. Eso daría inmediatamente al gallego una proyección universal, 150 millones de hablantes. Daría a los escritores en gallego la posibilidad de ser entendidos por 150 millones de lectores, aumentaría el mercado y crearía algo peligrosísimo para España: que mañana los libros de medicina, los de arquitectura e ingeniería estarían editados en gallego, sin necesidad de hacer la tontería de montar un gallego acastrapado. Ese que ha montado la Xunta"*.

Lo vital para Galicia desde el punto de vista económico es el reensamble de la fachada atlántica y garantizar una rápida comunicación entre las grandes ciudades gallegas y las portuguesas, *"para Galicia lo que es fundamental es coger el gobierno y que ponga una autopista y un ferrocarril que corra a 100 por hora, ¡si estamos en el siglo XX!"*.

El acostumbrarse a ver el Portugal como el mercado natural de las empresas gallegas le traerá ventajas en la perspectiva de la futura competencia: *"El aislamiento geográfico de Galicia crea una especie de invernadero en las empresas, una especie de aduana natural. Cuando rompas esa aduana, empresas más fuertes vendrán y podrán de alguna forma, tomar el tejido económico gallego. Mientras que si el tejido económico gallego puede disfrutar de un mercado más amplio, próximo, podría adquirir potencia para resistir esa invasión."*

La ventaja del Mercado Común ha sido el que hace posible esta unión con el Portugal, la desventaja es que el Estado no está interesado en los intereses económicos específicos de Galicia y el que la Unión Europea entrega subsidios para desmontar la estructura económica de Galicia, en concreto retirar vacas y pesqueros.

En el contexto de este trabajo y con la delimitación elegida no tiene sentido y no es de mi competencia el entrar a evaluar los pro y los contras económicos de la pertenencia de Galicia al Mercado Común y la Unión Europea. Basta señalar que otros de los entrevistados, Fernando González Laxe, economista, ex-presidente de la Xunta y negociador de la entrada de España en la Comunidad, no comparte estas opiniones.

FGL señala por ejemplo que no es verdad que se ha favorecido a la fachada mediterránea y que la economía gallega es protegida, subsidiada y con muy pocas ganas de innovar. Cuando se habla de fracaso, con respecto a las cuotas, se debe a que las cifras oficiales que se entregaban nada tenían que ver con lo que realmente se pescaba o se producía de leche. Aún más, otro ex-presidente de la Xunta instigaba a los ganaderos a que no declarasen sobre las cifras reales.

Otros datos entregados por FGL ponen también en entredicho algunas de las afirmaciones de ESP como la de que: *"si Galicia fuera independiente sería mucho más rica"*. Al menos no a corto y mediano plazo, porque como señala FGL Galicia produce aproximadamente el 81% de la media de España, pero la renta familiar disponible es del 96-98% de la media. La diferencia es cubierta por 15 puntos de solidaridad, otorgados por el Gobierno central.

Alberto Ansede Estraviz (AAE)

Explicación

AAE es de procedencia rural. Su infancia transcurrió en una aldea de las afueras de Ferrol. Su padre era labriego y trabajaba tierras que no eran de su propiedad por las cuales debía pagar rentas.

El gallego era la lengua de comunicación habitual y sus padres no intentaron hablarle en castellano, porque no lo sabían.

La Iglesia era el único lugar donde se hablaba y se escuchaba español ya que los medios de comunicación no habían penetrado aún (la década de los 1950) en las zonas rurales.

En la Iglesia de su pueblo se valoraba más el uso del castellano y el cura, aún siendo el mismo de procedencia rural, usaba el castellano desde el púlpito

La única ruptura se produce cuando viene un cura de afuera y da una misa en gallego, lo que provoca el asombro de los feligreses y una reprimenda del cura local.

Sus estudios primarios los hizo en una escuela de las cercanía y en condiciones difíciles (tenía que andar 4 kilómetros verano e invierno bajo el clima lluvioso y frío de Galicia). La educación se efectuaba totalmente en español y los profesores no tenían sensibilidad alguna cuando los alumnos cometían errores debido a que su lengua materna era el gallego. Sin embargo, el aprendizaje del español no lo experimentó como una experiencia traumática

AAE piensa que su idioma era despreciado y recuerda que soñaba con trasladarse al mundo del castellano, para ascender a otra posición y evitar compartir la suerte de su padre.

Cuando estudia bachillerato su lengua de comunicación pasa a ser el español. La causa de ello es la presión del ambiente y el deseo de identificarse con el mundo castellano-hablante, que él ve como representantes del poder y la fuerza. La enseñanza era en español y sólo una de las asignaturas es impartida en gallego. Durante los último años del bachillerato su modo de ver las cosas cambia por la influencia de grupos culturales ligados al nacionalismo.

Mediante las actividades en las que participa (conferencias y teatro en gallego, estudios de historia de Galicia) y el contacto con personas ligadas al nacionalismo, se va dando cuenta que su lengua, país y cultura están en peligro y que debe defenderlas. En la universidad (la de Santiago de Compostela) se hace miembro de una organización nacionalista: la de Estudiantes Revolucionarios Gallegos. Desde esa época practica el monolingüismo total. Un libro que le influye profundamente y ayuda a traducir sus sentimientos en práctica lingüística es *Conflicto Lingüístico e ideología en Galicia* del actual miembro del Parlamento autonómico por el Bloque Nacionalista Gallego, Francisco Rodríguez.

A la muérte de Franco AAE esperaba que se produciría un cambio de la situación en el sentido de mayor respeto por la cultura y la lengua gallegas, pero este no fue el caso, ya que la Iglesia no cambió y los partidos que reivindicaban la normalización del gallego retiraron más tarde esta exigencia de sus programas. La autonomía, en la opinión de AAE, se ha utilizado más para detener las reivindicaciones internas que para plantearle exigencias al Estado, la razón: el poder autonómico es más un intermediario de Madrid que representante de lo gallego.

El proceso de urbanización y la difusión de los medios de comunicación de masas en español, implicará, según AAE, la desaparición del gallego en algunas pocas generaciones. La idea de la elección, a la carta, entre dos idiomas es una falacia, porque el problema real es el del valor de los respectivos idiomas. En concreto de si el gallego sirve o no para todos los usos y las 24 horas del día.

El objetivo de AAE es que en Galicia se alcance un monolingüismo territorial: que en Galicia se hable gallego al igual que en el territorio español se habla español. Como profesor de filosofía, da sus clases en gallego. Aún más, es miembro de la Asociación Sócio-Pedagóxica Galega, que intenta formar al profesorado creando en él una conciencia nacional mediante cursos de lengua, literatura y cultura gallega. Al mismo tiempo, la Asociación intenta una galleguización de la enseñanza y con este objetivo en mente, entre otras cosas, elabora materiales de enseñanza en gallego para hacer posible la enseñanza de las diversas asignaturas en lengua gallega.

Las actividades de la Asociación no reciben ayuda económica de la Consellería de educación, porque los materiales de formación y enseñanza elaborados no están en la norma oficial. De acuerdo a AAE, esta norma está lexical y ortográficamente muy cerca del castellano y conscientemente distante del portugués. Portugués y gallego son dos modalidades del mismo idioma. AAE se siente más ligado a un portugués que a un andaluz o castellano en razón de la lengua, la cultura y la idiosincrasia.

AAE, es contrario a la monarquía, fundamentalmente, porque en la persona de Juan Carlos se intenta simbolizar la unidad de España.

Interpretación

Acerca del rol de la Iglesia como agente castellanizante de la población gallega, se puede decir que es una verdad que exige algunas reservas. El cura del que nos habla AAE (y creo que es un prototipo del cura rural) usaba el castellano dentro de la Iglesia, pero fuera de ella se relacionaba con la gente de la aldea en gallego. Además es otro cura —aunque se trata de un caso aislado— el que rompe la tradición y oficia una misa en gallego. Lo, decisivo, sin embargo, es el hecho de que sea un monje el que despierta la "conciencia nacional" de AAE. Es él, el que durante el bachillerato: *"nos facilitaba libros, nos facilitaba material que circulaba por circuitos, canales, no comunes. Clandestinos o semi-clandestinos."* El rol de personeros de la Iglesia en la toma de conciencia de los problemas sociales, culturales y políticos de

Galicia no comprende el sólo el caso aislado de AAE, también se puede constatar en otras entrevistas.

El que los padres de AAE no sabían el castellano también es una afirmación que exige ciertas matizaciones, porque como el entrevistado mismo cuenta, su padre siempre intentaba expresarse en castellano con el personal administrativo, en la farmacia o lugares parecidos. Algo debe de haber sabido de español para poder hacerlo. En su infancia, AAE intentaba distanciarse de la situación de su padre instalándose en la lengua y la cultura de los que disfrutaban de una posición más privilegiada: el español. Su lectura de que era una situación conflictiva y que su idioma era despreciado está hecha desde el presente (de hecho comienza diciendo, *"creo que es muy problemático y muy conflictivo"*) y proyectada en el pasado. El nos enumera los factores que le llevaron más tarde a instalarse en el castellano: la presión escolar y la ambiental y las ganas de salir adelante.

Es su contacto con el galleguismo/nacionalismo cultural el que lleva a AAE a descubrir la idea seminal que orienta su vida: Galicia, su lengua y cultura están en peligro y una persona con un ética básica no puede permanecer indiferente a esta situación. Por eso, AAE ha elegido el monolingüismo y por la misma razón se ha comprometido en una labor de galleguización de la enseñanza y de la sociedad.

Hay, no obstante, otra premisa básica que explica su opción: Galicia es un país al cual no le unen lazos con una unidad mayor llamada España. Así afirma que, *"en el territorio gallego que se hable gallego, igual que en el territorio español se habla español"*. O sea que, Galicia no forma parte del territorio español. Agrega que el contacto con el resto de la Península es normal que sean en español, pero añade a reglón seguido, que también son normales el catalán, el inglés o el francés como lenguas de contacto. Esta afirmación, soslaya el hecho de que durante cientos de años el español ha sido la lengua franca utilizada por los pueblos de España y el que la Constitución vigente así lo establece.

Existe una tercera premisa tras los planteamientos de AAE: cada país tiene su propia lengua y no se puede escoger a la carta entre dos idiomas, porque esto supone el que uno de ellos no sirve para las 24 horas del día: *"Mi objetivo, mi situación ideal sería que Galicia sea como es cualquier país que tiene un idioma propio de comunicación, no sólo coloquial sino científico, académico, cultural y todo: que sirve para vivir normalmente con él"*.

De hecho como se ha visto en la parte teórica se pueden constatar muchas situaciones en que los hablantes de un idioma (los llamados dialectos italianos, p.ej.) pasan a otro sin mayor dificultad y yo mismo pude constatar como muchos gallegos pasan del gallego al español sin dificultad alguna. Los nacionalistas gallegos, que puede entrevistar y que accedieron a hablarme en español lo hablaban fluidamente y con gran riqueza de léxico y el único que tenía dificultades reales era Francisco Bello, labriego. Tuvo, sin embargo, la deferencia de hablarme en español, porque yo tenía problemas en entender su gallego. Deferencia que no tuvieron algunos de los nacionalistas entrevistados.

Ahora que un idioma sirva para vivir las 24 horas del día, depende de la extensión del idioma en cuestión. Un académico danés que no publique y lea la mayor parte de la literatura científica en una de las grandes lenguas europeas no puede, p.ej., ejercer su profesión. Que un hombre/mujer de la gran empresa de cualquier parte del mundo, pueda evitar utilizar el inglés, parece también ser una situación excepcional. Por otro lado, no puede sostenerse que hoy día el idioma gallego no sirve para todos los usos (como hasta el artículo, en la Enciclopedia, sobre la lengua gallega, escrito por un nacionalista duro, lo reconoce) de hecho es la lengua utilizada por el Parlamento Autonómico, la usan los jefes administrativos, catedráticos, maestros, etc., el problema es otro: si en Galicia debe hablarse exclusivamente el gallego y ésta es la opinión, como hemos visto, de AAE.

En la visión de AAE los que esperaban que la autonomía iba a significar un mayor respeto para la lengua y la cultura gallega eran ingenuos e ilusos. Fuerzas políticas que aparentemente estaban por la normalización (AAE no quiere nombrarlas directamente, las designa como "ciertos partidos") dieron muestras de su falsedad (*"no sé si reivindicaban la normalización del idioma con mucha sinceridad"*, expresa) quitando de sus programas esta exigencia.

Ahora bien, es innegable que el gobierno autonómico ha significado un gran avance para la cultura y la lengua gallega. Es un hecho el que dos asignaturas (más o menos, dependiendo del establecimiento de enseñanza en cuestión) se enseñan en gallego en la escuela básica, que se imprimen libros de enseñanza en gallego, que se discrimina favorablemente en ciertas actividades económicas y en cuanto a posibilidades laborales a favor de los que demuestran un conocimiento o utilizan el gallego, que hay más espacio en gallego en los medios de comunicación de masas, etc. Manuel Jardón no deja de tener razón cuando desde el extremo opuesto —a las posiciones de AAE— sostiene que sin el régimen autonómico, el gallego producto de la modernización de la sociedad hubiese desaparecido. Probablemente, podríamos agregar.

La médula del asunto es desde que perspectiva se evalúa. El objetivo final de AAE no es sólo que el gallego avance sino que acalle totalmente al español, *"hay que darle mucho más volumen a los medios propios"*, dice. Cuando se aumenta mucho el volumen, como es sabido, no se puede escuchar otra cosa.

La lectura que AAE hace del rol del gobierno autonómico exige también comentarios. Así, él sostiene que el sistema autonómico, *"se utilizaba más para frenar lo de dentro que para pedirles a los de afuera."*

Esta afirmación tiene sentido sólo si se aplica a las reivindicaciones de los grupos nacionalistas que han sido una minoría y son una minoría en Galicia. La gran mayoría de la población no estaba interesada mayormente en que Galicia tuviese un gobierno propio, como lo demuestra el hecho de que en el Referéndum para aprobar el Estatuto de Autonomía el porcentaje de participación electoral sólo fuese de un 29%.[78]

---

[78] Ramón Villares, Galicia, 1989, p

Tampoco puede aceptarse sin más la afirmación de que, "el poder autonómico siempre fue más intermediario de Madrid que representante de lo de aquí".

En la España tradicional y centralista, la élite política gallega tenía este rol, pero la situación hoy días es mucho más matizada. En todo caso no puede obviarse el que la derecha democrática, que ha tenido en sus manos el poder autonómico, cuenta y ha contado con el apoyo electoral de la población a la cual representa democráticamente.

Las afirmaciones de AAE hay que leerlas a la luz de las premisas que orientan su pensamiento y acción que resumiré finalmente en forma breve.

Galicia, su lengua y cultura están en peligro y las personas con un ética básica y conscientes (la minoría) no pueden permanecer indiferente a esta situación.

Galicia es un país al que nada en especial lo une con el resto de España, salvo quizá una historia de dominación. Por su idiosincrasia, lengua y cultura los gallegos están más cerca del Portugal que del resto de los pueblos de España.

Un país debe tener una sola lengua que sirve para todos los usos.

La situación de peligro en que Galicia se encuentra exige que las personas con un ética básica y conscientes (la minoría) no pueden permanecer indiferente a esta situación.

Por eso hay que actuar practicando el monolingüismo y difundiendo por toda la sociedad aquellas expresiones de cultura que son vistas como castizamente gallegas.

Xavier Puente Do Campo (XDC)

Explicación

XDC, de procedencia rural, se crió en un hogar en el cual se daba una situación de diglosia. A los hijos hombres se les hablaba en gallego, mientras que a la hija se le enseñaba español. La razón: la niña tenía que dar una buena imagen y esto exigía que dominara la lengua prestigiada. El padre era casi analfabeto y un lector acrítico de periódicos, mientras que la madre era una mujer escolarizada e instruida que le enseño a XDC la poesía española clásica. Al ser la madre profundamente católica, los hijos fueron educados rigurosamente en el catolicismo. Por ello, la Iglesia y la religión católica en general, tuvieron una importante influencia en la vida cotidiana.

Durante su infancia, XDC, nunca experimentó que los curas hablasen español fuera de la Iglesia y gallego dentro de ella. Aprendió, en su infancia, un gallego rico y matizado, el que su padre le fue enseñando al contarle cuentos de la tradición oral gallega. Este gallego, tenía muchas similitudes con el portugués.

Cuando XDC tenía diez años, ingresa en el seminario de Lugo. Allí experimenta personalmente la persecución del gallego. Más tarde, la familia se trasladó a la Coruña donde continua el bachillerato. A pesar de estudiar en una gran ciudad, mantiene el contacto con el campo y ayuda a la familia en la época de siembra y cosecha. XDC piensa que los castigos que el sufrió, por hablar gallego en la escuela, formaban parte de un plan no organizado a nivel local, pero sí a nivel nacional de erradicación de todas las lenguas de España distintas al castellano. En este período, cuando tenía trece años, había llegado a convencerse que el gallego era una lengua inferior, que no le iba a ser de utilidad, coloquial, para las cosas sin importancia como la conversación diaria y que el castellano era una lengua prestigiada y culta que debía aprender para ascender a un tramo superior de la escala social.

Hacía los dieciséis años se produce un cambio en su apreciación del gallego. Comienza a leer los «Cantares» de Rosalía y descubre que se ha escrito en lengua gallega una literatura de gran calidad. Sus lecturas en gallego y el cambio en la apreciación de su lengua, suscitan conversaciones y discusiones en el seno de la familia en la cual, XDC, intenta despertar el orgullo que él ha comenzado a sentir por el gallego.

En el ano 1964 comienza a colaborar con la Asociación cultural «O Facho» (antorcha) donde se estudia el idioma, se hace teatro y se promueven actividades culturales en lengua gallega. Para lograr representar piezas teatrales en gallego, se debía acudir a variadas artimañas y en algunas ocasione esto significó conflictos con la policía.

A los dieciocho años decide escribir exclusivamente en gallego. Su cultivo de la lengua le había llevado a una aceptación y autosatisfacción de su condición de gallego y hablante de este idioma. En los años 1966-67, participa en manifestaciones en contra del régimen y, a finales de la década de los 60 y comienzos de la de los 70, en las misas en gallego que se comienzan a oficiar en la Coruña y en Santiago. A ellas asistía la mayor parte del nacionalismo militante o no militante, creyente y no creyente.

Su posición ante la autonomía es la de escepticismo. XDC no cree que el franquismo esté totalmente desmantelado, entre otras cosas porque un personero destacado del régimen franquista, Manuel Fraga, es el presidente de la actual Xunta (ejecutivo autonómico). Sus dudas acerca de la autenticidad de la autonomía las fundamenta en el rol que la Constitución le confiere al ejército como garante de la unidad de la patria.

Su evaluación de los resultados de la autonomía es negativa. No ha existido, por parte de los gobernantes autónomos, un interés sincero por defender y potenciar el idioma gallego, que se ha convertido más bien en una lengua litúrgica que todos estudian, pero pocos usan. El gallego pierde hablantes especialmente en las nuevas generaciones. Está perdida, no es sentida por los políticos que controlan el gobierno autonómico. La situación con respecto a los intereses económicos de Galicia es todavía más grave, ya que han sido entregados, a cambio de obtener del mercado común, beneficios para la España mediterránea y la industrial.

XDC sostiene que existe una relación histórica incuestionable con España, a la cual no quiere renunciar, y que debe buscarse una forma de organización política que permita una relación satisfactoria entre los pueblos de España. Para él, el marco que permitiría alcanzar esta meta sería el del federalismo. Una España federal o confederal, o en su caso una Península Ibérica federal, tendría mayores posibilidades de hacer escuchar su voz dentro de una Europa unitaria La constatación de una unidad histórica con el resto de los pueblos de España no conlleva para XDC un sentimiento de filiación español, se siente exclusivamente gallego. Por ello es adversario de la institución monárquica ya que ésta representa la unión por la fuerza y el antifederalismo.

En su actividad docente utiliza exclusivamente la lengua gallega (clases de matemáticas y ciencias naturales) aunque está consciente de que cualquier padre tiene el derecho legal a exigir que estas asignaturas sean impartidas en castellano. La legislación sobre la lengua favorece al castellano y las pocas medidas a favor del gallego se incumplen, sobre todo, en los centros privados de enseñanza. XDC distingue entre lengua de instalación y de relación. En la Galicia, la primera debe de ser el gallego y la segunda, en forma seria y profunda, el castellano. En cuanto a la normativa escribe en la oficial, aunque le parece que en cuanto a la ortografía se acerca demasiado a la del español, si se hubiese utilizado —como sostiene la normativa de mínimos— el portugués como referencia, se hubiese afianzado la independencia del gallego con respecto al castellano. XDC opina, no obstante, que la actual normativa es producto de un trabajo serio que a tomado como fundamento, para la construcción de una coiné, el lenguaje hablado y las variantes de habla más extendidas y utilizadas.

El problema central, a la hora de hablar el gallego, es la existencia de prejuicios lingüísticos inculcados durante generaciones por la Iglesia, la escuela, la familia, los políticos, etc.. El idioma es un termómetro de la actitud consigo mismo y de la valoración propia de un pueblo. XDC no discute la necesidad de aprender el español, pero si objeta el abandono del gallego con el pretexto de aprender el español. En su hogar, siempre se ha comunicado en gallego con su hijo.

Interpretación

XDC fue criado en gallego, creció en medio rural en que el idioma hablado, "es un gallego rico, es un gallego correcto, es un gallego con, claro, toda la carga de la variante dialectal del lugar", además es un gallego que "se parece más al portugués". Era dice XDC, resumiendo el gallego que aprendió de su padre, "era un gallego estructural y básicamente magnífico, adulto, muy organizado".

Además su padre le fue entregando, durante la infancia, la cultura popular mantenida por tradición oral. Pienso, que estos son antecedentes importantes para la comprensión de la cálida relación que XDC llega a establecer con su idioma materno. Durante un período, por la escolarización en español, llega a incorporar la imagen dominante del gallego como lengua inferior y del español como la lengua natural de los sectores en tramos superiores de la jerarquía social, a los cuales estaba accediendo. Pero ya a los 16 años y en la década de los 60, de ebullición social política e ideológica en España y Europa, cambia de actitud y comienza a valorar el idioma que aprendió de sus padres. El motivo inmediato lo constituyó la lectura de los ì "Cantares Gallegos" de Rosalía Castro. De golpe XDC descubre *"que existió literatura en ese idioma, que hizo literatura en ese idioma con una gran altura y una dignidad increíble".* Lo cual le hace reflexionar sobre su situación personal y la de Galicia. Producto de estas reflexiones y de, como él mismo lo señala, de su espíritu misionero heredado del catolicismo, decide *"que una de las cosas que tengo que hacer en esta vida, es que en este país uno se sienta orgulloso de su idioma y de todo lo que conlleva, y de sus cultura, y de forma de ser y su forma de entender la vida y de su forma de organizarse, política y socialmente".*

Sus convicciones acerca del idioma le llevan a participar durante el franquismo en una organización cultural, que lo promueve mediante cursos, estudios y actividades teatrales, a escribir exclusivamente, desde los 18 años, en lengua gallega; también a participar en toda actividad pública que exprese una valoración positiva de la lengua gallega, *verbi gratia:* las misas en gallego en la Coruña y en Santiago de Compostela.

En el discurso de XDC hay algunas ideas centrales como la de que el gallego debe ser preservado y cultivado porque es importante para la autoaceptación y autovaloración de los gallegos como pueblo. Los gallegos han incorporado los prejuicios que instituciones conformadoras de la visión del mundo y la sociedad han difundido: una lengua para el uso doméstico, de los sectores "sin cultura", no válida para las actividades más elevadas, que no es de utilidad, etc. Sólo cuando la sociedad este libre de estos prejuicios habrá una verdadera libertad para optar. El gallego no sólo ha estado sometido a la acción negativa de estas instituciones, sino que también fue prohibido durante el franquismo y por eso se encuentra en una situación de debilidad. Por esto, XDC es partidario de una discriminación positiva a favor del gallego y entrega pruebas de como la legislación sobre la lengua en su campo de acción, la educación, favorece al español. Para XDC se trata de conseguir que todos los padres soliciten que todas las clases sean dadas en gallego.

En una perspectiva histórica los argumentos de XDC encuentran sustento. Un estudio hecho en 1969 mostraba que el 92% de las amas de casa en Galicia hablaban el gallego, el 42% lo leía y el 24% lo escribía. El 72% se sentía más gallega que española.[79]. Según otra investigación de 1979 podemos constatar que el 69% de los gallegos habían aprendido este idioma en su familia.[80] De acuerdo a estas cifras, no era una situación normal el que el lenguaje escrito y para todos los usos de la cultura alta fuese, en Galicia, el español. La situación es hoy día más complicada ya que si bien el 62,4% todavía tiene al gallego como lengua inicial[81] en el grupo de edad

---

[79] Linz, "Politics in a multi-lingual society with a dominant world language: the case of Spain", p.405, en Savara Jean-Guy y Vigneault Richard, *Multilingual political systems. Problems and solutions,* pp.367-444, Québec, 1975.

[80] José M. Tortosa, p.56

[81] Una lengua inicial es la que es adquirida espontáneamente frente a las lenguas que se aprenden de forma más formal. Además, "entre os trazos sicosociolóxicos que caracterizan a individuo, a lingua inicial é un dos más representativos, chegando a funcionar

comprendido entre los 16 a los 20 la tiene sólo el 34,4%, mientras que el castellano es la lengua inicial del 45,9%. En las personas de edad entre los 21 a los 25, las cifras son 43,8% para el gallego y 40,8% para el castellano[82]. No es lo mismo, como sostiene XDC, cambiar la opinión de la población sobre un asunto político como la relación con la OTAN que lograrlo cuando concierne a un asunto de identidad como es la lengua.

Los postulados de XDC sobre la gestión económica de la Xunta, se quedan allí, en postulados, por eso y por lo apartado del tema (acerca de lo controversial de estos postulados se han visto las opiniones de Laxe) estaría fuera de contexto el comentarlos. Su aseveración sobre que no siente *una solidaridad especial con nadie en cuanto a situación geográfica*, se ve en parte desmentida por su interés en la *defensa de la economía de los restantes pueblos de España*. Tampoco parece coherente el poner en la misma condición a vascos y catalanes que a escoceses e irlandeses. Galicia no ha compartido una historia común y una lengua con estos pueblos, pero sí con Cataluña, el País Vasco y otras regiones geográficamente cercanas como Asturias y León. Fuera de ello, él mismo sostiene más adelante que el castellano debe tener un lugar especial en la enseñanza de los gallegos, porque *lo tenemos más próximo lingüística, geográfica e históricamente*. Naturalmente no sólo la lengua sino también los pueblos que la hablan.

Isaac Diaz Pardo (IDP)

Explicación

IDP tuvo una educación bilingüe. Su padre fue miembro destacado de diversas organizaciones del nacionalismo: fundador de las Irmandades da Fala, miembro el Partido Galleguista y del Seminario de Estudios Gallegos.

Durante su infancia, no estaba prohibido hablar el gallego la escuela y de hecho un profesor lo utilizaba, pero era algo insólito.

En su adolescencia —bajo la Segunda República— fue miembro de las juventudes unificadas (socialistas y comunistas) y tuvo un contacto directo con los dirigentes del Partido Galleguista: Castelao, Ángel Casal (alcalde de Santiago de Compostela) y su padre.

El fusilamiento de estos dos últimos y la muerte en el exilio de Castelao, le influyeron profundamente. Especialmente la persona y las ideas de Castelao han sido de gran importancia en su vida. Así, considera *Sempre en Galiza* como obra fundamental en cuanto a orientación histórica, política, económica, social sobre los problemas de Galicia.

---

como categorizador universal na formación das identidades colectivas". *Lingua Inicial e Competencia Lingüística en Galicia*, p.37.

[82] Ibid., pp.39-40.

Desde el año 1945 en adelante, continua con sus actividades en pro del galleguismo viajando al extranjero y contactándose con los círculos del exilio en Londres, París e Hispanoamérica. Colabora también con revistas que escriben sobre Galicia, con artículos de contenido histórico y económico. Cuando se trataba de estos últimos temas, lo hacía bajo seudónimo.

IDP tuvo también una relación de amistad con otra gran figura del galleguismo, Otero Pedrayo, hasta la muerte de éste.

Para IDP el proceso que sirve como punto de arranque al galleguismo es la imposición por parte del gobierno de Madrid, en el siglo pasado, de un sistema administrativo de provincias, de inspiración francesa. La realización de este sistema implicaba que Galicia desaparecía como concepto y quedaban sólo cuatro provincias: La Coruña, Lugo, Orense y Pontevedra. Enfrentados a esta situación, intelectuales esclarecidos, como los poetas del Rexurgimiento, se dan a la tarea de rescatar la personalidad histórica de Galicia que había sido mantenida por el pueblo durante quinientos años.

Galicia pierde su identidad cuando los Reyes Católicos se apoderan de los recursos del país, destierran y persiguen a la nobleza gallega y provocan la desaparición del gallego escrito. A pesar de todo, los poderes centrales no pudieron eliminar la lengua, que junto con la cultura gallega han pervivido en las aldeas.

La autonomía es un hecho irreversible en Galicia, pero no han sido las formaciones políticas y las personas que habían luchado por ella las que se han hecho cargo de ella —a causa de la muerte o el exilio de los más destacados galleguistas de izquierda— sino grupos políticos que tradicional-mente se oponían a una Galicia autogobernada, por ello esta autonomía carece de sustancia y es más bien de tipo folklórica: gaitas y comilonas.

IDP considera vital para Galicia el acercamiento al Portugal dado que Galicia ha sido la virtual progenitora del Portugal al crear su idioma, cultura, repoblarlo etc. La separación de ambos es un producto de la ambición, codicia o manipulación de reyes y Papas. El mundo de habla portuguesa con sus 150 millones es vital para Galicia.

La normativa oficial, en su opinión, ha sido elaborado de forma poco democrática e inventada y dirigida por personas que no tienen un interés sincero en Galicia y su idioma, pero están fundamentalmente interesados en mantener sus puestos. El núcleo de la crítica de IDP es que los que han tenido bajo su responsabilidad la política lingüística, es decir personeros e instituciones no han tomado en cuenta la tradición, lo que se había venido haciendo y ello se debe a que, como hemos visto, existe una abismo histórico y político entre estos últimos y el galleguismo histórico de impronta republicana e izquierdista. La recuperación de la lengua gallega, su normali-dad y normativización es importante porque ha existido una separación entre el lenguaje de la comunicación oral y el escrito. Los sentimientos y afectos han tenido que ser traducidos a otra lengua y la población ha estado divida en una mitad con una cultura alta y la otra con una popular.

Interpretación

La argumentación de ISP se apoya, en medida considerable, en su lectura de la historia. En efecto, bosqueja periodos de esplendor para la etnia gallega, *in illo tempore*, el siglo XII en Galicia, *"ya había una organización social y económica porque el románico está extendido por toda Galicia"*, que *"ya tenía una personalidad"* y *"llegaba más allá de Coimbra"*. Fue Galicia también, junto con el Portugal, los que crearon América porque es en esta zona donde se experimenta con el tipo de naves y armas que hicieron posible atravesar el océano y conquistar a los indígenas. En la zona de Portugal y Galicia también empiezan las universidades, entonces, *"el desarrollo era mayor que en el resto de España donde las Universidades vinieron posteriormente"*.

Como se ha visto, esta época de esplendor fue interrumpida por los intereses foráneos: reyes católicos y papas.

Esta lectura de la historia es reduccionista ya que no menciona hechos indiscutibles como que Galicia estuvo integrada a otros reinos hispánicos como el asturiano-leonés y que Alfonso Raimúndez proclamado rey de Galicia en 1109, *"ten a posibilidade de reinar en Castela e León, converténdose en Afonso VII*, Imperator toitus Hispaniae. *Foi, de certo, o último rei de Galicia, pero tamén o que integrou na monarquía leonesa a aquel sector da nobreza galega tan rebelde, que representaban os Trabas...Alfonso Raimúndez foi, por tanto, o último rei de Galicia e o primeiro que aplicou con rigor un criterio de centralización política".* [83] Otro elemento discutible es la glorificación de la nobleza gallega. La aristocracia de la tierra era una clase señorial que explotaba a los labregos exigiéndoles rentas en trabajo, productos y más tarde dinero y que ejercía el derecho a castigar a sus dependientes. Por ello muchas veces, como ha sido señalado en el apartado histórico-teórico la creación de un Estado central ha sido considerado tradicionalmente como un progreso al contribuir a la disolución de los lazos de dependencia feudal y al debilitamiento del poder de los señores de la tierra. Además, la nobleza gallega no fue sólo víctima de los caprichos de los reyes españoles y *"enviada fuera de Galicia y perseguida"*, sino también, como hemos mostrado, disfrutó de cargos y prebendas otorgadas por el poder central.

Por otro lado, parece fuera de duda el que, como señala IDP, la creación del Estado territorial español separó a Galicia del Portugal, al que había estado unida geográfica, cultura y lingüísticamente y que este hecho histórico es de importancia decisiva para la comprensión de los problemas actuales y de sus posibles soluciones. Por esta razón IDP afirma: *"Nuestro porvenir está en recuperar nuestra historia y está en nuestra historia"*.

La imagen del pueblo como portador de la autenticidad, al ser él el que preservó la cultura gallega, exige precisiones. Hay que esclarecer en qué medida los sectores populares, durante estos cinco siglos, se sintieron como "pueblo gallego" o más bien se identificaban con localidades y sus élites.

Otra idea central en el discurso de IDP es la de la falta de inserción en el pasado de los que hoy en día dirigen el proceso de autonomía. Aquí creo que

---

[83] Ramón Villares, *A Historia*, pp.82-83.

es necesario distinguir entre tres postulados a) los personeros actuales del gobierno autonómico y la gente del PP en Galicia en general no tienen raíces en el galleguismo histórico, b) estos mismos representan a los enemigos de la autonomía y c) ellos no consideran la tradición histórica del galleguismo.

A las dos primeras afirmaciones pueden hacérsele objeciones. Así, en mi opinión, a) sería cierta si el galleguismo sólo fuese Castelao y las tendencias republicanas-izquierdistas, pero el galleguismo también es Brañas, Murguía, Risco y Otero Pedrayo y la gente de derechas que se reclama del galleguismo actual puede encontrar inspiración en esta vertiente.

El segundo postulado puede ser válido para poner en entredicho a algunos miembros del PP en Galicia, pero no a todos ya que los sectores constitucionalistas, democráticos y autonomistas dentro de esta formación política no tienen porque identificarse con la derecha antidemocrática y centralista de la II República y de hecho hemos visto que MRT no lo hace.

Lo cual no quiere decir, por supuesto, que el caciquismo que IDP denuncia no exista dentro de este partido.

ISP es de la opinión que la actual normativa ha sido impuesta de forma no democrática y que sobre este tema tampoco se ha tomado en cuenta la tradición y entrega el ejemplo de perto (cerca) y preto (negro). Por degeneración del idioma, en Galicia, en muchos sitios se le ha pasado a decir preto por cercano mientras en el Brasil y Portugal se ha mantenido la distinción, pero el Instituto de la Lengua ha mantenido esta deformación y se ha pronunciado en contra de la tradición. Por situaciones como esta IDP sostiene que *"los preocupados por esto pueden reunirse en asamblea y determinar qué es lo que conviene hacer"* y llama *"a construir una normativa lo más abierta posible para llevarla a la escuela"* como también instiga a que exista, *"libertad para hacer interpretaciones"*. Lo cual en una fase de formación y consolidación de una lengua nacional parece ser algo sensato y necesario.

Conclusiones

De los factores posibles tras el resurgimiento étnico que se vive en la Galicia actual y que he enumerado en un principio, el más significativo parece ser la crisis del Estado-nación y la existencia de una corriente de carácter romántico y localista, que corre paralela con los intentos de aumentar la racionalización de las economías y con la construcción de estructuras e identidades supranacionales como la Unión Europea y sus expresiones: euromand, eurosport, eurodólares, eurocar, etc.

En el caso de España esta crisis ha adquirido una intensidad peculiar a causa de la tardía modernización de la sociedad. La homogeneización cultural y lingüística no fue alcanzada antes del advenimiento de un sistema democrático por la manutención de sistemas señoriales y semifeudales y en general las debilidades infraestructurales y económicas del Estado que ocasionaban la marginación de sectores importantes de la población —especialmente en Galicia— del sistema educativo y el acceso a los medios de comunicación. A su vez, las diferentes regiones y etnias comprendidas dentro del Estado-nación español disfrutaron, por lo general, de derechos y privilegios especiales, manteniendo sus peculiaridades. Cuando desde el poder central a mediados del siglo pasado, se impulsan intentos de integrar y modernizar la nación española, en Galicia surge un movimiento en defensa de los rasgos distintivos y se intuyen las primeros intentos de construir una nueva comunidad. Poetas e historiadores se dan a la tarea de rescatar y difundir la cultura popular, de crear una justificación teórica de las virtudes de la etnia gallega y elaboran una mitología nacional que da cuenta de los ilustres antepasados y de la época dorada de la etnia cuando su situación geográfica, económica, cultural y lingüística era más ventajosa y a la que de alguna forma hay que retornar. Los intelectuales y movimientos regiona-listas, galleguistas y nacionalistas han ido creando un acervo de imágenes, ideas y visiones que hoy día son patrimonio común de muchos gallegos. Así lo son ideas como el reconocimiento del idioma, la necesidad de galleguizar la enseñanza, de recrear alguna forma de comunidad con el Portugal, de la incomprensión por parte del poder central de los intereses agrícolas y pesqueros de Galicia, por nombrar sólo alguno de los más importantes.

La lengua gallega, en sus comienzos el mismo idioma que el portugués, vivió una época de esplendor durante casi un siglo, desde mediados del siglo XIII hasta la primera mitad del XIV, como lengua lírica de los reinos occidentales de la Península. No obstante, nunca llegó a ser lengua de gobierno. El castellano fue sustituyéndolo como lengua escrita en un primer instante y posteriormente como la lengua hablada por las élites de poder: señores de la tierra, gobernantes, militares, funcionarios, eclesiásticos, etc. Hasta mediados del siglo XIX el gallego era una lengua oral, hablado principalmente por el pueblo pescador y campesino. De este condición la rescatan poetas como Rosalía Castro que en 1872 publica sus «Cantares Gallegos», que se nutren de la cultura y lengua campesina. Con ella, y con poetas como Curros y Pondal, el gallego vuelve a convertirse en el ins-trumento de la lírica. Un nuevo paso en la recuperación del gallego, como lengua escrita, se da con el grupo «Nós» que utiliza el gallego para escribir en prosa sobre diversos temas. Con este grupo, el gallego pasa a constituirse en el puente de unión entre los intelectuales y el pueblo. Paralelamente diversas agrupaciones de corte nacionalista, como las «Irmandades da Fala», al promover la utilización del gallego como medio de comunicación entres sus asociados intentan romper con los prejuicios sobre la lengua gallega como idioma de "incultos". El proceso de recuperación de la lengua gallega, como válida para todos los usos, se vio interrumpido por un largo período con la dictadura del general Franco, pero ya en la década de los 60 se vive nuevamente una proceso de efervescencia política y cultural en el que la cultura y el idioma gallego se constituyen en plataformas de lucha.

Con el advenimiento de un sistema democrático, se ha dado una situación radicalmente nueva que ha cambiado en forma decisiva la relación entre, por un lado, Galicia y, por el otro, el poder central. Galicia cuenta hoy día con un autogobierno—ejecutivo, parlamento y poder judicial propio—que decide sobre asuntos de importancia vital para la nación gallega. Al margen de que se pueda cuestionar los alcances de este poder de decisión, es un hecho indiscutible que la existencia misma de un autogobierno contribuye a la creación de una conciencia colectiva como pueblo gallego en lugar de la que existía hasta entonces, en muchos gallegos, de habitante de una provincia y una localidad. La legislación sobre la lengua apunta también en este sentido. De hecho se ha creado por primera vez en la historia de Galicia una lengua estándar que es utilizada en forma masiva por el sistema educativo y los medios de comunicación.

Las opiniones de los entrevistados constituyen evaluaciones de estas transformaciones, de sus alcances y de la forma en que han sido efectuadas.

De todos los problemas candentes expresados en las entrevistas el más decisivo es el de la sobrevida del gallego. En el fondo, es una cuestión de valores y se pueden entregar argumentos a favor y en contra de si vale la pena o no preservar el gallego. Los entrevistados que entregan una respuesta afirmativa a la pregunta lo hacen aduciendo razones substanciales: la importancia sicológica y social del idioma gallego, su rol en la concepción de los gallegos como comunidad, la conveniencia de que no se de una escisión entre el lenguaje hablado y el escrito, los lazos con los hijos ilustres de la comunidad que han luchado por preservar la cultura y el idioma popular. Si se desea que el gallego sobreviva todo parece indicar, como lo señalan los entrevistados, con excepción de MRT, que la situación actual le es muy desfavorable. Un lugar decisivo para la confrontación entre las dos lenguas es la educación básica. Como se ha visto, fuera de la lengua gallega misma la única otra materia que se imparte en este idioma son las ciencias sociales. Ha esto hay que agregar lo que XDC menciona como los prejuicios sobre la lengua, que hace que todavía amplios sectores de la población tengan reticencias en usar la lengua gallega, porque el utilizar el español ha sido sinónimo de pertenencia a los grupos pudientes. Basta señalar que hace no mucho tiempo atrás parecía natural, para personas como AAE, el soñar con instalarse en el mundo del español para no compartir la suerte de labrego del padre. A todo esto hay que agregar que personas que racionalmente y después de una seria reflexión han decidido que el gallego debe ser la lengua de Galicia, como ESP, siguen hablando a sus hijos en español. Luego, podemos concluir que todo parece indicar que es cuestión de tiempo antes de que el gallego sea reemplazado masivamente por el español en las nuevas generaciones. A ello contribuye también la visión de los responsables de la política lingüística oficial, que consideran al gallego como lengua distinta del portugués, opinión rebatida. no sólo por los entrevistados y los lingüistas nacionalistas, sino también por un lingüista y vehemente defensor de la lengua española como Gregorio Salvador. Acercar el gallego escrito todo lo posible al portugués tiene las ventajas señaladas por los entrevistados, que se pueden resumir estableciendo que los gallegos se convertirían en usurarios de la séptima lengua del mundo por su número de hablantes. Esto sería un estímulo que compensaría los enormes esfuerzos y gastos que implica la difusión de una nueva lengua nacional.

La forma en que se ha elaborado la normativa oficial también es criticada por algunos de los entrevistados y en especial IDP. Al parecer, tras la apariencia de una objetividad científica —basar la nueva norma en el lenguaje hablado— se obvia todo el trasfondo histórico de deformación y castellanización del gallego producto de una situación de dominio. Además, no se ha incorporado a esta norma los aportes y reflexiones de escritores e intelectuales galleguistas con sensibilidad e intuición ante la cuestión de la lengua. Este es un tema que habría que investigar más detenidamente, como también las afirmaciones de que no ha existido una discusión realmente democrática para la elaboración de la norma oficial.

Habiéndose mencionado las afinidades entre el Portugal y Galicia basadas en la historia, la geografía, la cultura y la lengua todo indica sin embargo que los portugueses han construido una comunidad imaginada con sus héroes, historia, mitos y ritos, que no incluye a Galicia y a los gallegos. Sin embargo, Galicia ha tenido una historia común con los otros pueblos de España y de acuerdo a la Constitución y leyes aprobadas democráticamente, también por el pueblo gallego, Galicia sigue formando parte de España con todo lo que ello implica económicamente y lingüísticamente. O en otras palabras: Galicia, su gente y su cultura han formado parte de la comunidad imaginada llamada España y desde el advenimiento de la democracia y en teoría al menos, también su lengua.

ENTREVISTAS

Manuel Regueiro Tenreiro (MRT)

P.: Cuáles han sido las ideas y convicciones principales tras la política lingüística que se han seguido durante la democracia?

Aquí ha habido un, llevamos *** en el 93 se cumplieron 10 años de la ley de normalización lingüística, entonces este es el texto básico. Nuestro marco jurídico es la Constitución (artículo 2 apartado 3). La Constitución dice que la riqueza lingüística es algo que hay que potenciar en España, entonces para nosotros eso es básico y es la valentía de la Constitución española. Primera creencia, entonces, es que nosotros estamos dentro del marco de España y de la unidad de España, primera cuestión. De ahí emana el Estatuto de Autonomía de Galicia, El Estatuto ese de Autonomía de Galicia, en el artículo 5, designa el gallego como la lengua propia de Galicia, propia en el sentido antropológico, filosófico de la cuestión. Que la expresión de la identidad gallega es la lengua gallega, lo cual no quiere decir que el castellano, que es la otra lengua, sea impropia de Galicia, sino lo propio en el sentido de propio del latín y de los predicables latinos filosóficos, pues lo propio es lo que revela una manera de decir que es el gallego, una manera de pensar, no muy diferente al castellano y al portugués y una manera de ser. Entonces quiere decirse que Galicia tiene una personalidad histórica manifestada en una lengua histórica y como dice la Constitución, eso propio hay que promocionarlo. Eso se recoge en la ley de normalización lingüística, el tercer escalón, digamos legal, en donde se nos dice que los dos idiomas son co-oficiales y que los gallegos al terminar las etapas de educación obligatoria deben dominar en el mismo grado los dos idiomas. Ese es el caso del bilingüismo y nosotros lo que queremos es superar el concepto de diglosia. Esta es la creencia fundamental entonces, lo que queremos y contraponemos al concepto de diglosia es el concepto de armonía. Por eso nosotros defendemos el bilingüismo armónico, es decir, armonizar el uso de las dos lenguas de tal manera que haya convivencia y haya colaboración entre esas dos lenguas y que los gallegos sean competentes al menos en esos dos idiomas. Para conseguir eso fomentamos y promocionamos al gallego, pero dentro de una paz lingüística y paz social, por supuesto, y eso lo queremos hacer dentro del marco general de Galicia, de promoción de Galicia dentro de España y dentro de Europa. Esas serían las convicciones fundamentales: marco legal garantizado de unidad de España, creencia firme en el bilingüismo y como un objetivo *** la armonía, como manifestación de la personalidad propia de Galicia y la posibilidad de comunicación con el resto de los pueblos de España y dentro los pueblos de Europa.

P.: ¿Podría decirme algo más en concreto de cómo se ha objetivado esta política?, ¿cómo se ha realizado a nivel de escuela básica, de institutos, de universidades?

Nosotros tenemos cuatro pilares y esos cuatro pilares o grandes áreas de influencia tienen sus objetivos. Tenemos en primer lugar la formación, nosotros queremos que los gallegos, sobre todo las generaciones jóvenes, sean competentes en los dos idiomas. Era lo que le decía hace un momento, entonces nuestro objetivo formativo es ese. En segundo lugar tenemos la investigación, para tener un idioma fuerte y tener unas investigaciones lingüísticas y didácticas fuertes. Para eso hemos creado incluso institutos de investigación lingüística y sociolingüística, sería el segundo elemento o área de influencia, la investigación lingüística. Esas investigaciones nos han llevado a afirmar el gallego como lengua diferente del castellano, pero también diferente del portugués, respetando claramente las dos lenguas mayoritarias y fortísimas en medio de las que nos encontramos, defendemos la autonomía de la lengua gallega como diferente que es del castellano y del portugués, como lengua más antigua digamos, el gallego, con lo cual defendemos también la personalidad cultural propia de Galicia, pero no para diferenciarnos sino para comunicarnos mejor, el objetivo es formativo y de investigación. El objetivo es que siendo nosotros, teniendo nuestra propia personalidad podemos comunicarnos mejor, con las otras personalidades culturales, es decir no para cerrarnos sino para abrirnos. Después hacemos una promoción del gallego en dos campos, campo de la divulgación de lo que es la formación, de lo que es la investigación y de lo que son los valores del galleguismo y el de la sensibilización porque, como Ud. sabe, el objetivo sería que valore el pueblo gallego su lengua. Ud. sabe que [interrupción] ...estaba muy bajo, el gallego se conservó entre el pueblo agrícola y marinero, entonces había personas, como hubo una fuerte emigración, que con el pretexto de que al salir fuera de España y de Galicia el gallego no vale para nada se trasmite, aquel "idioma no vale para nada " por lo tanto no aprendamos el gallego. Nosotros ahí tenemos que hacer una fuerte apuesta por el prestigio de la lengua gallega, entonces en eso, digamos, que el objetivo, por lo tanto general es la recuperación de los usos y del conocimiento del gallego en el estatus y en el código. Es la recuperación y esa recuperación se hace en cuatro ámbitos: el formativo, la educación, el investigador, el de divulgación y el sensibilización, son los cuatro... me preguntaba Ud. en concreto en la educación. En la educación lo conseguimos, o lo intentamos conseguir con una doble tarea, una la de conseguir, que ya está conseguido, que el gallego sea lengua de enseñanza obligada en todas las escuelas y en todos los institutos con los mismos número de horas que el castellano y que algunas asignaturas sean también en gallego. El ideal y el objetivo que nos proponemos es que, en algún momento, sea el 50% gallego y 50% castellano, es decir, conseguir ahí también la armonía que no la tenemos conseguida. Es decir la armonía es un objetivo no es un logro ya hecho. Ahí sería donde está nuestro trabajo, en la educación en concreto, en que los profesores se formen en gallego, los que dan otras asignaturas que no sea el gallego y que haya una colaboración específica entre los filólogos, entre los que dan filología en los institutos y en las escuelas, es decir, entre el latín el griego, francés o inglés, el castellano y el gallego. Que hagan digamos una programación común o una puesta al día común en beneficio de las lenguas y del gallego, por supuesto

P.: ¿Qué dificultades ha conllevado la unificación de la lengua gallega?. Pienso en esto de que han existido diferentes versiones de la lengua y tiene que haber una lengua estándar que se enseña en todas partes. ¿Qué dificultades ha habido? ¿o no ha habido dificultades?

Ha habido y hay dificultades. Las dificultades han sido al principio, es decir *** allá cuando la ley de normalización lingüística y antes, desde el período democrático, es decir desde la Constitución. Ya antes de la Constitución, desde el 78, se trabajó para conseguir una lengua estándar y ese trabajo es difícil puesto que la lengua gallega era una lengua casi exclusivamente hablada, entonces en el nivel oral, hay muchas variantes dialectales o de niveles. Había algunos escritos en gallego, y hay escritos en gallego, de épocas anteriores a la nuestra, de épocas en que se intentó recuperar también el gallego. Pero, infelizmente, tuvimos siempre épocas muy malas, cuando nos estabamos recuperando caímos otra vez en picado por circunstancias de regímenes políticos, sobre todo, y consecuencia del centralismo. Se cree que se rompe la unidad de España porque se hablan idiomas diferentes y yo creo que más que romperla yo creo que lo que hacemos es apuntalar la unidad de España, pero el centralismo desconfía de cualquier cosa que sea diferente, por lo tanto hasta que la valiente Constitución que tenemos empezó, tenemos esta dificultad. En el lenguaje estándar, entonces, la cuestión normativa, insisto puesto que era hablada, hubo un gran debate en el *** *** desde finales del 82 hasta noviembre del 88. Se consiguió ahí un decreto que se llama el decreto de normativa del gallego, lo llaman el decreto Figueira Barbeiro porque estaba de consejero, de consexeiro de cultura el que ahora es presidente del patronato de la cultura gallega, del consello de la cultura gallega. Se consiguió un decreto de normativización, de estandarización por acuerdo de la Real Academia Gallega y el Instituto de la Lengua gallega y eso fue normalmente aceptado en la escritura. Pero ya en aquel momento hubo un grupo de intelectuales que puesto que defendían posiciones un poco distintas, se apartaron de eso y en eso hay también dos opciones: la de los que pretenden que el gallego en algún momento, a largo plazo o a corto plazo, confluya con el portugués y aquellos que pretenden hacer un gallego más próximo al portugués. Hay las dos opciones: los que quieren que confluyamos gráficamente, fonéticamente y demás y los que quieren hacerlo más próximo o más diferente al castellano. Entonces han existido la norma mayoritaria que es la oficial, el gallego normativo que se llama, y las dos opciones: la lusófona, digamos, y la de mínimos que se llama también. Entonces han existido esas tres. Eso nos crea problemas en algunos centros de enseñanza y nosotros, después de estudios serios y de decisión política apoyamos abiertamente y sin ambages la normativa oficial, la del 82, y creo que es la que se adapta mejor a lo que se habla en Galicia al gallego hablado en Galicia y a sus diferentes opciones y creo que es una opción científica válida y además hecho con mucha sensatez y es la que se adapta al gallego que se habla y en todo caso si hay que hacer una revisión de eso la responsable por ley de normalización lingüística es la Real Academia si se hace no ***

P.: La actualización de la lengua, incorporación de términos técnicos, este tipo de cosas

Nosotros lo que hacemos es una labor de ayuda y de investigación como le decía antes. Nosotros ayudamos al Instituto de la Lengua Gallega, creamos el centro Ramón Piñeiro de investigación lingüística y literaria, ayudamos al seminario de lexicografía de la Real Academia, pero la incorporación de palabras y de tecnicismos, quien define eso, es la Real Academia Gallega, por ley. Entonces nosotros lo que hacemos es labor de ayuda, es decir, los diferentes vocabularios que se están haciendo, convenios que tenemos. Por ejemplo, vamos a firmar ahora mismo en una semana o dos con la Real Academia de Medicina y Cirugía de Galicia un convenio para la terminología técnica de las ciencias médicas. La van a hacer ellos y con colaboración de la Academia; o, por ejemplo, sobre los nombres propios, la onomástica gallega y sobre la investigación una ***, pero lleva al principio el reconocimiento y la revisión de la Real Academia. Es decir, que eso se hace muy seriamente y es que una lengua va evolucionando naturalmente, pero siempre dentro de la legalidad. Nosotros lo que no podemos es movernos fuera de esa legalidad, que es el título adicional de la ley de normalización lingüística, que dice que en cuestiones normativas y de actualización de la lengua gallega se considerará como criterio de autoridad lo que diga la Real Academia.

P.: Los efectos administrativos que ha tenido la difusión y expansión de la lengua gallega, me imagino que se ha tenido que incorporar especialistas, contratar personas, la administración misma ha tenido que crecer, ¿podría decirme algo?.

Ahí hay varias cosas. El nivel legislativo, normativo, que se va dando, y el operativo. En el nivel normativo, la ley de función pública de la función pública gallega exige que todo funcionario de Galicia tiene que demostrar el conocimiento del gallego. En todas las oposiciones, esto se ha ido haciendo con bastante flexibilidad y poco a poco, exigiendo el conocimiento del gallego, eso en cuanto a normativa, es decir, que todo funcionario gallego de la Xunta de Galicia hoy en día tiene obligación de conocer, de saber el gallego y saberlo bien y, además a toda persona que se dirija a él en gallego tiene la obligación normalmente de contestarle en gallego, y en eso cada vez más vamos a ser más exigentes. Estamos dando un período digamos de vacación de la ley, pero ya lo estamos extendiendo mucho, para que los funcionarios se den cuentan de lo que tienen que hacer. Eso en el nivel normativo. En el nivel operativo hemos ido a la creación de gabinetes de asesoramiento lingüístico, incluso creemos que lo ampliaremos, pero ¿qué dificultad tienen un gabinete de asesoramiento lingüístico en la administración? De que los funcionarios creen que ese gabinete es el único encargado del gallego y los demás ya pueden hablar en castellano, es decir que se entiende el bilingüismo sólo en un bi, en una mitad, es decir, como somos un país bilingüe hablamos en castellano. Pero claro no ponen la segunda parte: como somos un país bilingüe y yo soy funcionario de la Xunta de Galicia y quien me paga es la Xunta de Galicia, mi idioma normal es el gallego, y eso es lo que estamos intentando persuadir y convencer mediante acciones de seminarios, formación, difusión que el funcionario se dé cuenta de que su idioma propio es el gallego, lo cual no quiere decir que a quien le hable en castellano, no le conteste en castellano . Eso dentro del clima general que llamamos de promoción lingüística o de paz lingüística.

P.: Pero, ¿hubo un cambio en la administración?. Pienso, cuando se aprobaron las nuevas leyes sobre la normalización lingüística, ¿hubo un cambio del personal administrativo o es el mismo?

Hay dos: hay el personal administrativo antiguo de la administración central que se ha incorporado a la Xunta de Galicia y ha habido, hace tres años, unas oposiciones para personal nuevo que entra, y entonces, el personal nuevo tiene que saber necesariamente el gallego. El personal antiguo no tenía que saberlo necesariamente, de ahí la oferta nuestra, formativa.

P.: ¿Qué ayuda ha prestado el Estado español y la Unión Europea a este proceso de normalización de la lengua gallega?

Nuestras ayudas han sido del Estado español, hasta ahora. Había una cuestión antigua que se planteaba como lo que ellos llamaban, vamos, algunos nacionalistas llamaban, la deuda histórica sobre la lengua gallega. Bueno, deuda histórica no hay ninguna. Digamos hay, simplemente, un quehacer histórico. Pero si lo que había era la necesidad de un apoyo financiero un apoyo adicional a estas acciones que nosotros estamos haciendo, entonces hubo una negociación a raíz de entrar en el gobierno el presidente Fraga Iribarne, unas negociaciones con el gobierno de Madrid. Le presentamos los documentos y las valoraciones de lo que necesitábamos económicamente y se hizo un documento de apoyo o de financiación adicional para apoyo al desarrollo del gallego que fue en ocho años dieciocho mil millones de pesetas en general, es decir, que estamos muy agradecidos al gobierno central por la sensibilidad que ha tenido con esta manifestación. Ahora estamos en el plan de dirigirnos a la Unión Europea para algunos programas concretos que son de ámbito social. Ya los tenemos cuantificados, estudiados, sólo nos falta entrevistarnos con algún comisario europeo y hacer, digamos ya, la negociación correspondiente y la petición correspondiente, es decir, que vamos escalonadamente, pero la ayuda fundamental ha sido del gobierno gallego que tiene un presupuesto importante para la normalización lingüística y del Estado español que sí nos ha ayudado en lo que llamamos financiación adicional.

P.: ¿Se han dado en Galicia conflictos con los castellano-hablantes, como p.ej. los que se han dado en Cataluña?

Nosotros creemos que no. Creemos que no porque en la enseñanza, p.ej., nosotros tenemos un decreto que nos causó problemas con las opciones nacionalistas sobre todo con los sindicatos nacionalistas y nos causó problemas porque nosotros hicimos un decreto de exenciones que se llama, de que aquel alumno que venga de fuera del sistema educativo y que no haya estudiado gallego pues que tenga un tiempo suficiente para conocer, estudiar, adaptarse e integrarse y nosotros damos tres años para esa integración. Un primer año de conocimiento, un segundo de estudios y un tercero de integración era lo que considerábamos mínimo. Lo estudiamos muy detenidamente desde el punto de vista didáctico, es decir una persona que viene de Castilla o que retorna con sus padres de Inglaterra. Ellos habrán oído hablar de que existe una lengua gallega, pero nunca han tenido ese problema, ¿no?. Entonces en nuestro sistema educativo se encontrarán el primer día cuando vayan a clase o cuando se matriculen, que tienen una asignatura que se llama lengua gallega y que tienen una asignatura que se llama ciencias sociales y de la naturaleza en primarias, que se dan en gallego y con textos en gallego, es decir, que es lo primero que ve el chaval o chavala, el alumno o alumna que se incorpora. Va a recibir un impacto, impacto que puede ser no positivo, puesto que además de tener que estudiar lo que tenía que estudiar, pongamos por caso, en Toledo, pues también tiene que estudiar el gallego y en gallego, entonces, el primer impacto... Damos el primer año de adaptación, es decir, que esa alumna o alumno acepte sicológicamente el hecho de que esté en una comunidad bilingüe y que es importante eso, entonces damos un primer año de exención, de que no se examine de la lengua gallega y la nota de lengua gallega no tenga efectos negativos en su expediente académico. Eso el primer año, y le exigimos que asista a las clases y que el profesor le dé una atención especial a ese alumno, si ese alumno no asistiese a clases y no tomase interés por el hecho de que tiene que aprender gallego, el profesor puede poner en conocimiento de las autoridades educativas ese hecho y puede retirársele la excepción, pero con que asista a clase y tenga un interés en conocer lo que le rodea, pues ya es suficiente. El segundo año ya sería para que estudie. Hay métodos de estudiar gallego y demás y se le facilitan y los profesores, vamos nosotros sabemos porque hacemos un seguimiento muy estricto de esto, y les ayudan para que vayan ya estudiando e incorporándose al resto de la clase, de tal manera que casi todos los 2500 que en la actualidad tienen exención de gallego pasan inmediatamente a decir: "no, yo quiero examinarme". En el segundo año ya hay un 30 % de exentos que piden ellos voluntariamente: "no, quiero examinarme" y al tercer año ya tienen que entrar, digamos, en el sistema, plenamente. Nosotros consideramos que tres años son suficientes para integrarse. Allí hubo un pequeño problema por parte de algunos profesores que querían que fuesen dos años nada más, pero nosotros consideramos que en dos años no es tiempo suficiente para no sólo dominar el hecho lingüístico de hablar una lengua, sino de integrarse en lo que significa esa lengua y, de hecho, este decreto nos está dando muy buenos resultados, muy buenos. Somos flexibles en esta cuestión.

P.: Bueno yo creo que ha respondido varias de las preguntas que tenía y no es necesario quizás explicarse mayormente porque una de las cosas que pensaba yo era la relación entre el gallego y el castellano, que si iba a crear un conflicto en el futuro, pero Ud. ya lo...

No queremos que lo constituya, queremos más bien la cooperación por eso nosotros no judicializamos asuntos, p.ej. o no abrimos expedientes san-cionadores a una persona pues que.., un profesor que tiene obligación de dar esa asignatura en gallego y se niega, normalmente lo que hacemos es desde el gabinete de normalización de las delegaciones de educación lo que se hace es una entrevista y en lugar de decir: "¿Por qué Ud. no cumple ley? se dice "¿Qué necesita Ud. para cumplir la ley?", "hombre" y hay que ser muy duro de mollera para no comprender que un inspector o el jefe de gabinete de normalización si se le acerca ofreciéndole qué necesita: material, recursos, formación, que le ayude algo, hay que ser muy duro de mollera—los hay ¡eh!—para no darse cuenta de que están pidiendo, "por favor, no nos obligue Ud. a emplear la fuerza de la ley", eso es lo que algunos grupos radicales desearían que nosotros hiciésemos, pero preferimos este sistema que es más lento, pero creemos que es más convincente. Nosotros no queremos vencer sino que queremos convencer, tener gente convencida no gente vencida. La convivencia de las lenguas yo creo que está siendo factible, por esto de que las personas, la mayoría de la sociedad se está dando cuenta de que saber gallego y castellano abre puertas no sólo a la administración gallega, sino que abre la posibilidad de aprender otras lenguas y además se aprende una cosa fundamental, que es el respeto a todas las lenguas.

P.: Pero el ideal seguiría siendo un bilingüismo y no un monolingüismo ¿o cómo?

Nosotros no deseamos un monolingüismo, es decir, nosotros sabemos la dificultad que tiene el bilingüismo, que se puede caer en la diglosia inmediatamente, que se puede entender bilingüismo en un sólo sentido, decir: "como somos bilingües hablo en castellano". No, eso no es la conclu-sión lógica, nosotros sabemos todos esos peligros, pero también sabemos que el monolingüismo contribuye a la cerrazón, al chovinismo y sobre todo al entrentamiento. Nosotros lo que queremos es la colaboración. A veces nos lo ponen muy difícil, pongamos por caso y es una queja, en el Senado hace un mes, no hace un mes aún, 15 días, hemos tenido el debate del Estado de las Autonomías en donde cada presidente de su Autonomía podía expresarse en su idioma propio. Bueno, pues una vez en el Senado como Cámara de representación territorial, que se hable cada uno en su idioma propio no creo que ofenda a nadie, sin embargo hubo una reacción virulenta, por parte de algunos medios de comunicación calificando eso incluso de esperpento, y a nosotros nos molesta muchísimo, como defensores del castellano como patria común que se nos excluye en un momento como esperpénticos. Nos lo pone, a veces, muy difícil algunos monolingües castellanos, nos lo ponen realmente complicado para convencer a nuestros bilingües, digamos, es decir, que las opciones radicales nosotros sabemos que tienen mucho atractivo, sobre todo para gente joven, pero la radicalidad, sobre todo el entrenamiento, yo creo que no conduce a nada. Nosotros queremos radicalidad en saber que el idioma propio es nuestra raíz, radical de raíz, pero no que es nuestra bandera para enfrentarnos a alguien, no, es nuestra bandera para comunicarnos mejor.

P.: ¿Ud. nació aquí en Galicia?

Nací en Galicia, en un pueblecito que se llama Perbes. Es un pueblo marinero de la provincia de la Coruña y está en el ayuntamiento que se llama Míño, cerca de Puentedeume. Es un pueblo de agricultores, de pescadores y que, según algunos vivimos de una manera simbiótica, es decir, que en la gran ciudad que es Ferrol o Coruña, vamos mucha gente va a trabajar allí y vive en el pueblo, en la aldea, yo soy...., nací allí.

P.: ¿Cómo valoraban sus padres la lengua castellana y la gallega, qué pensaban?

Mi padre hablaba las dos. Era marino... marinero, vamos, pero de la Armada. Hablaba las dos. Mí madre hablaba también las dos pero mucho mejor el gallego, claro y los dos hablaban, y, entre nosotros hablábamos en gallego. Es mi idioma materno, el gallego y el idioma que aprendí en la escuela es el castellano, pero nunca de manera traumática sino de una manera natural. Uno de los profesores que tuve era de Soria no sabía gallego, pero me respetaba perfectamente en gallego, es decir, que mi aprendizaje de los dos idiomas fue perfectamente normal, incluso agradable.

P.: ..Pero, ¿no existían conflictos, p. ej., entre los niños que eran solamente gallego hablantes y llegaban a la escuela y tenían que aprender a leer en custellano, se acuerda, Ud.?

Sí, sí me acuerdo del célebre ejemplo de que: "¿cómo se dice?" y tenía en la mano un objeto, el profesor, "¿cómo se dice esto?" y todos decíamos garabullo que era, y entonces él decía, esto se llama pa.....No, no pau, lo decíamos en gallego. Entonces íbamos aprendiendo al mismo tiempo el castellano, es decir, era un profesor muy agradable y nos fue enseñando al mismo tiempo los dos idiomas digamos. "Sí, sí, yo ya sé que en casa lo decís así, pero en castellano que es el idioma oficial", —en aquel tiempo era el idioma único oficial— "es así". Y lo íbamos aprendiendo y no hubo nunca problema de castigos; como hubo parece ser en otros centros, ni de prohibiciones como hubo en otras escuelas. Fue un aprendizaje normal. En casa hablábamos el gallego, a no ser cuando íbamos a Ferrol, que hablábamos en castellano, porque en Ferrol los militares hablaban en castellano porque no eran de aquí, entonces el hablar castellano era señal de no ser de aquí, es algo que lo he vivido así y no pido perdón por eso, ¿no?. Yo sé que había gente que se reía de los que hablábamos gallego nada más, pero eso nos hizo sentir una sensación de pertenencia al pueblo, a la aldea, a la parroquia frente a los de la villa, a los señoritos. Nosotros éramos, digamos, los trabajadores, los sacrificados, pero con un orgullo de ser trabajadores, frente a aquellos que hablaban en castellano, pero eran unos vagos. Entonces nosotros, después, en la educación secundaria, sabíamos diferenciar muy bien el que era trabajador del que era señorito, eso era.... No había enfrentamiento sino que había más bien este humor gallego de reírse o de sonreírse. Algunos momentos sí, sobre todo entre compañeros, porque entre los niños es...nosotros ahí tenemos la jeada (pronunciar la g como j) y p. ej. jugo gástrico es muy difícil de pronunciar para uno de nosotros que tenía tendencia a decir jugo jástrico, pero bueno, hoy bromeamos en aquel momento nos daba bastante rabia no, porque teníamos que pagar j-u-g-o g-a-s-t-r-i-c-o, bueno, en gallego era de otra manera, claro, xugo gástrico, entonces, pues bueno, tiene sus partes anecdóticas en algún momento, porque fuimos asumiendo como parte de una diferencia, pero era diferencia favorable de que nosotros éramos capaces de más. P.ej. el idioma era el francés el idioma moderno que se llamaba, y el gallego para aprender francés es una delicia, p ej., estar a punto de hacer algo era "en train de" nosotros lo tenemos en gallego, no nos costaba nada. Los sonidos, la facilidad de la "ch" y lo demás. Teníamos la pequeña juerga del cachondeo con los que hablaban el castellano, mal hablado, claro, los que decían en vez de cerrar "pechar" en vez de llamar "petar". Entonces hacían una mezcla el castrapo, el castellano y gallego, que a nosotros nos hacía mucha gracia, a los gallego-hablantes y castellano-hablantes, porque sabíamos perfectamente la distinción entre he recibido que es puro castellano a recibí que es gallego (recibin) porque en gallego no existen verbos compuestos. Entonces, digamos, que fue un aprendizaje comparativo muy beneficioso para los dos idiomas y para el francés. Esa fue mi vivencia, yo sé que hubo vivencias dramáticas en ese sentido.

P.: Pero Ud. nunca experimentó ni en la escuela básica ni en el instituto que los castellano-hablantes tenían algunas ventajas...

Sí tenían la ventaja de expresarse mejor en público, lo cual a nosotros nos hacía ser mucho más prudentes e interveníamos muy poco en público. Teníamos la ventaja de que no metíamos la pata, al final, nos dábamos cuenta de que ellos, por su facilidad de expresarse, intervenían más rápidamente en público, pero menos conscientemente. Cuando uno de nosotros intervenía es que se lo había pensado, no solamente desde el punto de vista del contenido de lo que iba a decir sino desde el punto de vista de la lengua que iba a emplear, con lo cual nos daba superioridad en las intervenciones públicas en clase, es decir, que para mí fue una vivencia positiva, el tener los dos idiomas, claro hay cosas bueno que tenía sus dificultades, la diferencia entre quitar y sacar no me la pregunte Ud., que no la sé porque en gallego no hay esa diferencia. Yo tendría que ponerme a pensarlo mucho ahora se quita lo que se mete, se saca lo que se pone, es decir que sirve... fue un aprendizaje muy útil el tener los dos idiomas y eso es lo que uno quiere para su entidad

P.: ¿En su casa se hablaba o se sentía el problema de Galicia cuando era niño/joven o no existía el problema de Galicia?

No el problema de Galicia como tal, Galicia concienzado como común, sino el problema de la evolución de Galicia, es decir, nosotros vivimos con gran alegría la creación de una empresa que se llamó ASTANO un astillero y fue los que nos provocó mejorar las comunicaciones y mejorar el estatus de toda la sociedad allí, y entonces fue otro motivo más de pueblo, de aldea, trabajamos más, pero la gente trabajaba en ASTANO y tenía su tierra, vivía de lo que trabajaba en el campo y ahorraba lo que trabajaba en ASTANO, con lo cual fue una economía floreciente en aquellos tiempos. Eso se manifestó por ejemplo, en el nivel de vida y en las casas p.ej. Pero el problema de Galicia como tal en aquel momento. Dese cuanta Ud. que le estoy hablando de los años 60 no se percibía salvo cuando salías al extranjero que te lo hacían vivir políticamente, pero allí no se vivía eso, se vivía con naturalidad el tener el idioma y el resistir el idioma castellano, era natural era como algo que teníamos.

P.: ¿Alguno de sus padres era creyente?

Los dos, como yo, yo soy creyente

P.: ¿Qué rol tuvo la Iglesia en su infancia?

Fundamental, de tal forma que yo fui al seminario a estudiar, es decir la Iglesia tenía dos roles en aquel momento: de aglutinador de la sociedad gallega, la aldea, porque realmente teníamos allí en aquel pueblo —que se llama Perbes ya le digo— teníamos un sacerdote que para mi, si hay santos, ese es uno de ellos, don José se llamaba, que creía en la Trinidad, pero con una cuarta persona, (como Ud. sabe allí veraneaba o veranea don Manuel Fraga) y la cuarta persona de la Santísima Trinidad para aquel sacerdote era don Manuel Fraga, pero bueno esta es broma. Le digo a Ud., era un sacerdote entregado y entonces yo la religión [interrupción]. Le decía a Ud. que para mí la vivencia de la religión es a través de aquel sacerdote, que estuvo 47 años en la parroquia, que vivió la guerra civil y que fue capaz de que en la guerra civil no hubiese un conflicto directo en la parroquia y eso que a él se lo hicieron pasar muy mal, pero sabía perdonar y sabía unir, entonces yo vivo la religión a través de él y claro también uno tuvo momentos de crisis de fe no, pero hablando con aquel señor pues un día me dijo: "mira, hombre, no te plantees la cuestión desde el punto de vista filosófico, no es mi profesión, ni teológico siquiera, plantéatela de un ser superior que puede ser padre y como tal padre puede...bueno pues las otras cuestiones ya son cuestiones humanas". Claro entonces uno vivió eso, después la viví en el seminario felizmente, en el seminario de Santiago, donde entonces la Iglesia era aglutinador dentro de mi pueblo a través de una persona, personificada y en Galicia a través de una persona que fue importante en aquel momento en Galicia que era el cardenal Quiroga. Si Ud. anda bastante por allí verá que fue la figura de la Iglesia más importante, en tiempos difíciles y como supo que la Iglesia fuese la ayuda para que todos aquellos que no teniendo posibilidades de estudiar pudiésemos estudiar. Entonces, para mí la Iglesia tiene dos significados en Galicia: uno el de aglutinador de las parroquias y de catalizador de las iniciativas ..entre la gente y de promociónn... Ese el significado para mí como persona; yo ya sé que hay muchas críticas y demás a la Iglesia gallega pero yo la viví desde esos dos sentidos: la oportunidad que tuve de estudiar y la oportunidad que tuve de vivir la religión como religión comunitaria, con un cura que era pastor, que estaba con el pueblo, era del pueblo.

P.: ¿Cuando Ud. está diciendo ahora del pueblo, piensa en los marineros, en los campesinos..?

En los campesinos, en esta gente, que veía en el cura que era capaz de acompañarlos al médico, de acompañarlos a una gestión, de cuando necesitaban dinero sin ellos darse cuenta les aparecía el dinero en casa. Porque él no tenía nada, pero sabía quien lo tenía o quien podía ayudar, le decía, oye ayúdale a fulano y provocaba la ayuda. Yo podría contarle mil anécdotas de aquel sacerdote y para mí es la vivencia, la Iglesia es aquello, pero yo tengo la manía de vivirlo a través de las personas que...y no ideológicamente digamos y políticamente y eso fue lo que yo he vivido.

P.: ¿Qué significó para Ud. el término del régimen de Franco?, ¿Qué esperaba Ud. cuando terminó el régimen?

A mi me tocó el régimen de Franco fuera de Galicia. Al final, yo estudié en Salamanca y estaba en un pueblo de Salamanca. Había percibido lo que podía ser. Lo viví con mucha inquietud, creí que terminábamos en otro enfrentamiento y aquello era el gran fantasma de mucha gente, el terminar en otro enfrentamiento y para mi fue una gran alegría la proclamación de la Constitución y guardo un gran recuerdo, casi devoción, por un partido que se llama la UCD y una figura que es Adolfo Suárez, juntamente con el Rey. Es decir, que al principio, fue vivirlo dramáticamente con el temor que existía de que aquello terminase mal. Pero después tengo que decir que fue para mí y para todos—yo hoy le rendiría homenaje a todos aquellos que participaron en la transición, a todos aquellos estamos incluyendo desde el Partido Comunista de Santiago Carrillo, pasando por la UCD, Adolfo Suárez, por el Partido Socialista de Felipe González y Alfonso Guerra por la Alianza Popular de entonces, Manuel Fraga—que fueron gente para mí que en la historia de España quedaran como los que supieron poner las bases de la convivencia actual, para mí. Soy un constitucionalista furibundo.

P.: ¿Qué simboliza para Ud. la figura del Rey don Juan Carlos?

El Rey don Juan Carlos para nosotros era, bueno no un desconocido, pero si una incógnita, porque hubo gente que se encargó de establecer la especie de que vamos, no era demasiado buen político. Para mí es de los mejores políticos, el mejor político que tenemos hoy en España y la garantía de una buena salida incluso a esta etapa de crisis. Sin la figura del Rey sería imposible comprender la transición.

P.: Y en la actualidad: ¿Qué significa el Rey para Ud.?

Para mí en la actualidad significa, en esta crisis que estamos pasando de identidad nacional de España y de las críticas que hay al nacionalismo y las exigencias del nacionalismo, para mí significa la esperanza y la garantía de que se resolverán las cuestiones que tenemos pendientes con paciencia, que me parece que es como lo sabe hacer él y con la solución más apta al sentido común de los españoles. Soy constitucionalista y ya me sigo declarando monárquico, creo que la monarquía española representó/representa la garantía de solución y no porque él intervenga directamente en los asuntos imponiendo nada, sino porque sabe consultar, preguntar e informarse y creo que debe ser la persona mejor informada hoy en España de los asuntos.... e incluso de los problemas lingüísticos, me consta [interrupción]

P.: Le consta que tiene conocimiento incluso de..

Me consta que tiene conocimiento directo de los problemas lingüísticos, incluso que en esto, algo fundamental para mí, importantísimo, que fue en el mes de octubre del año pasado, el presidir la firma, la constitución de la fundación pro Real Academia Española, y que él fue el gran impulsor de esa fundación y ahí, hay que recordarlo, firmaron todas las autonomías, ese documento que nosotros, los directores generales encargados de cultura y educación de las 17 autonomías, habíamos consensuado en San Millán..., él fue, no fue directamente, naturalmente que era la asociación de amigos de la Real Academia Española, y ahí en ese documento se reconoce la posibilidad de colaborar la Real Academia Española con las otras Reales Academias e Institutos de la lengua. Eso si se lleva a cabo será un gran logro de convivencia de las lengua de España.

P.: ¿Ud. se siente entonces tanto gallego como español?

Los tres puntos de referencia culturales e históricos para mi son Galicia, mi país, España, como marco, como concepto; y Europa, como futuro. Me siento a gusto, aunque tenga mis disgustillos con mi propia Galicia, con España y con Europa y haya cosas que no gusten, pero que una cosa no guste no quiere decir que uno no trabaje para que guste.

P.: ¿Qué significado ha tenido Europa tanto para Galicia como para España en general?

Hasta ahora lo ha tenido como referencia y bastante poco. Europa, de momento, nos lo está poniendo muy difícil a los españoles, sin embargo yo creo que si se solucionan los problemas prácticos y económicos, Europa va a significar el punto de referencia y de futuro para los españoles y para los gallegos naturalmente, si nos ayudan y nosotros ayudamos, por supuesto, en la Unión Europea a que la comunidad gallega y portuguesa y las comunidades españolas puedan tener su voz, puedan tener acogida sus productos y se le dé salida, nosotros tendremos un gran futuro como pueblos y como comunidades. Eso va a depender mucho de la inteligencia de los gobernantes españoles.

P.: Hay algunas personas que hablan de la Europa de las regiones, que las regiones deben estar integradas directamente a la Unión sin pasar por el Estado nacional: ¿Cómo ve Ud. el papel de Galicia dentro de la Unión Europea?

Hay temas que tenemos que solucionar directamente con la Unión Europea, pero nunca fuera del marco de España, es decir, que nosotros creemos en la Europa de las Regiones, pero esas regiones digamos, que es un organigrama, es como una pirámide, las regiones confluyendo en los Estados y los Estados en la Unión. Si falta el escalón intermedio será una lucha entre regiones y será directamente en Europa. La lucha o la negociación debe llevarse dentro del Estado como está sucediendo con el reparto de los fondos comunitarios debe hacerse dentro del Estado, y eso tenerlo solucionado como voz común ante la Unión Europea y serán más fácil entendimientos entre Estados que entre regiones, pero las regiones también deben tener su diálogo entre sí, yo creo en eso.

Enrique Saez Ponte (ESP)

P.: ¿Qué lengua se hablaba en tu casa?'

Se hablaba el castellano.

P.: ¿Cómo valoraban tus padres la lengua castellana y la gallega, ¿qué impresión tienes tú?

Mi padre *** por lo tanto, el hablar el castellano era normal. De todas formas teníamos servicio doméstico y personas, algunas de ellas con poco nivel cultural, mezclaban el castellano y el gallego. En mi caso, no se percibió el conflicto lingüístico en el sentido de que siendo de La Coruña, de clase media y con el cabeza de familia de origen castellano, parecía natural hablar castellano.

P.: ¿Y los amigos de tus padres, los que visitaban la casa?

Siempre el castellano. Yo vivía en mundo de gente de ciudad, un mundo que se expresaba básicamente en castellano, o sea todos hemos oído hablar, ...oías hablar gallego cuando salías a la calle, pero en el colegio se hablaba castellano y en casa hablábamos castellano.

P.: ¿No se hablaba en ese tiempo del problema de Galicia, como se habla ahora?

Hombre, digamos que no. El sistema educativo de aquella época era muy uniforme, lo sigue siendo, pero mucho más uniforme, entonces ni el gallego se enseñaba, ni Galicia figuraba cuando uno estudiaba historia de España. Nadie hablaba de Galicia, nunca, o sea de Galicia hablabas cuando llegabas en literatura, pues, a Rosalía Castro que era presentada con Bécquer y con Espronceda como los poetas románticos del siglo XIX, pero no específicamente porque fuera gallega o porque hubiera hecho la recuperación del idioma. Eso se decía en algún sitio, que escribió algunas cosas en gallego, pero era un tema ....estamos hablando de una época...en pleno régimen de Franco, y esas cosas estaban marginadas. Mi familia, por otro lado, tampoco le preocupaba ese tema y yo no percibí Galicia.... Hombre, yo sabia que vivía en Galicia, de hecho me molestaba que nadie hablara de Galicia en los libros de texto, pero tuve poco contacto con lo que puede ser el conocimiento de la realidad gallega, como un objeto de estudio, o de análisis, o de conflicto. No, esto era para mi una....

P.: Pero, ¿tú crees que esa era una situación general?

No, en absoluto, no era una situación general. El pueblo hablaba gallego, lo que pasa es que yo vivía en la clase media, en el centro de una ciudad, entonces yo vivía en un mundo muy alejado de la realidad de la mayor parte de la población, que en aquella época emigraba, ¿no?, y que tenía un nivel cultural muy bajo y, pues, se expresaba en gallego. Yo cuando evolucioné, y estudié, me di cuenta de ese proceso. Yo aprendí el gallego, como aprendí el inglés, ¡eh!. Me propuse aprender el gallego y lo hablo y lo escribo; de hecho colaboro con alguna revista y escribo en gallego, pero eso lo aprendí, ¡hombre!. La verdad es que... la forma de construir el gallego me fue muy fácil de aprender, porque no sé si tengo un buen oído para los idiomas, pero cuando una muchacha que estuvo con nosotros, muchos años, una persona que estaba en casa, pues trabajaba con nosotros, ella construía siempre en gallego. Entonces las formas de usar los verbos y las formas de usar los pronombres, que son muy características del gallego, a mí no me sonaban raras cuando tuve que aprender el idioma, porque debajo del castellano mal hablado que hablaba ella, había una sintaxis en gallego, ¿eh? Los gallegos cometemos muchos errores, derivados también de esa pervivencia de un idioma debajo del otro. Yo soy el prototipo de la persona que ha nacido en una gran ciudad gallega y que está en ese aspecto lejos del mundo rural, bueno yo tengo una anécdota ¿no? Un hermano mío que tuvo algunos problemas asmáticos de pequeño y entonces bueno pues fue a un lugar, aquí cerca de La Coruña a 20-15 kilómetros, que se llama Tabeallo pues es un poco más alto. Un tío mío tenía allí una casa y cuando volvió al cabo de diez días—tendría 10 o 8 años—él dijo: "¡no entiendo el inglés de Tabeallo!". Eso explica claramente, cual el ambiente en que yo he vivido respecto a este tema.

P.: *¿Cuáles eran las simpatías políticas de tu padre?*

Mi padre era un demócrata moderado. No se metía en líos, era un comerciante. Mi padre es un hombre profundamente moderado. Nunca le gustó mucho el régimen de Franco, pero tampoco hacía una oposición, por supuesto, ¡he!. Pero, yo por eso me acuerdo, porque mi padre es Cónsul de Costa Rica en Galicia, por una extraña serie de circunstancias y cuando le invitaron a los funerales de José Antonio que invitaron al cuerpo consular el nunca iba. Tenía un viaje de trabajo cosas de estas...o sea nunca le gustó el franquismo, así como tuvo dos hermanos falangistas de la primera época y algunos de ellos están en los libros de estos de Galicia, porque fueron los fundadores de la Falange. Mi padre en su propia casa era....pues era un hombre más bien de la línea de la CEDA o una derecha moderada, pero no amante de una dictadura como sistema, no. Mi padre es un hombre, yo creo que demócrata, en ese aspecto moderado. En aquella época nunca se metió en política ¿eh?, pero tampoco le gustaban los funerales por José Antonio. Y eran poco militaristas, o sea yo, cuando le preguntaba, los niños le preguntábamos a los padres que habían hecho en la guerra y mi padre dice: "mira yo era artillero de segunda porque no había menos". O sea que, también son muy poco militaristas. En ese aspecto en mi casa no ha habido una influencia muy dogmática y yo pude evolucionar a mi aire, ¿no?

P.: Tu madre: ¿Tenía algunas convicciones políticas en especial?

Mi madre nada, mi madre en absoluto, ¡puf!. Mi madre procede de la zona rural sus padres hablaban en gallego, dejaron de hablar gallego para hablar con sus hijos en castellano, era de Corne de la Costa de la Muerte y era una persona terriblemente receptiva, que admitía todo, en aquella época molestaban los ***** Era una persona en ese aspecto muy abierta, sin convicciones políticas específicas, y muy ajena a cualquier tipo de dogmatismo.

P.: En la escuela (estudiaste en La Coruña la escuela básica, ¿verdad?), te acuerdas si existían conflictos entre los gallego hablantes y los castellano hablantes.

Sí, sí. Estaba mal visto hablar gallego y no expresarse bien en castellano. Los niños que venían del medio rural, pues podían ser objetos de algún tipo de burlas.

P. ¿Te acuerdas de alguna situación en especial?

.....De situación en especial no me acuerdo. Me acuerdo de uno que le tomábamos el pelo, porque venía de Ferrol, pero no es porque hablara en gallego, sino porque en Ferrol individuos o personas se dicen "nachos", entonces nos hacía gracia. Pero vamos, nacho no es una palabra gallega es una forma de hablar de los de Ferrol. O sea, que le tomábamos el pelo porque utilizaba palabra diferentes, y yo no creo que fuera porque...o sea, en aquella época no cabe duda que hablar gallego era hablar mal y hablar castellano era hablar bien. Yo no era muy consciente de eso. Yo vivía en un mundo en que no había ese conflicto. A mí me empezaron a hablar en castellano... yo sabía que había el gallego por ahí, pero era una especie de.. Me molestaba que en los libros decía que el gallego era un dialecto, entonces por aquello de la competividad que tiene todo persona, pues, esto es un idioma. Pero no, yo no era muy consciente de ese conflicto. Ni siquiera el conflicto era demasiado **** Insisto que yo soy una persona de La Coruña, de clase media y de familia, cuya cabeza de familia no es de origen gallego. Su padre no era gallego, su madre sí, pero vamos, siempre fueron gente que se expresaban normalmente en castellano, ¿no? Aunque mi padre habla gallego y nació en La Coruña.

P.: Pero los profesores todos...

Todo el mundo hablaba castellano. Esto en un colegio de sacerdotes en que no había gallegos prácticamente. Eran navarros, castellanos. Gallegos en esos momentos en un colegio que decimos nosotros colegio de curas, casi todos procedían de afuera. Los profesores contratados eran de aquí, sí.
  (El entrevistado se refiere aquí a personas con altas responsabilidades eclesiásticas o políticas que hablaban y hablan el castellano con un terrible acento gallego y menciona como esto chocaba en el ambiente que se desenvolvía, porque estas personas presumían de educadas.)

P.: *La próxima pregunta está relacionada con lo que decías precisamente: el rol de la Iglesia durante tu infancia y en la escuela: ¿Qué significó la Iglesia para ti?*

¿De tipo genérico?. Yo era de una familia católica, estaba en un colegio católico y por lo tanto era católico. Siempre fui una persona que traté de buscar congruencia con lo que hacía y tuve una época, bueno, en que era una persona de convicciones católicas asentadas, toda la época de los catorce quince años me consideraba un católico convencido, la influencia estaba por todos lados: la interpretación del mundo, de la filosofía, de la historia, todo estaba impregnado por la doctrina de la Iglesia, ¿no?

P.: *Los sacerdotes de la escuela, de la parroquia: ¿Venían de aquí o de fuera?*

Yo ya te digo que con la gente de la parroquia no tenia mucho contacto, ¡eh!. Lo que más contacto tuve fue con los dominicos que nos daban clase, y ellos eran casi todos de fuera, ¡eh!. Casi todos castellanos o navarros que me acuerde yo. Eran gente de fuera.

P.: *¿Te acuerdas de que periódicos leía tu familia?*

Sí, sí. Yo leo el periódico desde muy pequeño, por eso me dedico a....una revista. Yo empecé a leer el periódico a los ocho años. Mi padre leía el «Ideal Gallego», luego recibía (el negocio de ferretería estaba muy vinculado al país Vasco, porque gran parte de las empresas de herramientas y de hierros están radicadas allí. Yo de hecho conozco el pueblo de mi mujer, fui con mi padre desde pequeño) entonces mi padre leía un periódico de Bilbao que se llamaba la «Gaceta del Norte», ¿eh?, cosa que es sorprendente y explicable en función de su tipo de negocio. Luego pasó a leer «Pueblo» un periódico vinculado a los sindicatos del antiguo régimen, pero un periódico que decía cosas, o sea que tampoco era un periódico absolutamente conservador, del régimen. Dentro del esquema del régimen franquista, un periódico...incluso sensacionalista, un periódico que siempre quería sacar noticias y esas cosas, entonces a mi padre le gustaba el «Pueblo», luego empezó a comprar la «Voz de Galicia», pero ya cuando yo era algo más mayor. Entonces teníamos la «Voz de Galicia» el «Ideal» y el «Pueblo», luego pasó a leer «Informaciones», luego «El País» y ahora lee «El Mundo». Esa es la historia de mi padre, que tiene ochenta años y sigue leyendo periódicos. Los dos tenemos mucha afición a los periódicos.

P.: *Lecturas, te recuerdas que ...*

Yo leí todo, todo lo que tenían mis padres en casa. Mi padre era un comerciante —había estado dos años en Francia— o sea que era sorprendente, sabía hablar bien francés. Había hecho una especie de bachillerato comercial. Empezó a trabajar con diecisiete o dieciocho años en el negocio familiar, que había montado su padre, entonces él no leía. Mi padre debe haber leído muy pocos libros, sobre todo periódicos. Tenían una librería, en casa, compuesta fundamentalmente de cosas que le dijeron que tenían que tener en casa y yo me leí todo: la biografía de Lord Byron, las obras completas de Pérez de Galdós, los cuentos de Oscar Wilde, la Divina Comedia, El Quijote. Yo tenía una voracidad terrible por leer y leí todo lo que había, el único criterio era que eran libros que estaban bien encuadernados y probablemente estaban bien en una biblioteca. Entonces yo me leí todo lo que me cayó en mis manos, hasta la enciclopedia.

P.: Pero, ¿eran en castellano?

En castellano, sí. Yo cosas en gallego empecé...tenía algo de Rosalía. Algo había en gallego de Rosalía, pero ya con quince, dieciséis años. Digamos, que leí todo incluido alguna cosa que había en gallego.

P.: ¿Tuviste actividades políticas o sociales en tu juventud?

Nunca tuve mucha tendencia a las actividades sociales o políticas, en mi primera juventud, ¿no?. En eso heredé la tendencia de mi padre. En la época del tardo-franquismo, pero ya cuando yo había terminado los estudios universitarios y había empezado a trabajar, colaboré con el Partido Socialista Galego durante tres cuatro años, ¡eh!. Al final de la época de la clandestinidad y el primer tiempo de la legalización. De hecho, incluso después redacté el proyecto de Estatuto de Autonomía que hizo el Partido Socialista Galego y el de Unidad Galega. Trabajé ......nunca tuve cargos ni los quise, mi trabajo en un banco no hacia aconsejable ese tipo de cosas. Quería, que hubiera una cierta alternativa nacionalista o galleguista en ese momento y, bueno, en aquel momento ya estaba yo profundamente influido por mi propia evolución mental que me había llevado a descubrir que Galicia existía y que estaba marginada y que tenía una problemática social interna complicada. En esa época, por supuesto, ... fui yo sólo, nadie me llevó ni me convenció, dije: "¡esto me parece que gusta!" y me puse a colaborar con ese partido, pero cuando vi que evolucionaba hacia al Bloque, pues lo dejé. Lo dejé, porque los del Bloque no me parecían razonables. En aquel momento los modelos tercer mundistas de explicar el dualismo colonial y eso, no me parecía que fueran básicamente aplicables a la situación de Galicia y tenían demasiado dogmatismo. Ya entonces, yo no quería saber nada con los excesos de dogmatismo de cualquier símbolo. De hecho en la universidad fui un demócrata, tuve algún hermano que estuvo en el Partido Comunista, pero yo nunca quise trabajar con marxista-leninistas, ¿no?. Nunca entendí que se pudiera dirigir una cosa desde un núcleo. Intuitivamente o sea siempre he pensado...de hecho, hay dirección de empresas en todo esto. En un sitio de absoluta ideología de mercado y encima una empresa vinculada a la Universidad de Navarra, por supuesto no tenía nada que ver con el Opus Dei ni iba a misa y tuve problemas allí por ese tema, ¿no?, pero esa ya es mi época evolucionada. O sea, yo evoluciono en la universidad, desde el día que llego hasta que me voy cambio mucho.

P.: *Cómo empezó ese proceso de adquirir conciencia de la cosa gallega, de que era algo diferente, de que había problemas.*

Es muy lento, es un proceso muy lento, es un puro proceso personal de observación de la realidad, ¿no?. Yo me.....me he preguntado cosas y he intentado ser coherente, por eso era muy cristiano a los catorce o quince años, porque dentro de la coherencia que yo había aprendido, pues había tenido una coherencia.......Cuando aquello empieza a romperse, pues, empiezo a darme cuanta que el régimen franquista, no es que yo fuera prácticamente franquista, era un sistema que había llevado a España (tenia la versión oficial y nadie me la había puesto en cuestión).....y empiezo a cuestionarme esas cosas típicas de la universidad de esa época. Yo viví el 68, por otro lado, hay una característica que también es diferente en mi caso: yo he estado en el extranjero a pesar de haber vivido en La Coruña. Yo, a los 16 años, estuve en Irlanda, a los 18 recorrí en bicicleta ..en Pajares. Luego, aprendí inglés relativamente pronto y desde ese punto de vista empecé a evolucionar con mucha información, ¿no?, y cuándo se puede decir que yo me empecé a preguntar por Galicia, yo en cuestión de influencias nacionalistas siempre digo que he tenido muchas y fue una especie de decantación natural. Yo soy un periférico. Lo mismo que no me gustan mucho los marxistas leninistas, no me gustan los sistemas excesivamente monolíticos, entonces hasta creo que los sistemas....O sea, no sólo me puedo considerar un nacionalista gallego, un galleguista, me sigo considerando sin adscripción política, pero además de eso creo que es bueno en si, que los países estén en cierta medida disgregados, o sea, que no haya grandes unidades. Tampoco puedo decir que sea anarquista, tampoco creo en esos extremos, pero sí que creo que las acumulaciones excesivas de poder, soportadas en bases excesivamente patrióticas....bueno, estoy derivando, pero voy a hablar de mis influencias. Yo voy a Irlanda. En Irlanda en el año 1963, aparte de descubrir a los Beatles y traer el primer disco de los Beatles a La Coruña, aquí a los Beatles nadie los conocía, caí en una familia nacionalista irlandesa. En aquel momento que el IRA no había eclosionado todavía, que lo hace en el 69, Mr. Wund ya decía: "¡Vendrá el IRA otra vez" y ellos hablaban gaélico cuando no estaban en verano que, como en verano tenían dos o tres estudiantes extranjeros porque necesitaban dinero, hablaban en inglés, pero ellos hablaban gaélico que en Dublín eso era rarísimo. Entonces, eso para mí es una influencia que me hace preguntarme cosas. Veo un día en televisión en Irlanda...pues quizá en Irlanda fue donde yo empecé a *** Luego, estuve en una *** jesuita en Santiago de estudiante de derecho, pues hice el primero de derecho. Cuando estudié derecho, me di cuenta que me gustaba la economía. Luego, hice el master en dirección de empresas y luego hice económicas trabajando en la época del PSG. O sea, que todo eso son procesos paralelos ¿no?. Uno de los que me influye mientras estudio económicas es Beiras, pero esto es posterior. Primero, estoy en Irlanda. Una anécdota: el padre que dirigía el colegio, un abad medieval de 120 o 130 kilos, era galleguista en cierta medida, super-conservador jesuita, pero galleguista y el tenía la teoría que a mi en Irlanda me habían perdido. No por el tema galleguista, sino porque iba menos a misa. Dejé de ir a misa cuando llegué a la Universidad. Entonces decía: en Irlanda dejar de ir a misa es dificilísimo porque todo el mundo allí es **** Donde estaba serían muy nacionalistas, pero tenían una hija monja, los padres tenían un hermano sacerdote. Irlanda, no era el país más adecuado para dar la espalda a la Iglesia Católica, pero echarle cara al extranjero —que entonces tenía muy mala fama— este tipo de evoluciones, era común. Me acuerdo, que me impresionó —de las cosas que dentro del proceso te dejan una huella— una entrevista que hace la televisión irlandesa, con 18 años había terminado el primer año de derecho y ya me consideraba yo más demócrata que antes, pero no más llegar, veo una entrevista con Pau Casals el violonchelista catalán, que yo no había oído hablar de él, y le dan una importancia impresionante en la hora de más audiencia de la televisión irlandesa y digo: Dios mío y este tío, ¿quién es?, y me doy cuenta que habla en catalán aunque la voz era en inglés, me doy cuenta de que está hablando en catalán, y aquello en alguna medida me impactó, ¿no?. Luego hay otra serie de otros factores, entonces yo ya empecé a evolucionar. Entre los parientes de la familia de mi madre, primo de mi bisabuela está Eduardo Pondal, entonces yo empecé a averiguar esas cosas y empecé a hacerme, consciente de esa parte. Empecé a leer cosas de Galicia, lo que pasa es que de Galicia había poco. Yo tengo un libro antiguo de economía de Galicia, por allí de los años 60. Empiezo a leer a Otero Pedrayo, Castelao me influye mucho. En segundo de derecho, me encuentro a Beiras. Beiras no era nacionalista, yo no lo percibo como un nacionalista, lo percibo como el profesor de estructura económica que, a mí, lo que me abre es el camino de la economía. Beiras en aquel momento, para mí, era un señor que explicaba la estructura económica en castellano, en Derecho, porque Beiras se licenció en Derecho y no en económicas. A mi me gustó mucho la economía, me evoluciono del derecho a la economía. El gallego lo leía, pero ni siquiera lo hablaba, es quizás posterior todavía mi evolución a eso del galleguismo, es decir cuando me voy a Barcelona a estudiar en un ambiente tan catalanista.

P.: ¿En qué año era eso?

Estamos hablando del 69-70. Yo tengo 23 años una cosa de estas. Toda mi evolución hacia la democracia, hacia la economía, se debe a que había empezado a percibir Galicia como una realidad diferente. Entonces es cuando empiezo a leer a Castelao, es cuando me doy cuenta, en Cataluña, del fenómeno catalán. Aunque no demasiado, entonces no era muy importante todavía. En un sitio como Liese, y yo vivía con uno que era de fuera, porque los catalanes hacían un vida un poco aparte. Allí, en Liese, nadie hablaba catalán, ni siquiera los catalanes entre ellos. Hablaba castellano todo el mundo, pero bueno me doy cuenta de la importancia que tiene la cultura catalana. En aquel momento salgo con una chica suiza durante dos o tres años y eso me hace ver **** Siempre he sido un periférico, nunca he vivido en Madrid. He estado en Irlanda, luego en Cataluña, luego tengo una novia suiza muy poliglota y yo voy a Suiza; conozco bien como funciona todo el país, aprendo francés y bueno, Suiza es un prodigio de país federal y en ese aspecto multi-cultural. Luego encima me caso con una vasca. Entonces, bueno, digamos que estudio en Barcelona y en Galicia, me caso con una vasca, salgo con una suiza, aprendo inglés en Irlanda. Creo que todo eso me va abriendo a mí puertas y desde entonces, pues, yo creo que me considero un nacionalista gallego desde el año 70-71. O sea, que ya con 25 años, ¿no? En mi época, en el ambiente general que me muevo, pues, fue una evolución personal que, me imagino, mucha gente habrá hecho en cierta medida.

P.: Qué esperabas tú para Galicia cuando terminó el régimen franquista?

Pues, no esperaba nada particular. No soy un optimista, trato de ver lo posible. Entonces, el problema de Galicia para mí era conseguir un estatuto de autonomía que respetara el hecho diferencial. Me parecía importantísimo —yo entonces leo bastante, incluso intenté hacer una tesis doctoral con Beiras sobre economía regional— me parece importante que Galicia sea considerada como una (en aquel momento Beiras era el líder del Partido Socialista Gallego unidad. Ya me parece un paso histórico, porque Galicia, antes, eran cuatro provincias. No había instituciones de índole territorial. Hay un libro de un profesor de estructura de Madrid, que yo tengo por ahí que cito a veces que en aquel momento habla de regionalizar la economía al final de los 60 y yo ya eso lo guardo, lo subrayo porque habla de que hay dos áreas de mucha coherencia y cita Canarias y Galicia. Es más, la mayor puntuación, que clasifica todas las regiones llamadas entonces de España, la obtiene Galicia: fronteras claras, características económicas claras, diferencia cultural, etc. Hace una clasificación y Galicia aparece como la zona más diferente o más coherente respecto al resto de España y, bueno, eso me acuerdo me sirvió de dato de referencia y entonces para mí era ya un avance: Primero, que Galicia tuviera un Estatuto de Autonomía, que existiera como tal Galicia. Para mí, es una cierta frustración la solución final de la Constitución. Yo hubiera esperado que fuera una constitución federal. Aquello se veía que era muy difícil, de hecho he escrito un artículo que saldrá en una revista de aquí que se llama ECO, el próximo mes que se llama "Falemos la provincia" y en el que hago referencia a una reflexión que ya hice en los finales de los 70 cuando se suscitó la discusión y un análisis que hice del Estatuto. El Banco Pastor, me pidió en aquel momento un análisis interno del Estatuto y de la Constitución. Yo, en aquel momento, estaba redactando los estatutos de autonomía, comparamos los estatutos vasco, catalán, el gallego, me los sabía bien. Entonces, en está revista escribo un artículo. Una de mis tesis es que la Constitución española sacraliza dos sistemas de división territorial contradictorios: la provincia y la autonomía. Uno de los dos sistemas tiene que desaparecer y como el sistema autonómico tiende a federalizarse y tiende a tener cada vez más fuerza la provincia va desapareciendo. De hecho, ahora hay un debate en la prensa sobre la desaparición de los gobernadores. El ministro de.....territoriales dice que van a desaparecer los gobernadores y al día siguiente se contradice y dice que no. La provincia es una consecuencia de la pelea que hay en la Constitución Española, que busca concenso. Hay quien quiere hacer una constitución federal y se crean las autonomías. Naturalmente para contestar a vascos y catalanes. Hay que reconocer, que los gallegos, en aquel momento, no teníamos nada que decir. En eso, hay que ser realista. El nacionalismo gallego es minoritario, pero Madrid mantiene el sistema provincial, un sistema de origen francés muy centralista de estructura, entonces se superponen. El típico debate en España: hemos creado las autonomías y esto nos da muchos gastos y yo digo: "¿porque no hemos aprovechado la ocasión para hacer desaparecer 50 provincias?".

P.: En general: ¿cómo valoras el proceso autonómico?

Lo valoro como un paso fundamental y que no tiene marcha atrás en la historia democrática de España. España no puede tener una democracia que no es una democracia con respecto a mis creencias culturales, por lo menos de las nacionalidades históricas. Si uno analiza la historia de España, en España nunca ha habido un proceso democrático auténtico que no haya ido acompañado de tensiones de este tipo. O sea, la Primera República fue federal y muy breve; la Segunda, tuvo un problema grave con los estatutos de autonomía, pero tuvo estatuto de autonomía y ahora esto que, para mí, es un experimento auténticamente nuevo en la historia de España, pues lo mismo, una intención descentralizadora. Por otro lado, hay un factor, no se observa mucho desde Galicia. Discuto muchas veces en Madrid de estos temas, cuando dicen: îque la unidad de España que tanto tiempo hemos tardado en conseguir y que es un hecho histórico" y yo siempre digo que la unidad de España es un fracaso histórico y por dos factores : porque cada vez que hay democracia esa unidad se pone en cuestión; ese es el primer síntoma de que no es un proceso suficientemente estructurado, sin suficiente arraigo. En segundo lugar, la existencia del Portugal. En España se olvidan del Portugal. Portugal es una evidencia del enorme fracaso histórico de la construcción de una unidad política en esta Península, que se hizo excesivamente en una forma dogmática y militar y a base de guerras: guerras contra los moros. O sea, se construyó un Estado relativamente pronto, pero un Estado que siempre estuvo basado en un poder político fuerte, soportado por una especie de respaldo **** fuerte y unidad política nunca cuajo por debajo . Para mí, la existencia del Portugal es la prueba evidente de que hay un fracaso histórico.

En esta Península o hay un Estado o tiene que haber un sistema pluri-estatal en el que haya varias unidades como **** O todos juntos o separados, pero el Portugal es para mí la segunda prueba clara de ese fracaso histórico y desde Galicia es algo que no podemos olvidar. Yo soy un maniático del Portugal, si lees mis artículos.....Para mí, es el gran cambio de la entrada en el Mercado Común de España desde el punto de vista de Galicia. Bueno, si quieres hablamos del Mercado Común..

P.: Tu hablas del fracaso del Estado español como nación. ¿A qué atribuyes este fracaso en comparación con Gran Bretaña y Francia?

Hay un factor físico. Francia es un país muy montañoso, pero que tiene las montañas en las esquinas, Francia es país estructurado, no tiene grandes barreras de comunicación. Lo mismo que ocurría en Inglaterra, donde las montañas están al norte, para abajo es una zona ondulada y hay una capital que tira del resto. A pesar de todo hay tensiones que han resulto mejor o peor: Escocia, Gales, etc. Es un país pluri-nacional en cierta medida. El país unitario típico es Francia o Italia. Básicamente son los más unitarios, para mí el problema de España es que de siempre hubo muchos pueblos, es decir, el problema del pueblo español es que un Estado uniforme es incompatible con lo que hay debajo, no es problema político sino es sociología e historia pura. En España las comunicaciones naturales son norte-sur o costeras. El cruzar el país a base de cruzar la meseta es una locura: Nosotros tenemos una serie de cadenas y una meseta, en el centro, que es un obstáculo natural a la comunicación. En España, las culturas se producen de norte a sur a lo largo de un proceso de reconquista antiguo. El proceso de reconquista influye mucho en la historia de España. Hay debajo una cultura romana, de los pueblos que vinieron después de origen germano fundamentalmente o eslavo incluso, pero básicamente una cultura romana porque los otros pueblos fueron romanizados, a pesar de que acabaron dominando las cosas, porque no tenían una cultura capaz de sustituir la cultura romana lo que pasa es que se fue degenerando. Entonces había una cultura romana abajo y aparecen unos señores que se pasan aquí ocho siglos, ya es muchísimo tiempo. Y cómo los echamos. No los echamos porque sean distintos ni porque hablen árabe, sino porque creen que Dios es diferente. Yo creo, que el éxito de los árabes en España se debe al arrianismo como herejía católica. La herejía del arrianismo es una herejía enormemente extendida en el norte de África y también entre los visigodos. Entonces, gran parte de los visigodos fueron convertidos. Cuando aparece la religión mahometana en ascenso, y que cree en un Dios único y que en gran medida se corresponde con la herejía arriana, encuentra inmediatamente un apoyo en el sur de España y eso hace que hayamos estado ocho siglos enfrentados con largos periodos de paz, períodos breves de guerra, pero también una reconquista por una razón ideológica, ese es un componente que se conviete básico. España pierde la oportunidad con las revoluciones populares que se producen en todos los países europeos y la creación de Burgos, etc. Aquí hubo poco pluralismo, pero un Estado central soportado sobretodo en una razón ideológica: nosotros somos los que creemos que Dios son tres personas y los de allá abajo dicen que es una. [risa] Parece un simplismo, pero en alguna medida influye. Entonces, es un Estado fuertemente ideologizado, pero por debajo había qué, pues el reino de Galicia y el de Portugal, con una cultura determinada. Hay también un idioma asturiano-leonés que tiende a desaparecer y que de hecho ha desaparecido. Luego hay el castellano y el aragonés que también desaparece y el catalán.

P.: Pero, comparado con otros idiomas, p.ej., el francés con respecto a las otras lenguas minoritarias que todavía existen en Francia. O con el caso de Irlanda. Por lo que leído, la mayoría de los irlandeses prefiere seguir hablando inglés.. ¿por qué esta fuerza de las lenguas nacionales en España: del gallego, del catalán?

Porque, en el fondo son culturas diferentes de la castellana y nada más. Es que son culturas que han mantenido una fuerza. Es que España estuvo unido oficialmente y funcionó como un país, pero ha habido durante muchos siglos, reinos, fueros, sistemas de derecho y muchas más cosas diferentes por debajo. La unidad era aparente. Castilla coloniza América, Sevilla monopoliza el comercio de Sudamérica. Los catalanes no están en el asunto. Los catalanes viven su vida y tienen sus problemas en el Mediterráneo. Los gallegos están aislados desde que apoyan a la rival de Isabel la Católica y manda a todos los nobles al frente y deja esto desarticulado, desmonta los castillos, bueno, aquí había muchos líos. Galicia se queda como una zona, de ser una de las zonas más ricas en la Edad Media, por el comercio y porque aquí, las tierras eran más ricas básicamente y estaban alejadas del frente. No había mucha guerra. En Galicia, se produjo una eclosión cultural antes que en otros sitios, pero queda marginada. Todo el proceso de la unidad de España es castellano, en gran medida. No aparecen catalanes ni gallegos, muchos vascos. El tema vasco es muy diferente, hay un pintor gallego que siempre decía lo mismo: "los vascos: castellanos exagerados". Para mí, que los vascos reivindiquen una diferencia, me parece sorprendente, porque para mí lo vasco est· **** de lo español. Cosa que no pasa ni en lo catalán ni en lo gallego. Aunque hayan muchos catalanes y gallegos que hayan intervenido y hay grandes escritores sobre todo gallegos en castellano. En el proceso de integración de España, Galicia y Cataluña las dos principales fachadas marítimas de la Península, porque el Cantábrico es una fachada estrecha, El País Vasco de hecho no tiene fronteras se diluye hacia el sur......Para mí, el País Vasco, Castilla y España son elementos del mismo proceso, cosa que no pasa ni con Cataluña ni con Galicia. Galicia, que tiene su prolongación natural hacia el sur, la relación con el Portugal la rompe para siempre. Galicia, al independizarse el Portugal y al separarse del proceso, se queda muy marginada, porque Galicia uno de los problemas que tiene es su situación geográficamente periférica, al nivel desde la tierra, desde el mar está bien comunicada, desde el punto de vista terrestre. En el mundo. a veces vemos **** aquí en este país. Incluso en Galicia hay mucha gente que no ha hecho el esfuerzo de ver Galicia desde Galicia y la sigue viendo desde Madrid, porque es de donde viene información. Entonces, se ve a Galicia como marginal. Lo es, vista desde Madrid no vista, a lo mejor, desde Londres. No es más marginal que Madrid; depende del sistema de comunicación que uno utilice. Cuando viene Anmanzor a llevarse las campanas de la catedral de Santiago, no viene por León, viene por Viseu. El acceso natural de Galicia es Portugal. Es la zona que hay menos montañas, hay una continuidad geográfica costera. La aparición del Portugal, que es un accidente como pudo haber con Cataluña o con cualquiera otro trozo de esta mal construida unidad península, Ibérica, la aparición del Portugal a Galicia la margina para siempre, incluso culturalmente. El idioma gallego-portugués era el mismo idioma. La independencia del Portugal hace que el gallego se quede más primitivo y más sometido a determinadas cosas del castellano, mientras que el portugués empieza a recibir influencia del francés y sobre todo del idioma del sur de la Península. En aquel momento, al sur de la Península había un idioma mozárabe que se hablaba tanto en Portugal como en Andalucía. Es un idioma que desaparece y es absorbido por el portugués y por el castellano e influye más en el portugués que en el castellano. El lenguaje normativo portugués es el lenguaje del sur, porque Lisboa la capital está en el sur. Entonces el portugués normativo y que se populariza es el portugués del sur, influido fuertemente por los giros **** el seseo y la complejidad de la pronunciación, que derivan del mozárabe y que influye en el dialecto andaluz del español.

P.: ¿En qué medida han aprendido gallego tus hijos?

Mis hijos hablan gallego, porque ahora se enseña en el colegio. Aunque nosotros tenemos una chica que está con nosotros y que duerme aquí, y con ella yo siempre hablo gallego. O sea el gallego ellos lo oyen y lo hablan. Lo que pasa es que yo con ellos siempre he hablado en castellano. Mi idioma natural es el castellano, por supuesto, el gallego lo hablo porque lo he aprendido, porque al final has estudiado el castellano, latín, griego, inglés, francés, gallego. He cogido facilidad para cambiar de idioma y siempre hablo con la gente que habla gallego y como en casa siempre ha habido una persona de ayuda, porque como Arancha trabaja por las noches, yo viajo. Entonces siempre necesitamos una persona aquí, sobre todo cuando los niños eran pequeños y con esa gente siempre he hablado gallego, toda la vida. Lo hago incluso para que mis hijos lo interpreten como algo natural, no como una cosa que tengan que descubrir como descubrí yo muchos años después.

P.: En tu opinión: ¿Cuál debe ser la relación entre el castellano y el gallego?

Evidentemente yo creo que la lengua de Galicia debe de ser el gallego. Sé que hay muchas dificultades, porque no tiene el apoyo de la burguesía, conozco el tema de la diglosia, de la lengua dominante/lengua dominada. Todo eso que es verdad, que el ascenso social se hace en castellano. Yo creo, que el gallego debería ser la lengua de Galicia y el castellano debería ser un segundo idioma obligatorio en la enseñanza, pero como segundo idioma. Incluso yo creo que había que ir a la enseñanza en gallego—yo soy un demócrata, no hay que obligar las cosas—al menos, en las zonas donde se habla e ir forzándolo poco a poco en las otras. Lo que pasa es que es un problema de prestigio social. Las lenguas son difíciles de imponer salvo que haya una voluntad popular terrible. Los judíos **** Ataturk, pero eso son circunstancias históricas muy específicas. El gallego yo creo que va hacia arriba, lo único que pasa es que yo creo que nadie quiere que eso ocurra. Los dos partidos...estatales. Para mí, hay un debate fundamental en ese tema y es el debate lusista. Yo, desde que soy galleguista, soy lusista, cuando no era nadie lusista. Pero soy lusista, porque soy economista. Entonces, para mí, es un problema de economías de escala. Es decir, yo me puedo considerar un nacionalista gallego, pero no hasta el extremo de que quiero de que el gallego sea distinto a cualquier cosa, ni tampoco soy lusista hasta el extremo de coger la cedilla y los acentos, pero creo que entre elegir entre la "ñ" y la "nh". ... ¡si la "ñ" no viene ni siquiera en los ordenadores, son cosas que nos impuso el castellano !, y que se pueden cambiar. Es parte de la falta de comprensión del tema. Hay un artículo, de Ricardo Carballo Calero una persona que para mí ha sido una persona muy importante en Galicia, muy importante, catedrático de gallego y reintegracionista, que es la variedad suave del lusismo, con la que me puedo identificar. Es un artículo que tengo por ahí y que se llama «O voo do flamengoo» y que explica como la parte flamenga de Bélgica despega, desde que decide unificarse con la holandesa, porque es un mismo idioma. Entonces, hay masa crítica en los idiomas, en las culturas. Entonces yo tengo muy claro: el que dice que el valenciano no es catalán, quiere matar el valenciano. El que dice que el gallego no es del tronco lingüístico del portugués y debe aproximarse en lo que pueda, quiere matar el gallego, lo quiera matar. Algunos con la mejor intención, porque cuando yo decía estas cosas, los nacionalistas consideraban que estaba diciendo una herejía, porque a pesar de todo aquella gente del Bloque de los primeras épocas y de la UPG, etc., todavía pensaban que los portugueses eran inferiores o cosas de estas. No lo consideraban porque eran marxista-leninistas, pero el portugués no les gustaba nada....eso de que ahora hubiera que pensar en portugués. Ahora, eso ha cambiado. Yo creo que hoy en día no se puede ser nacionalista si no se es lusista, o no se puede ser coherentemente nacionalista, si no se es, al menos, reintegracionista. Estamos en un mismo tronco lingüístico. Esta es una de las reflexiones que he hecho en mi vida y que creo son relativamente importantes. Cuando uno viaja, habla varios idiomas, se da cuenta de que hay algunos idiomas que son más fonéticos que otros. Las personas que como yo, y como la mayor parte de la gente que habita la Península y que han sido educadas en castellano, les es difícil entender los idiomas menos fonéticos, le es difícil decidir sobre los aspectos puramente arbitrarios de la escritura, como fenómeno. Entonces confunden escribir con hablar y no se dan cuenta que se puede escribir de una forma sin hablar de la misma forma que ellos escriben, porque el castellano es un idioma profundamente fonético, entonces la gente que está educada en castellano le cuesta mucho trabajo, se piensa que por poner un acento así....Se puede escribir de una forma y pronunciar de otra. Eso, lo sabe todo el mundo que sabe inglés y que sabe otros idiomas. Esa ruptura es lo que hace que haya tardado tanto en entenderse el reintegracionismo, el lusismo. Lo que propugnamos, no es hablar portugués, sino normalizar el idioma escrito lo más próximo posible al portugués, idioma que, por otro lado, no está normalizado. Es uno de los pocos idiomas del mundo en que no hay una normativa. El portugués se escribe en Brasil, en el Portugal y en Angola en forma diferente, por lo tanto hay la posibilidad de establecer variedades dentro del idioma. A mi no me gusta la normativa portuguesa de escritura. No me parece la más lógica, pero me parece que debemos acercarnos a ella de tal forma que el que aprendiera a leer en gallego aprendiera a leer portugués. Eso daría inmediatamente al gallego una proyección universal, 150 millones de hablantes. Daría a los escritores en gallego la posibilidad de ser entendido por 150 millones de lectores, aumentaría el mercado y crearía algo peligrosísimo para España: que mañana los libros de medicina, los de arquitectura e ingeniería estarían editados en gallego, sin necesidad de hacer la tontería de montar un gallego acastrapado. Eso que ha montado la Xunta. Entonces para mí, el que está en contra del reintegracionismo quiere matar el gallego y yo estoy seguro que la Xunta de Galicia quiere matar al gallego. Es bueno que exista una Xunta. Es bueno, que Galicia se pueda pensar como una unidad, pero todavía estamos enormemente contaminados de vernos desde fuera. Si no **** nuestros intereses relativos y ni siquiera nuestra cultura integrarla en el resto del mundo, no tenemos perspectiva. Si escribo algo, es por eso. Aunque suelo escribir de economía y de temas pocos conflictivos. Te había contado que soy presidente de la sociedad del grupo Pastor y pertenezco a la alta dirección del Banco, no entro en temas políticos. Lo último que escribí se llama «Far West». Es una reflexión sobre la política de alta velocidad. Es una reflexión muy sintomática, que nadie hace. Todavía no nos damos cuenta que la fachada atlántica de la Península Ibérica tiene doce millones de habitantes (12,2) y la mediterránea tiene once. Y aquí todo el mundo habla de que la fachada mediterránea es la pera, es el futuro, pues claro como en España Saramago dice, España tiene un complejo de amputación, ante un mapa en el que está Portugal. Ese complejo de amputación se trasmite también hacia Galicia. Para qué van hacer una línea de alta velocidad entre la Coruña-Vigo, si está en la mitad del Atlántico. No, no señor, es Ferrol, la Coruña, Santiago, Vigo, Oporto, Coimbra, Lisboa, Setúbal y es una línea de 350 km. en el que hay ciudades por valor de 3-4 millones de habitantes, idóneo para un ferrocarril de alta velocidad. Nadie ha visto esto, no lo han visto no lo ven ni los portugueses, tenemos otro problema con los portugueses, porque los portugueses ven el mundo desde Lisboa y a Lisboa no le interesa Oporto. El mundo de Lisboa ve Oporto como un competidor y ve cualquier conexión hacia el norte de Oporto como un aumento de su posición geoestratégica. Lisboa no le interesa tampoco mucho esto. Entonces una de mis grandes batallas digo 7 años .....la autopista Vigo-Oporto. Parece mentira que tengamos 3, 2 millones aquí y nueve y pico hacía abajo y nadie habla de una autopista y estamos todos obsesionados en ir a Benavente o en hacer el tren a Monforte. En Galicia misma la gente no es consciente de eso. Ni siquiera hay que hacer mucha filosofía. Cojo, "Comercio exterior de Galicia". ¿Hacia dónde están exportando las grandes?......hacia Portugal. Eso crece, y ¿quién lo hace?, todo el mundo. No es Citroen, no es Repsolo. Lo que más afecta al comercio exterior de Galicia son unas pocos empresas grandes, en gran medida de implantación, no derivadas del propio capital gallego, pero ¿dónde están exportando?, al Portugal. Es natural, están ahí, son diez millones, porque Castilla y León, ¡eso es el desierto!. ¡Cómo se nos puede todavía ocurrir seguir pensando que la comunicación vital está ahí¡. Son importantes, las autovías, la comunicación, eso romperá barreras y nos acercará a Europa, pero la que es vital desde el punto de vista económico, es la que integra una fachada atlántica, pero está a tal punto metida en la cabeza de la gente, que no es capaz de verlo.

Cuando uno está pensado aquí alejado y lo que quiere es ir a León, a Madrid a Barcelona a Francia, entonces existe una autovía y quiere una autovía. Entonces, las autovías son muy importantes y yo estoy a favor ese tipo de autovías, pero no se dan cuenta de que no sólo es un mecanismo de salida, sino que es un mecanismo de entrada. El aislamiento geográfico de Galicia crea una especie de invernadero en las empresas, una especie de aduana natural. Cuando rompas esa aduana, empresas más fuertes vendrán y podrán de alguna forma, tomar el tejido económico gallego. Mientras que si el tejido económico gallego puede disfrutar de un mercado más amplio, próximo, podría adquirir potencia para resistir esa invasión. Nunca hemos visto esas cosas así.

Hay una dinámica empresarial gallega, de cierto interés, todavía pequeña, pero lo que le está sirviendo más para aprender salir al mundo, es salir al Portugal. Para mí, es decisivo. Eso de que haya una democracia y una Xunta, son aspectos positivos. Galicia no se ha acostumbrado a verse a si misma como debería verse. En cuanto al mundo, en cuanto al Portugal, en cuanto a España, en cuanto a lo que es interesante, porque en cuanto al punto de vista económico concreto, para Galicia el Mercado Común es un desastre, un desastre porque en las comunicaciones....

P.: Sí, ¿Qué ha significado para Galicia el Mercado Común?

Para mí. lo diré siempre, hay un factor positivo: tumba el gran obstáculo histórico para Galicia que es la frontera con el Portugal. No la ha tirado políticamente, pero la ha tirado económicamente, pero es que la política va detrás de la economía. Para mí, el motor de las relaciones entre los pueblos es el comercio, básicamente. Para mí, el romper la frontera económica con Portugal es decisivo para Galicia, absolutamente y la única frontera de comunicaciones. Vete a la estación de Renfe y pregunta cual es el primer tren para Oporto. Haz esa prueba, es una prueba normal. Probablemente verás que un tren a Oporto tarda once/diez horas, y está a 300 km. Y ahí, no sé cuantos ciudadanos con no sé cuanta población. ¡Pero estamos locos!. ¿Estamos en el siglo XIX?, es que yo no lo sé. Es un chiste, la barrera de infraestructura. De hecho la autopista de Galicia llega ya hasta la frontera de Tuy. La autopista de Lisboa llega a Praga, pero hay 60 km. que el gobierno portugués no prevé hacer hasta el 98 y cada vez que le preguntan pone un año más. Este año en mayo Cavaco le decía a Fraga que estaría en el 97, anteayer salió en el periódico una noticia de que el ministro de relaciones exteriores decía que en el 98. Eso tiende a infinito, sin pensar demasiado, y eso para Galicia es fundamental, para Galicia y para Portugal. Para mí es el factor fundamental para la Comunidad Europea.

El hecho de ser parte de España es lo peor que le podía haber ocurrido a Galicia para negociar su entrada en el Mercado Común, porque es la parte de España con una estructura económica más diferenciada de la estructura económica mediterránea y de la problemática general del país y por lo tanto sus intereses específicos, los de Galicia, han sido sacrificados en "bien común" de lo que es el Estado español. Entonces, para Galicia, gran avance histórico en su primera frontera sur, sobre todo porque hay mercado único, y gran desastre porque estamos en un país cuyas prioridades no son las nuestras. Y entonces.....en el mercado común los dos temas fundamentales para Galicia, leche y pesca son los flecos...unos pescadores, unos piratas a los cuales no importa mucho defenderlos. Si Galicia hubiera sido Irlanda y esto es una de....Irlanda, para mí, es el prototipo de lo que puede ser un país pobre que tiene un mercado común. Irlanda a pasado a España en renta per cápita siendo un país con una economía pobrísima. Con cuatro ovejas...y unas industrias, por ahí, a base de incentivos fiscales. Irlanda es el prototipo de un país pequeño, que vive del Mercado Común. Es que si Galicia fuera independiente sería mucho más rica. En el Mercado Común, no dentro de España.

España...fondos de estructura, fondos de ecuación, p.ej. España tiene fondos de ecuación porque su renta per cápita es del 70 y tanto o 80% de la media comunitaria, no me acuerdo cuanto es. Entonces, llegan los fondos de ecuación, gran pelea. España pelea por los fondos de ecuación. ¿Para qué van los fondos de ecuación?: para hacer el AB en Cataluña y las circunvalaciones de Madrid, la M40, la M50 y la M60, pero, cómo Cataluña y Madrid tienen el 100% de la renta comunitaria, si fueran países independientes no tendrían ni un duro de los fondos de ecuación y, sin embargo, como son partes de un país cuya media es inferior a la media comunitaria consiguen fondos comunitarios, que luego utilizan en potenciar infraestructuras en las zonas que teóricamente si fueran países independientes, que como Inglaterra que tiene el 100% de la media comunitaria, no tendrían fondos de ecuación. Esas cosas, son duras de decir porque por lo demás no las oigo decir.

Nos hemos extrovertido en el sentido que vemos las cosas desde fuera. Nosotros capaces de vernos como nosotros mismos. Además no somos capaces de priorizar nuestras necesidades. Estamos tan contaminados por la influencia de Madrid, de los partidos de Madrid que no tenemos ni idea *** A mí, que Manuel Fraga se preocupe de que Fidel Castro transite hacia o la democracia me parece muy bien, porque Cuba está llena de gallegos y ha habido muchos gallegos allí. Yo sí me acuerdo de cuando vinieron los gallegos de Cuba, cuando el 59 y la Revolución de Fidel. Vinieron al colegio unos chavales y yo jugué a béisbol que no se jugaba en España, porque vinieron unos cubanos. Pero, para Galicia lo que es fundamental es coger al gobierno y que ponga una autopista y un ferrocarril que corra a 100 por hora, ¡si estamos en el siglo XX!. Tenemos una fachada absolutamente rota y ni siquiera la percibimos. Ese es el principal problema.

Hay una frase que dice que hay algo peor que no saber recibir y es no saber pedir. Una cosas es que no den medios, es que ni siquiera sabemos pedir. Mis batallas son batallas de Galicia, p.ej. el agua. El hecho de que el gobierno español se quiera gastar 7 billones de pesetas en coger agua de un sitio para otro, me parece demencial y desde el punto de vista de Galicia me parece la ruina. El agua es uno de los pocos factores de desarrollo que tiene Galicia. El agua, The Economist sacó un suplemento hace casi dos años/año y medio y lo titulaba, "The first commodity": el agua potable. Aquí la tenemos. En el Mediterráneo no la tienen . Si la cogemos y la llevamos gratis para allí, seguimos igual. Entonces, yo no entiendo como en el debate en este país no se halla metido el componente precio en el agua.

Si el agua es escasa en Murcia cobrarla mucho más cara, así por lo menos haremos que los que la usan, ahorren. Mientras les llegue gratis, la van a seguir desperdiciando. Siete millones de pesetas en hacer tuberías y nadie ha hablado del precio, ¡están locos!, porque claro si en el Ministerio de Obras Públicas tenemos 100 para invertir, si el 40% se va en el agua el otro 60% de carreteras se seguirá partiendo igual en todo el territorio, pero el 40% se va sólo para una zona: la que necesita agua. O que la paguen o que le quiten carreteras y ferrocarriles. Ese tipo de cosas no se hablan. El agua es un problema en esta Península en fase de desertización y con la zona que más crecen, impulsadas por enormes inversiones. No hay ninguna ley.....Yo no creo en las leyes de los centros económicos. Sí, creo en ellas, pero no creo que sean la fuerza de gravedad. Estados Unidos tiene varios centros económicos. Europa tiene uno que está basado en la zona de Países Bajos, el norte de Alemania, el noroeste de Francia, Londres, hay un núcleo que aquí estamos preocupados porque ahora se va para el este. Yo creo que hay muchas prioridades en función de unas zonas y no otras. El que Europa se vaya para el este, no va a suponer ese teórico centro de gravedad, porque la gente tiene una idea muy física de la economía. Se va a desplazar, o sea van a haber más centros de crecimiento. Se va a deshacer algo ese proceso. El que se deshaga algo no es malo para Galicia si consigue que **** La fachada atlántica de la Península está pobladísima y es un potencial. Claro que si no hay inversiones, alguien dirá mañana que hay una especie de ley geoeconómica, inevitable, que hace que crezcan algunas zonas más que otras. Si ponemos todas las inversiones en un sitio, al final, no hay leyes geoeconómicas, hay prioridades.

P.: Dime, ¿Galicia no ha obtenido subsidios de la Comunidad..?

Si, si claro obtiene subsidios para desmontar su estructura..

P.: ¿Para desmontar?

Claro, está obteniendo subsidios para retirar vacas y para retirar pesqueros.[risa], para eso es lo que obtiene subsidio, es decir, son subsidios para convertirse en una economía subsidiada . Argumento para luego decir: "Galicia es una región pobre y bastante suerte tiene de que la subsidiamos". Hombre, yo creo si Galicia va fuera de España sería más **** que eso, pero tendría más posibilidades de ser rica el día de mañana, porque tendría capacidad de establecer sus prioridades, cosa que en este momento no tiene.

Es la primera vez en mi vida de que llego a la conclusión de que podría resultar rentable la independencia. Nunca lo he pensado, siempre he pensado desde el punto de vista económico, de que era muy difícil por el tamaño de Galicia. Metidos en el paraguas del Mercado Común, que es un paraguas bastante protector, podría ser **** Teniendo derecho con nuestros pesqueros, podría ser la pera......

P.: Porque se habla también de la Europa de las regiones, de que el Estado nacional ya no es....

Bueno, eso implícitamente lo comenté antes cuando hablé de mi creencia de que un determinado nivel de unidad es más operativo. Yo en las empresas me tiendo a especializar en las unidades diferenciadas o sea, la estrategia de organización es uno de los temas que me apasiona. Siempre me ha apasionado como se organiza la gente y por qué y si eso es eficaz o no.

La economía institucional es una de las que va a ganar premios nobeles en el futuro, la influencia de las instituciones en los resultados económicos es un tema muy importante. Hay una relación con el que haya estudiado derecho, esas cosas también influyen.

Los estados nacionales europeos son en gran medida... y vamos a separar Inglaterra, Francia y España, de Alemania e Italia, su proceso histórico. Reino Unido, Francia, España y Portugal son restos de imperios. Fueron potencias mundiales. Algunas nunca fueron derrotadas, como Inglaterra, lo cual lo complica más todavía, porque a los franceses ya les han pegado más de dos veces y a nosotros ya nos han ganado todos con lo cual no......, nos hemos empobrecido, a los portugueses también. No, nosotros ya no tenemos el orgullo nacional, pero son grandes Estados, orgullosos de la emisión del dinero, de la libra esterlina, del franco, de la force de frap y de los no sé que. Entonces el Estado nacional, en el sentido francés, es un obstáculo para la unidad de Europa, porque le cuesta mucho trabajo perder una soberanía que a lo mejor a los señores.....les importa un bledo que esté en Madrid o en Bruselas. Es más, yo considero que Europa si alguna vez va a ser federal tendrá que ser por encima de los Estados Nacionales. Tendrá que tener mucha fuerza y tendrá que darle mucha fuerza a las regiones, sino no funcionará. No funcionará por lógica de organizaciones. O sea, los seres humanos nunca podrán organizarse de tal forma que sean pocos Estados los que estén en la Comunidad Europea. Habrá que dividirlos, dividirlos o quitarles mucho peso, porque claro si le quitas al Estado español la defensa, la moneda y las relaciones internacionales, lo demás está transferido. En eso, hay una resistencia terrible. Madrid todos los medios de comunicación, todo vive de eso y eso es España: un país cuyo orgullo nacional ha sido pisoteado por la historia bastante. Desde cierto sentido nos consideramos muy europeos, yo me considero muy europeo. En general, en España la gente se apunta a esas cosas, o sea, no les da mucho miedo, pero para los ingleses, los franceses y los alemanes, eso es terrible. Los alemanes es otro proceso. Alemania es un país pegado con colas, igual que Italia, en el XIX. Quizá tenga un orgullo nacional más reciente, porque les costó mucho trabajo unirse. A Italia también le puede pasar, fue un proceso dramático la unión de Italia y de Alemania, costó mucho trabajo, tuvieron que pelearse con los vecinos. De hecho, son países, Italia es muy claro, pero Alemania es un país que se diluye en varias direcciones, con lo cual hay minorías alemanas, por un lado y por otro lado, con lo cual no sabemos muy bien lo que es Alemania y el día que se ponen fuertes, utilizan eso para conquistar...pero es proceso muy especial.

Yo creo que los Estados nacionales son poco operativos, para una Bruselas fuerte. Mientras los Estados nacionales tengan mucha fuerza, Europa no se unirá. Por lo tanto, la Europa de las regiones, de las pequeñas naciones, como le quieras llamar, la Europa de los pequeños Estados, es la que puede ser una Europa unida. En la que lo grandes Estados, pues, queden todavía como una parte del mapa, como una referencia y como una unidad de coordinación, pero con muchas menos competencias. Es muy difícil que el Banco de Inglaterra ceda a un organismo que....por los alemanes la emisión de la famosa libra. La moneda es uno de los temas que cada día tiene menos significado, pero ya estamos viendo. Uno de mis pensamientos, en economía, es que hay que suprimir el papel moneda, pero eso es ya otro tema...

P.: Pero hay un conflicto entre lo racional y lo afectivo. Los daneses sienten mucho...es una de las cosas por la que protestan. Si se cambiara su moneda con la imagen de la Reina por otra moneda común europea..

No, no, el problema es que los reyes no sirven para nada. Yo también lo entiendo [risas..], pero Dinamarca es un país pequeño, si le parece interesante tener su propia moneda, pues me parece muy bien, es que cada día es más letra. Cada día la política monetaria en los Estados tiende a ser más estándar, si cada día estamos dando más autonomía a los bancos centrales precisamente para que los gobiernos no puedan opinar entonces, ¿dónde está la soberanía?. Claro que yo me fío más del Bundes Bank que del Banco de España igual los ....daneses no, pero yo sí. Al final, creo que la labor de un Banco Central debe ser controlar la inflación y evitar que el gobierno emita papel moneda y eso me es igual quien lo haga. Y que mañana se llame el «ecu» todo lo que.....es mucho más cómodo. Ahora los bancos perderemos mucho dinero, ganamos un montón cambiando moneda. Es una ineficiencia enorme. O sea, el producto interior bruto europeo, se estima, subiría un 3% simplemente por unificar las monedas. O sea, ahí lo que pasa es que habría mucho paro, pero la industria, el comercio, la exportación y la eficacia económica del sistema aumentaría inmediatamente, pero inmediatamente. Esto es una auténtica frontera, una frontera puramente estúpida, es un resto de soberanía, mas teórico que real, porque cada día....a los daneses les gustará mucho...si además podría haber una moneda «ecu» que tuviera la versión danesa, por un lado común, por otro lado—se habla de esas soluciones—y por otro lado, cada país pusiera lo que quisiera, pero vamos, al final, acabaríamos con un «ecu» con la Reina de Inglaterra funcionando en Sicilia. Al final, a los señores daneses que les gusta ver a la Reina, pues, igual tendrían que ir a Tenerife a verla.

P.: *Yo pensaba también en los problemas afectivos que crearía la disolución de España como nación porque...*

No, yo no diría la disolución, no seamos radicales. Yo digo una dilución. Entonces, se puede sentir español el que quiera. Espaciar un poco en el aspecto patriótico del asunto. Es que creo que el patriotismo español, inglés o francés tiene un valor, pero al fin es un obstáculo, para mí, es más obstáculo que valor hoy en día. Tuvo un valor en otra época, pero para mí es una fase de la humanidad. Es más, para mí, Europa, si es capaz de dar este paso, habrá dado un nuevo paso importante para el mundo. Europa ha dado cosas importantes, no han tenido mucho efecto como sistemas, porque se ha quedado como algo muy complicado. Si da ese paso, habrá explicado al mundo como se pueden organizar **** diferentes. Esta, sería una nueva aportación, por así decirlo, de Europa: un sistema que puede funcionar unificado siendo pluricultural, pero para eso el Estado nacional, concebido como un resto de Imperio sobretodo, es un obstáculo. Yo lo veo como un obstáculo organizativo. Como veo que en España la provincia es un obstáculo organizativo para la Comunidad Autónoma, no tiene sentido que haya diputaciones y que tengan competencias. ¿Qué pasa?, que en Madrid interesaba, porque cuando divides una cosa entre cuatro para abajo y le das mucha potencia ****. Comunidades Autónomas mucho más fuertes y eso nunca interesó en Madrid, es un problema político en la Constitución. Lo que pasa, es que hoy día las Comunidades Autónomas tienen mucho más peso en lo que es el Estado. Ya el propio Estado, presionado por un....público, empezó a cuestionar su modelo territorial. El modelo territorial de la propia organización central del Estado. Empezó a decir: ¿Por qué coño necesito cuatro gobernadores civiles en Galicia?....Su inspector de policía en cada área importante y que manejen la policía y el orden público y que haya un sólo delegado, entonces todo eso que de alguna forma supone una racionalización de la estructura organizativa que no **** por razones políticas, pero al final como no tienen dinero para pagar a tanto funcionario tendrán que discurrir que para que **** En ningún país del mundo hay dos estructuras superpuestas con la potencia de las nuestras. En Alemania e Irlanda, no se divide en provincias. Nuestro sistema va a federal y ningún sistema federal tiene provincias debajo y tiene que asumirlo. Si esto va a federal hay que por lo menos sacar al menos las consecuencias económicas, eliminemos estructuras administrativas que lo que hacen es costar dinero y multiplicar procesos. Pues lo mismo pasa con los Estados nacionales. Si la provincia ya no es funcional para una determinada forma de concebir el Estado español, que la historia ha demostrado que en una democracia la única forma lógica de que España funcione, es un funcionamiento que implique reconocimiento de culturas y diferencias geográficas aunque podamos estar juntos mientras haya un suficiente reconocimiento de eso y es la única forma de que puede haber democracia en España. La única forma de que pueda haber una Europa unida es una Europa que pase por encima de los Estados nacionales. No quiere decir que haya que eliminarlos, creo que hay soluciones intermedias. Se irán diluyendo con el tiempo.

P.: Pero, tú personalmente desde el punto de vista afectivo: ¿te sientes a estas alturas tan ligado al resto de España como a Portugal o hay diferencias todavía?.

Yo personalmente, mis sentimientos tienen naturalmente que ver con mi razón [risa] por lo tanto, me es difícil distinguirlos y por otro lado soy bastante internacionalista, porque claro yo...Pío Baroja dijo hace muchos años que el nacionalismo se cura viajando. Yo casi lo aprendí en Irlanda por lo tanto me resulta contradictorio. Evidentemente hay un nacionalismo de campanario o de rueiro, bastante negativo, también en Galicia. A defender la vaca y el sistema de propiedad que nos deja en la Edad Media, es decir, hay un nacionalismo muy conservador y que no ve más allá del campanario y eso yo lo veo así. Entonces, ¿yo me siento más unido al Portugal que a España?, pues, evidentemente no. Conozco yo más a los españoles que a los portugueses. Ahora cuando yo tengo que trabajar con unos y con otros, me es igual. O sea, tengo más barreras de comunicación con los portugueses, porque a pesar que yo me defiendo bien en portugués no es lo mismo que puedo hablar contigo, ¿no?, si yo tuviera que decir lo que estoy diciendo ahora en portugués me costaría más trabajo y los portugueses no entienden bien el gallego.

P.: Políticamente, ¿has tenido?...

No he tenido ningún cargo político ni ninguna tentación de dedicarme a la política. Mi mundo es la empresa privada. Estoy en varias empresas, estoy en una Fundación. He puesto en marcha un curso para desarrollar la gestión de la empresa agroalimentaria. Me muevo en varios frentes, yo no puedo funcionar igual que una empresa. Sin tener lo general, no puedo hacerlo en lo particular, me es imposible no me funcionaría la cabeza. Me pasa lo mismo en la vida. Necesito tener una perspectiva de donde estoy. Un gallego siempre admite los matices, el mundo del sí y el no es siempre una simplificación peligrosa. Lo digo porque se nota mucho en los vascos, que son siempre de sí o no.

Alberto Ansede Estraviz (AAE)

P.: ¿Qué lenguas se hablaban en tu casa cuando eras niño?

Pues, exclusivamente el gallego.

En mi hogar, en mi casa se hablaba exclusivamente el gallego. La verdad es que yo soy de procedencia rural y por aquellos tiempos, pues en 1957 y años siguientes, la televisión todavía no había penetrado en los hogares, por lo menos de forma masiva.

Recuerdo que la radio llega a mi casa cuando yo tenía aproximadamente 12 años y con lo cual nosotros no escuchábamos nada más que el gallego. Sólo, sólo en la misa escuchábamos el castellano.

P.: Yo he escuchado que en algunas zonas rurales, a pesar de que los padres o los abuelos hablaban en gallego, intentaban hablar en castellano a los niños, pero tus padres te hablaban en gallego a ti.

Sí. Esa es una situación posterior. [¿eh?] En esta época en que estamos hablando, en mi infancia, en medio rural, muy rural, los padres no lo intentaban porque tampoco ellos escuchaban nada de español. Claro que no llegaba por otros medios de comunicación.

Los medios de comunicación todavía no habían penetrado. Incluso más, lo que hacía referencia antes, a la misa en español, fue un poquito más tarde porque, en aquellos momentos se hacía en latín. Con lo cual mis padres nunca intentaron hablarme en español, porque .. no lo sabían.

P.: Dime ahora ... ¿la Iglesia tuvo alguna importancia para tu infancia?

Decisiva.

Yo creo que en el medio rural gallego, la cultivización o la cultivación — como se la quiera llamar— básica de todos nosotros, de mi generación, es la Iglesia. Y cuando la Iglesia toma como idioma de transmisión de la doctrina el castellano, para nosotros supone también un medio de castellanización.

Yo recuerdo que las catequesis no sólo eran catequesis de Dios sino también de los hombres. Y entre las cosas de los hombres, pues .. no es que se nos indujera hablar el castellano dado que el medio no era propio para eso, pero siempre se valoraba más lo expresado en castellano —aunque fuera de forma simbólica— que lo expresado en gallego.

P.: Pero, en el '67 tenías 10 años; en el '69, 12 años, y ya se había dado el Segundo Concilio Vaticano donde se decía que se podía dar la misa y la homilía en la lengua vernácula. ¿Tú no preguntaste nunca por qué los curas hacía la misa en gallego en gallego?

Es curioso. Es curioso e interesante lo que yo vi, lo que yo recuerdo de este proceso en mi parroquia. Nosotros teníamos un cura rural, incluso de procedencia muy rural. Y que él se expresaba desde el púlpito siempre en castellano. Y luego, en las conversaciones, digamos familiares o coloquiales, pues, con nosotros siempre en gallego.

La primera misa que yo escuché en gallego no fue del cura ese rural de mi parroquia, sino de un cura que vino un día domingo a sustituirlo y que venía de Santiago. Y que a todos nos llamó mucho la atención y creo que a nosotros, no sólo nos llamó mucho la atención, sino que el propio cura del lugar le llamó la atención [ja) por hacerlo en gallego.

Era una ruptura de una norma, en un territorio que no le correspondía y creo que no le gustó nada a Don Albino, —que así se llamaba el cura de mi parroquia— por lo tanto no sólo no era práctica habitual sino que ni siguiera esporádicamente yo escuché misa en gallego salvo ese caso, vamos a decir, extraño.

P.: Para ti fue algo extraño, algo muy singular. ¿Y para la gente del lugar también era algo insólito?

Insólito. Era el comentario unánime de la gente.

P.: Pero lo reprobaban o ...,

No. Yo creo que... No tengo una noción muy clara, yo. La noción que tengo de esos momentos es de desconcierto. De desconcierto, de ruptura de una norma, y desconcierto ante esa ruptura.

P.: Pero, ¿ tus padres pensaban esto de las lenguas o tenían una visión así de clara de que el gallego era, por decirlo así, para gente de la aldea, y el castellano para la gente bien? Por ejemplo, si tenían que hablar con un médico, con .. ¡qué se yo!, con el tío de la farmacia, ¿tenían que hacerlo en castellano o cómo era?

Sí, sí. Yo recuerdo acompañar a mi padre al ayuntamiento. Solamente a arreglar los papeles, para las burocracias, para yo pedir becas, para, bueno, este tipo de cosas, que para hacer las matrículas en el instituto, etcétera, etcétera. Entonces yo lo acompañaba y cuando él se dirigía al secretario —el encargado de hacer estos papeles— siempre lo intentaba hacer en castellano. Siempre, aunque luego, pues [je] por las dificultades propias que le ocasionaba, el mismo secretario, en una especie de disculpa, o de ... pues le dijera: "pues señor Ángel, diríjase usted como quiere" y tal, y "¡Hágalo cómodo! ..."

Y sin embargo, él lo seguía intentando porque entendía que así, pues, seguramente lo atenderían mejor, o le harían un poco más de caso en un arreglar asuntos que, de por sí, eran difíciles y desconocidos para él.

Es decir que el comportamiento no sólo de mi padre, sino general, de la gente de mi aldea, era que cuando salía a cinco kilómetros, que estaba la población un poco más urbana, pero ¡urbana!, estamos hablando de 1.500 habitantes!

¿De Ferrol?

¡No, ya! Es que yo nací en Villa Santar, que queda bastante lejos de Ferrol, luego me trasladé a Ferrol.

Entonces esa población que es una población muy pequeñita, muy pequeñita, pero donde residía la oficina de Correos y quedaba muy próximo el municipio, —el ayuntamiento—, las oficinas municipales, y lo que en aquel momento era la Cámara Agraria: una especie de oficinas donde se arreglaban los papeles para los labradores: el sindicato vertical pero en el campo, el que hacía las veces del obrero.

Bueno, entonces cuando se trasladaban allí pues inmediatamente —no en la cafetería, por supuesto, pero sí en cualquiera de esas oficinas, o en la farmacia, por ejemplo— pues siempre intentaban como podían aproximarse a la gente en un idioma que desconocían totalmente.

P.: ¿Tu padre tenía algunas simpatías políticas en especial o ¿no?

No, ninguna, ninguna. Mi padre era una persona normal y corriente que, que, no entendía nada de política y ni, digamos, entre comillas, ni quería entender. No quería saber nada de política.

P.: ¿Tu madre tampoco?

Tampoco, tampoco.

P.: Y dime, si mi impresión es exacta. Cuando tú dices que era labriego, o sea era lo que se llama un minifundista, tenía un ...

Sí, mi padre trabajaba unos terrenos que no eran propios y por los cuales, por el usufructo de los cuales pagaba una renta. Y unas condiciones bastante duras.

P.: ¿Dónde estudiaste la educación básica?

La educación básica la hice en una escuela a dos kilómetros de distancia de mi domicilio, a ella bajaba andando y sin paraguas. No se podía, en aquellos momentos no se tenía paraguas por razones económicas porque el viento los estropeaba y costaban demasiado dinero para las posibilidades de no sólo de mi casa sino de todos los vecinos. Todos los niños íbamos sin paraguas. Con los inviernos crudos de Galicia, pues puedes imaginarlo, ¿no?

Esta era una escuela a la que concurríamos todos los niños de la parroquia. Estaba aproximadamente en el centro de la parroquia. Allí hice hasta los 11 años. Luego, a los 11 años, por azares de la vida, un maestro le dijo a mi padre que tenía un hijo muy listo [je] y que era mejor que estudiara, que hiciera estudios, pues, más superiores que los otros. Pues,

este mismo maestro se encargó de buscarme un sitio en una villa a 20 kilómetros, en un pensionado de monjes que me sostenían con muy poco dinero.
Y entonces allí hice el bachillerato y luego, pues, me fui a Santiago a hacer 5
años en la Universidad.

*P.: Pero durante los primeros años en que tú eras un niño gallego-hablante y
llegaste a la escuela ¿los profesores te hablaban en castellano?*

Totalmente. Sí, sí, totalmente.

P.: Y tenías que aprender a escribir también en castellano ...

Sí, claro, claro. Pero los profesores —o *el* profesor o la profesora, porque
teníamos uno sólo—, me hablaban en castellano pero *dentro* de la escuela.
Fuera no. Cuando jugábamos y hablábamos de otras cosas ...
  Yo recuerdo de un profesor que nos hablaba siempre en gallego, porque él
también era de procedencia rural. En ese momento él cambiaba el registro.
Sin embargo otros no, otros eran monolingües en español, quizás también
por su procedencia urbana. Pero yo digo, en lo que todos coinciden es en
que, la educación formal se realizaba siempre en castellano. Y, bueno, yo lo
recuerdo con cierta dificultad, pero también tengo que reconocer que no, no
creo que el trauma esté en ese primer momento. No creo que sea ese el
problema más importante del idioma.
  Eso... luego hablamos.
  Ahora mismo, por lo menos, no lo percibo como algo traumático. Aunque
sí dificultoso, pero no traumático, aprender otro idioma en aquel momento.

*P.: Pero no existían situaciones de un cierto menosprecio, por decirlo así,
por parte de algunos profesores, porque era un alumnado rural gallego-
hablante... ¿Existía o no existía?*

Sí, bien, claro. Es que cuando yo digo no traumático me refiero al aspecto de
aprendizaje de otro idioma, el aspecto estrictamente del aprendizaje.
  En lo que realmente creo que es muy problemático y muy conflictivo, y lo
era —yo lo recuerdo con mucha conflictividad— es en la cuestión simbólica
de las valoraciones; que mi idioma era despreciado, con lo cual mi mundo
era despreciado e inmediatamente —yo ahora lo recuerdo siempre— que
soñaba con instalarme en otro mundo. Yo soñaba con estudiar, pero por supuesto con aprender bien el castellano e integrarme bien en esa lengua y en
esa cultura... porque supongo que sería porque quería triunfar, porque no
quería ser como mi padre, no quería ir al monte a ... acabar y sabía que si
quería cambiar de vida, pues, me tendría que integrar en otro idioma y en
otra cultura.
  Entonces, en ese sentido sí que es, sí que lo percibo de forma conflictiva.
Pero en el aprendizaje técnico, pues, no era realmente el problema . Es más
el problema de ..., un poco lo que tu decías en la pregunta, cuando nos
equivocábamos y decíamos pues, no sé.. *pai* en vez de *padre*, el profesor,
pues, nos alzaba la voz y decía ¡burro!, no-se-qué y tal.

P.: Pero lo decía, ¿es cierto?

Sí, sí. Es cierto, sí. Lo cual es absolutamente normal que se produjera en ese tipo de, digamos, .. equivocaciones, pues nuestro idioma de instalación era el gallego. Y ellos no .... No recuerdo ningún profesor, ningún profesor que tuviera un mínimo de sensibilidad al respecto del gallego. Quiero decir, que hubiera un rincón, aunque fuera pequeño en esa aula, en el que se utilizara el gallego como lengua normal. Jamás. Y supongo que también sería por la formación que esos profesores reciben. No sé qué formación. Perdón, no estoy culpando directamente al profesor, sino contando la situación que yo viví.

P.: Dime, cuándo llegaste al instituto, ¿también era lo mismo? Todo era en castellano o había algún profesor que en especial, que así, de forma escondida, mostrara un cierto interés o respeto por la cultura gallega. No necesariamente solamente por la lengua.

Mira, sí. En el instituto sí había alguna gente que, —si tú mismo lo decías en la pregunta— que veladamente, o en forma no explícita, pues, nos dejaban entrever sus simpatías porque la cultura gallega o la lengua gallega adquiriera un estatus mayor. Sin embargo, en todo el bachillerato, yo creo que no recibí más clases en lengua gallega que las de un profesor, y situación absolutamente ilegal, claro. Estamos hablando de los últimos años del Franquismo. Yo terminé el bachillerato, creo que el 1975 cuando la muerte de Franco, ¿no? Entonces estamos hablando de los últimos años de...

Sin embargo, es cuando yo empiezo a tener cierta conciencia de reintegración en mi idioma . Porque yo perdí mi idioma al poco de ingresar en el bachillerato, pues mi idioma de comunicación empieza a ser el castellano.

P.: Pero, ¿con tus padres?

No, con mis padres no. Pero con los demás, con los demás chicos, en el ambiente en que me movía en la diversión, en la clase, en prácticamente en todo, salvo cuando iba a la aldea. Pero ahora empezó a ser el idioma principal. Ente otras cosas, porque cambio a un ambiente mucho más urbano. Se decía que era una villa de unos ocho mil habitantes aproximadamente, y claro, entre la presión escolar y la ambiental, y las propias ganas de, —supongo que de cualquier persona— de salir adelante, y de identificarse con lo que tiene poder y fuerza, pues hizo que mi idioma cambiara.

Yo digo, salvo con mis padres y la relación con mis vecinos porque —ten en cuenta que— eso no tiene sentido, sería ridículo para mí dirigirme a esa gente en castellano. Pero, sin embargo, un poco más tarde, ya en los dos últimos años del bachillerato, es cuando yo tomo conciencia de que hay un problema que me causa desasosiego, ¿no?

P.: Y ¿a qué se debe esa ....?

Yo creo que... supongo que por el contacto que tuve con alguna gente ligada a los movimientos culturales, nacionalistas, y en algunos casos, incluso políticos. Sí

P.: ¿Quieres decir tendencias ...

Sí, nacionalistas.

P.: ¿Qué grupos existían en esa época?

En esa época se funda...bueno en esa época el grupo nacionalista organizado, pues sólo existe un partido político que es la UPG. Y creo, —estoy hablando de memoria, no sé si me confundo en alguna fecha— pero creo que es por 1978... No, no, en el 75. En el 74-75 se crea La Asamblea Popular Gallega que es la base de lo que hoy día es el Bloque Nacionalista Gallego.

P.: Pero dime, ¿es el contacto con esa gente lo que te hace ...

No, como te decía, es contacto más bien con los movimientos culturales, todavía culturales, que quizás estuvieran vinculados a ese partido político, pero que yo no sabía.

P.: Pero ¿qué hacían en este movimiento?

Pues se empezaban a hacer conferencias, teatro en gallego, se empezaban a hacer algunos cortos de cine, corto metrajes en gallego y se proyectaban. Hacíamos unos coloquios en unos sótanos a la oscuridad (he) y siempre en un ambiente de semi-clandestinidad, porque estábamos un poco amparados en un colegio de monjes, que siempre daba un respaldo, una cobertura y, bueno, por otra parte, son actividades que en principio son educativas, en el terreno siempre educativo no había que pedir permiso y esas cosas. No pasó nada hasta el último año que, bueno, vino la policía y [*??]

P.: Y los monjes no estaban implicados, ninguno de los monjes ...

Sí, sí, uno. Uno de ellos. No sé si militante de un partido. Creo que no. Sino por simpatía. Nos facilitaba libros, nos facilitaba material que circulaba por circuitos, canales, no comunes. Clandestinos o semi-clandestinos.
   Es de notar que en aquellos momentos, yo recuerdo de una revista que quizás conozcas, la Revista Triunfo, que era la revista de los demócratas y que se vendía en los quioscos. Pero si nosotros la llevábamos al Instituto había ciertos profesores que nos decían que aquello era clandestino y prohibido. Estamos hablando del Franquismo aunque sea en su última etapa, que ya reverdecía un poco.

Es decir, recuerdo que hacíamos actividades continuadas, divididas por tres temáticas: una era la temática religiosa; otra, de temática estrictamente política, y otra de temática gallega.

Curiosamente, pues ya en aquel momento incorporábamos algo específico de Galicia y nos preocupábamos de cada semana, de preparar una documentación, de entregarla a todos los compañeros, la leían, se llevaba un guión preparado, había una presentación de un alumno, y luego se debatía el tema. Es mi primer contacto con la historia de Galicia. Jamás escuché yo hablar de historia de Galicia en las clases, sino en estas actividades que hacíamos paralelas.

Bueno, historia de Galicia, historia de la lengua, estas cosas.

P.: Tú, de hecho podrías haber seguido con el castellano, pensabas "es la lengua que me va a dar acceso a una mejor situación económica, a todo lo que no tuvo mi padre", ¿por qué no seguiste es esa línea? Se puede elegir esa opción, "el gallego ¿para qué?", ¿qué te hizo volver a ti a eso?

No sé. Yo supongo que —así como lo percibo ahora— que no hace falta tener demasiada sensibilidad para que cuando te dicen determinadas cosas, ... te digo, que es por contacto con otras personas. Entonces cuando esas personas te explican determinadas situaciones, que tú realmente viviste, ni siquiera hace falta tener demasiada sensibilidad como para darte cuenta que tu lengua, tu país, tu cultura están en una situación comprometida. Y que tu misma herencia moral básica, casi instintiva, intentas defenderla .

P.: El movimiento este cultural, ¿cómo llegó al instituto?

Pues, propiciado por este monje. Surgieron los primeros contactos y luego nos organizábamos o nos desorganizábamos pero, bueno, lo intentábamos. Siempre con el asesoramiento y la documentación que nos llegaba por él. Desde libros publicados fuera, en *Andaya, y los discos. Yo recuerdo los discos en gallego que no se publicaban en Galicia, pero que él ¡no sé cómo! Nos traía de .....*Andaya y nosotros escuchábamos con muchísima conciencia .

P.: Y ¿este proceso continuó mientras estudiaste filosofía en la Universidad?

Sí, duró. Fui para Santiago y el primer año, que estuve un poco a la expectativa, a ver lo que se movía en la Universidad. Para mí era una novedad enorme la universidad. Y ya luego al final del primer curso, entré en contacto con una organización estudiantil nacionalista que hoy no existe y que se llamaba Estudiantes Revolucionarios Gallegos, y que era el frente estudiantil de la Asamblea Nacional Popular Gallega, lo que hoy es el bloque nacionalista gallego. Era un poco los estudiantes de esa organización política nacionalista. Y es entonces a partir de allí que opto, practico el monolingüismo total en cualquier situación y en cualquier medio. Bueno, monolingüismo total territorial, en Galicia.

108

P.: Perdón, la Universidad esta, ¿era la Universidad de Santiago?

Sí, la de Santiago. En la Universidad sí encontré algún profesor que daba las clases en gallego. En primero, teníamos cinco materias y las daba uno solo, uno solo daba las clases en gallego. Pero esa era la tónica. Un grupo muy escaso. Y, sin embargo, por parte del alumnado, había la efervescencia especial, en aquel momento, al respecto a toda la problemática política general y la gallega en particular. Yo recuerdo de que en mi facultad éramos 120 y algo, afiliados a esta organización estudiantil, lo cual es mucho, porque en la actualidad, estoy seguro, que son bastante menos.

P.: En este período del instituto, de la universidad ¿hubo algunos libros que te ayudaron a sistematizar todo eso que tu me estas contando de tus investigaciones en el medio gallego, por decirlo así, tu recuperación de la lengua? ¿Hubo algunos libros en especial que tu recuerdas o ¿no?

Recuerdo de uno editado en Buenos Aires, creo que era Galiza Hoxe (hoy), y aparecían distintos aspectos...Es un libro muy superficial desde el punto de vista actual, pero que en aquel momento aparecía en esquema lo que nosotros teníamos suelto. Y después, en la universidad, un libro clave para entender la problemática lingüística fue *Conflito lingüístico e ideoloxia na Galiza*. Un libro muy pequeño de Francisco Rodríguez.

P.: Ah, sí. Que está en el parlamento por el BNG

Sí, sí.

P.: ¿Ya estaba editado en esa época?

Sí, sí.

P.: Y ¿en qué año era eso?

No recuerdo, no recordaría ahora en qué año exactamente pero, yo calculo que en el 77 o algo así. Yo fui a la universidad en el 75-76. Ahora ese libro ha sido reeditado hace muy poco, pero en ese momento era la primera edición. Un libro muy pequeño, pero muy clarificador. Sobretodo para traducir los sentimientos de pro-galleguillidad en práctica lingüística. De modo que yo tenía más o menos unos sentimientos, digamos, difusos, pero que hasta cierto momento no llevaron a ser **guarent en el idioma sino que dependiendo de las situaciones hablaba gallego o hablaba castellano. Aunque defendiera el gallego hablando castellano. Ese libro fue decisivo a la hora de mi posesionamiento lingüístico.

Y luego, ya más general, que no tiene tanto que ver con la problemática lingüística pero, por supuesto, que fue decisivo es *Sempre en Galiza* de Castelao. Es el libro que yo creo, que más me impresionó, sobre todo la primera parte del libro. La segunda, en aquellos momentos ...

Ese libro lo leí cuando hacía COU y la primera parte me impresionó muchísimo. Que luego más tarde se vuelve a leer. Yo creo que es el libro que más me determinó en el sentimiento de **? Galleguillidad.

P.: En el 75 tu eras muy joven ...

Sí, 18.

P.: Cuando terminó el régimen franquista tú esperabas algo en especial para Galicia. Pensaste, "bueno aquí va a pasar algo". ¿Qué?

Cuando murió Franco lo celebramos con champán y yo creo que todos, y desde luego los más jóvenes, —que siempre son los más ingenuos— pensamos que eso iba a supone, cuando menos, un mayor respeto para nuestra cultura, un auge de nuestro idioma, Y todas esas fuerzas sub-terráneas emergerían con gran fluidez y ... pero la ilusión duró poco, muy poco. Yo creo que en un año ya se veía que no había realmente ruptura con la situación anterior sino que una cierta continuidad en seguir con ese princi-pio, que los medios de comunicación trataron mucho peor la cuestión del idioma. Muchísimo peor. La Iglesia no cambió nada. Ha nivel político, ciertos partidos que reivindicaban, no sé si con mucha sinceridad, la normalización del idioma gallego. Retiran inmediatamente esto de sus programas tres años más tarde en la transición esto, cuando se ** la Constitución. Pues yo digo, yo participaba de esa esperanza de que la muerte de Franco significaría bastante para el futuro del idioma gallego.

P.: Ahora nos saltamos a la etapa actual. Lo que te voy a preguntar es cuáles son tus opiniones actuales acerca de una serie de temas. Y el primero es justamente ese. ¿Cual es tu evaluación de lo que se llama el proceso autonómico de todo lo que ha ocurrido con respecto a la autonomía aquí en Galicia entre la instalación de un sistema democrático en toda España? Tu evaluación.

Sin negar que hay algunos aspectos positivos, yo veo este proceso de forma muy negativa. Porque pasando una situación que podríamos alcanzar deter-minadas cuotas de normalización—ya no me refiero a la normalización total—sin embargo se crea tal confusión al respecto de este tema que actualmente creo, que es una situación ciertamente peligrosa. Todo el sistema autonómico se utilizó mucho más para frenar las reivindicaciones de la cultura y el *** que para reivindicar del Estado más poderes. Quiero decir, se utilizaba más para frenar lo dentro que para pedirles a los de afuera. Con los de afuera me refiero a poder central, que es, digamos el que repartió, el que descentralizó ese poder absoluto que venía del franquismo. Y esto generó esta consciencia en la gente de que, si no tenemos más es porque no queremos o porque somos incapaces. Una vez más pues, hay un abunda-miento en esa consciencia de infravaloración de lo propio: "los catalanes tienen más porque piden más, pero aquí no pedimos y entonces ..." El poder autonómico siempre fue más intermediario de Madrid que representante de lo de aquí. Creo que crea una situación, en este punto, peligrosa.

P.: *¿Por qué peligrosa?*

Porque a nivel de utilización de la lengua gallega no se avanzó nada. Hay sectores en que se retrocede a unas marchas alarmantes.

P.: *¿Pero ese no es un proceso natural de urbanización, de modernización de la sociedad? Quiero decir, como tu padres que hablaba gallego, pero ahora mucha más gente está incorporada a la industria, a los servicios.*

Claro pero precisamente, si eso es así, es que la situación no ha cambiado nada. Sólo para peor. Es decir, si el poder político propio, —el de la Xunta no lo va a hacer, el de Madrid no lo va a hacer— no tiene mecanismos suficientes como para invertir la situación, pues simplemente, lo único que estamos anunciando es que nuestro idioma desaparece a muy pocas generaciones. Porque el proceso, como dices tú, de modernización, de creciente urbanización parece imparable, si conlleva la castellanización está claro que.. ¿qué sería necesario? Ciertos mecanismos para que esa urbanización, esa modernización no su pusieran a una castellanización. Entonces los medios de comunicación en mis tiempos de infancia no eran importantes porque no llegaban a la gente, Sin embargo hoy llegan masivamente. No vale entonces de nada decir: "Es que tenéis una cadena de televisión en gallego." Y en aquél momento no había ninguna. Pero, claro, que en aquel momento no había cinco cadenas en español. Porque tampoco llegaba ninguna.

Es decir, los mensajes de castellanización eran muy inferiores. Para contrarrestar esos mensajes pues es necesario darle mucho más volumen a los propios.

Lo mismo que en las emisoras de radio. En las emisoras de radio, actualmente hay una y de forma contradictoria, pero una sola. Pero ¿cuántas hay en español? Pues, muchísimas. Entonces la juventud en aquel momento no tenía coche para desplazarse, ¿dónde se divertía? En su localidades, y en sus localidades el lenguaje familiar era el gallego. Pero ahora no. Ahora cogen el coche y se desplazan y ¿cuál es su ambiente? Un ambiente, digamos, de desconocidos y allí utiliza el castellano, por muy rural que sea.

Es decir, actualmente el castellano penetró casi en el último rincón de Galicia, ya llegó. Se supone que la juventud se incorpora cada vez más al castellano. A pesar de conocer mucho más el gallego que antes.

Que ¿por qué la situación actual es peligrosa? Porque se llegó a tal grado de confusión que, hablándose muchísimo más del idioma, se habla mucho menos en ese idioma. Y se cree, está bastante generalizada la idea —de que eso es por una opción individual, que la gente simplemente escoge a la carta: tiene dos idiomas y, a la carta, escoge uno. Porque, como ya conoce los dos ... simplemente es una cuestión de opción personal. Pero en verdad no es cuestión de elección personal. Es una cuestión de valor: que un idioma vale para vivir las 24 horas del día, y el otro idioma no vale para vivir las 24 horas del día. Hay que transitar continuamente de él al otro para poder vivir sin conflicto. Salvo determinado sector que lo asume por un reto de, llamémosle, de militancia política o ética o bien, cultural, pero ya son posiciones mucho más minoritarias.

P.: ¿Tu ideal es que Galicia sea monolingüe gallego-hablante?

Mi objetivo, mi situación ideal sería que Galicia sea como es cualquier país que tiene un idioma propio de comunicación, no sólo coloquial sino científica, académica, cultural y todo: que sirve para vivir normalmente con él.

Mi objetivo es que aquí se alcance un monolingüismo territorial. En el territorio gallego que se hable gallego como normalidad igual que en el territorio español se habla español. Y nada más. Que ¿es mejor utilizar 2, 3, 4 idiomas? bien, esa es una cuestión ya más individual. Quien tenga formación para aprender más idiomas para poder comunicarse con mucha más gente, pues mejor. Pero desde luego, por nuestros contactos con los demás de la península, lo normal es que los contactos sean en español, es normal igual que el catalán, por qué no, y el francés y el inglés. En definitiva, como en cualquier país normal.

Eso es lo que quiere decir la normalización lingüística. Que nuestro idioma valga para vivir las 24 horas del día. Para vivir y para soñar. No sé si eso es muy utópico pero eso es realmente como lo siento.

P.: Es decir que el gallego debería usarse las 24 horas del día: usarse en la administración, en la educación, en todos los niveles. Tú mismo eres profesor de un instituto, ¿en qué idioma enseñas filosofía?

En gallego, sí.

P.: Pero no pueden hacerlo así todos los profesores ¿hay un impedimento legal que diga hoy día que no se puede enseñar en gallego?

Hay que ver que las cosas no son así tan esquemáticas. Los impedimentos legales nunca son tan taxativos. Desde luego en la Constitución española lo dice bien claro: aquí tenemos dos idiomas, no uno. Es decir que el gallego y el español son co-oficiales.

Nosotros no tenemos el deber de conocer el gallego, sin embargo sí tenemos el deber de conocer el español. Es inexcusable eso del español, la propia ley, la constitución, lo dice bien claro. ¿Qué sucede? Que algunos de nosotros damos la clase en gallego sin estar reglamentado por ley y no pasa nada, pues, ¡claro que no pasa nada! Porque no es cuantitativamente tan significativo como para que la administración se alarme ante la situación. Yo estoy convencido de que si eso fuera masivo, la administración lo pondría de forma más taxativa.

P.: Pero de hecho, por ejemplo en Cataluña, se ha llegado mucho más lejos en la enseñanza en catalán sin que signifique que el ejercito español haya entrado a ahogar en sangre a Cataluña.

Evidentemente, creo que un poco por lo que te decía antes. Que los poderes políticos gallegos han actuado con la suficiente fuerza, la suficiente voluntad como para reivindicar, frente al poder central, en vez de controlar tanto, regular tanto lo que aquí sucede.

P.: Pero a mí me parece eso todavía como en los viejos tiempos, esperando todo del papá. ¿Por qué tus compañeros de trabajo..., ¿cuántos profesores enseñan en gallego?

¿En mi instituto? Vamos a ver... Somos treintiocho y enseñamos en gallego unos cuatro o cinco, creo.

P.: Y el resto. ¿Por qué no enseña en gallego?

Claro, ese es el problema. No es que yo espere todo de afuera, ni de los poderes constituidos. Los poderes constituidos son reflejo de la sociedad. No están inventados, son reflejo de la sociedad. Pero, claro, hay una diferencia enorme entre esta sociedad y la sociedad catalana.

Cataluña tiene una burguesía propia que defiende muy claramente los valores culturales de su país. Aquí, por suerte o por desgracia, no. Tenemos una burguesía claramente intermediaria de la española por lo tanto no se siente identificada con el gallego. Básicamente los partidos políticos que en el momento han representado este poder autonómico, representan sobretodo esa burguesa intermediaria, mientras que el catalán no.

¿Por qué en profesorado no utiliza el gallego mucho más pudiendo hacerlo? Claro que puede utilizarlo, sino porque el profesorado no es ningún estrato extraño sacado de la estratosfera. Es un estrato sacado de la sociedad. Y en el profesorado hay sectores concienzados de la necesidad de enseñar en gallego y otros sectores no concienzados de esa situación. Ten en cuenta que el sistema educativo es muy españolizador. Cuando tú vas a la universidad actualmente hay poquísimas clases en gallego. Con lo cual son 5 años de familiarización con una lengua que luego es mucho más fácil de emplear.

Si a esto le unes que el material en gallego es poquísimo, en algunos casos inexistente, pues, ...y además que el trabajo de animación a la incorporación de dar las clases en gallego corre por cuenta de una especie de ejército de voluntarios que somos los que nos movemos alrededor de determinados circuitos culturales, sindicales, políticos, vinculados al nacionalismo, pero que las instituciones tampoco ejercen esa labor real de animación ... un poco te da el cuadro de la situación. ¿eh?

Un botón de muestra: al principio de curso un profesor compañero mío lo convenzo de que imparta las clases en gallego. Un poco de romper con la norma. Se atreve a romper con la norma y me dice "tú que estás informado, búscame un libro de texto en gallego". Hablo con los compañeros, porque es de historia y yo no sabía si .... Y para este curso en concreto no hay un libro de texto en gallego. Yo creo que es increíble que el poder económico no viendo la cantidad de dinero que se mueve es, increíble que a estas alturas no tengan todas las materias cuando menos un par de libros de textos (no uno, para poder elegir un poco) en gallego. Porque, mientras que yo en castellano tengo fácilmente 20 modelos distintos que puedo adecuar un poco más a mis clases, a lo que más me gusta, incluso a la tendencia ideológica, los tengo hasta clasificados inclusive, en gallego no tengo más que uno de 1978, anticuado, que ya no se adecúa para nada al programa.

Quiero decir que, si unes la situación de nuestra sociedad que es dependiente que un profesorado es extraído de esa sociedad, y que desde los poderes públicos tampoco se anima a esa incorporación, está claro que eso queda en una especie de voluntariado. Y el voluntariado ya saber qué problema tiene, ¿no? Que siempre es reducido, ese el problema.

P.: Poniendo el ejemplo concreto del instituto donde tú trabajas, tu ideal sería que todas las asignaturas se impartiesen en gallego, o ¿te daría lo mismo de que fuera mitad y mitad?

Ahora mismo, aceptaría con sumo agrado que fuera mitad y mitad, pero si lo interpretamos como un proceso. Pero mi meta es que todo se imparta en gallego, que la lengua vincular sea el gallego para todo. Bueno, para todo, salvo para enseñar los idiomas. Igual que en Salamanca es totalmente en castellano y en Chile, no se si totalmente en español, pero supongo que sí.

P.: Porque esto también pasa por la cosa política entre Galicia y España, o sea, el problema de la lengua también pasa por la idea o el sentimiento que uno tenga, de la actitud personal hacia Galicia y España. Que si tú quieres que Galicia continúe dentro del marco político-jurídico en que está hoy día, S ¿o piensas que hay que sobrepasar ese marco?

Yo creo que para alcanzar ese objetivo que nombraba antes, por ejemplo de que la enseñanza sea totalmente en gallego y que nuestro idioma sea un idioma de comunicación normal, el marco político actual, no lo permite. Sin embargo, eso no quiere decir que tenga que haber forzosamente una ruptura total del Estado español. Yo me pronunciaría por un Estado Federal, o un Estado Confederal en todo caso, en que hubiera competencias comunes. Unas competencias de esa estructura federal y luego unas competencias que garantizaran las soberanías de cada pueblo. Lógicamente, entre ellas, la lengua y desde luego la participación económica, porque va muy unido.

La superación de este marco que no tiene por qué suponer la ruptura total del estado español. Yo creo que lo más adecuado es un sistema federal.

P.: Afectivamente, ¿tú te sientes ligado a un andaluz, a un castellano, a un catalán, a un vasco, o no sientes ninguna relación afectiva? Esto siempre tomando parte de un mismo pueblo o ¿no?

No. Vamos a ver. Si afectivamente te refieres a que, cuando yo viajo prefiero hacerlo entendiendo a quien me habla, y pudiendo comunicarme en un idioma que, aunque yo no considere el propio, pues lo hablo, como es el castellano, pues lógicamente hay diferencia. Prefiero hablar en castellano y no en francés —porque no lo sé—. Pero eso es debido a un contacto histórico, no es debido a que esa sea mi cultura, ni siquiera mi idioma.

Es peligroso utilizar esa cuestión de afectividad para seguir con el marco político actual. Se puede decir, ¡Claro, porque somos uno ...! Pero si nosotros le decimos a una persona, pongamos por caso, de Madrid que ellos pongan en su sistema de enseñanza el idioma gallego, que determinadas materias se impartan en gallego, algunas solas, o que incluso de optativa, les va a parecer muy mal. Fatal. ¿Por qué? Porque afectivamente no se sienten gallegos. Porque ellos saben que no dependen de nosotros para legislar su lengua, por lo tanto no tiene sentido, para ellos no tiene sentido que allí se ponga el gallego en la enseñanza. Sin embargo a nosotros cuando decimos que aquí no tiene sentido que en la educación nos legisléis, pues nos dicen que nosotros pertenecemos al mismo pueblo. Pero ellos no pertenecen al mismo pueblo que nosotros. En definitiva, es un poco jugar a la confusión hablar de afectividades, sentimientos y demás.

No sé si te respondí a la pregunta. Es que yo me siento igual español que catalán. Y desde luego tengo más amigos en Cataluña que en España. No en Euscadi, por ejemplo, no sé por qué.

P.: Dentro de lo que se llama la normalización de la lengua gallega, hay algunos grupos o sectores que plantean un acercamiento hacia el portugués. Y mirándolo desde este punto de vista, también es una cuestión afectiva. ¿Qué piensas de esto?

Hay dos aspectos. Socialmente Galicia, creo que por desgracia, no se siente vinculada afectivamente a Portugal. Ni Portugal a Galicia. Son razones históricas y son razones, yo creo, fundamentalmente de atraso económico. Nadie quiere ser amigo de un pobre. Si nosotros fuéramos Estados Unidos, estoy seguro que los portugueses estarían encantados. Vamos a decir, que nadie quiere ser amigo de un indigente. Vamos a decir que a nivel social, hay mucho que manejar en ese terreno. Como nivel objetivo evidentemente, nuestro idioma y el portugués es el mismo. Yo creo que es algo que nadie discute seriamente. Son dos modalidades del mismo idioma, aunque tengan particularidades diferentes: cuestiones fonéticas, pero son particularidades. Un gallego y un portugués se entienden perfectamente. Otra cosa es optar, en estos momentos por una grafía totalmente portuguesa tiene sus inconvenientes. Tiene inconvenientes de penetración en algunos sectores y que representa una dificultad escribir en esa grafía, una dificultad añadida. Escribir en gallego ya representa una dificultad.

Sin embargo, hay que reconocer que tiene ciertas ventajas: es un idioma hablado por millones de personas y presente en foros internacionales —de los que no disfruta el gallego y ni se ve que vaya a disfrutar en fechas próximas. Lo cual nos defendería bastante mejor tanto del español como del inglés: estos idiomas, digamos, imperialistas para nosotros. Muy internamente el uno y, el otro, bueno, por razones que tu conoces.

Es decir, que yo abogo en estos momentos por una aproximación progresiva en el sentido de que no sea una aproximación tan radical que entorpezca el proceso de normalización, pero que no suponga tampoco una ruptura con nuestras raíces que son estas y no son otras.

Claro, ahora mismo se ha distorsionado mucho esa discusión porque se ha simplificado en una cuestión de normativas oficiales.. —ya he hablado un poco de eso; de las normas adoptadas como oficiales. Y otras normativas, en concreto dos, que son reintegracionistas, si por esto entendemos que las dos procuran una reintegración en nuestras raíces tanto la lexis como la morfosintáxis. Una más radical que la otra. Digamos que la posición un poco más moderada es la que la Asociación que represento defiende y es la norma utilizada por el único periódico semanal en gallego, que es el Nosa Terra, que hasta ahora es el único periódico, ya tu sabes que ***.

P.: La norma oficial, ¿en base a qué está construida?

Básicamente está construida por la fonética, basándose en cómo se habla. Pero hay que tener en cuenta que nuestro idioma, después de tanto tiempo de estar en contacto, y en contacto no de igualdad, sino en contacto desigual con otro idioma, con el que tiene similitudes, pues está muy deteriorado. Entonces se optó por una forma de acentuación exactamente igual a la castellana; pero, aparte del léxico que se recogió se escapó siempre del léxico de nuestra raíces, del portugués, se escapó siempre de la etimología de las palabras, etc., etc., aunque luego se retrocedió un poco, es cierto.
Es muy simpático coger determinados textos oficiales ahora, y los de hace diez años. a nosotros nos lo devolvían Los textos de hace diez años corregidos, en palabras que hoy son aceptadas.
Actualmente básicamente es utilizado como una coartada para discriminación económica. ¿Por qué? Porque hay determinadas editoriales muy vinculadas a poderes autonómicos...

P.: ¿Cuál?

Sí, no, no importa. Galaxia y 18**, y más, pero básicamente son las más fuertes.

P.: ¿ Ellos publican usando la norma oficial?

Sí, no aceptan ningún escrito que no esté escrito en la norma oficial. Y entonces los libros que se publican en esa norma reciben una selección mientras que los que no se rigen por esa norma no reciben ninguna selección, aparte de que no pueden ser presentados como libros educativos, etc., etc.

P.: Explícame un poco más este acercamiento al portugués.

Bueno, tienes que entender que no soy especialista de lingüística. Yo hablaba más bien de la ** global, de lo que se entiende por una propuesta y otra. La propuesta oficial, bajo mi punto de vista, significa una aproximación descarada a lo español, de forma que tú escuchas hablar a un locutor de televisión gallega y a un señor con una fonética realmente gallega, con unas construcciones gallegas del rural, por ejemplo, y te parece dos idiomas.... desde luego que una mayor diferencia entre el uno y el otro que entre el castellano de Chile y el de Madrid. ¿Por qué? Porque el otro se aproxima mucho más al castellano.

Una persona que hable castellano ése idioma lo entiende bastante bien, mientras que el otro lo entiende con muchas dificultades. Es decir, es una aproximación al español. Mientras que las otras alternativas, digamos, de reintegración a nuestras raíces lingüísticas tienden a una aproximación al portugués, y sobretodo en esos vocablos, en esas construcciones en las que nosotros, por falta de utilización del idioma durante muchos años no tienen un reflejo escrito, y tenemos que acudir al portugués, que es el idioma más próximo. La terminología vinculada a la cultura técnica, moderna, pues —es que no me gusta decir "modernidad"—

P.: ¿Por qué no te gusta decir "modernidad"?

Es que la "modernidad" está vinculada a ser muy progre, lo moderno, lo moderno, no sé muy bien, se habla de modernismo y post-modernismo y.... bueno.

Pero por ejemplo, el "sandwich", no sé, estas palabras que antes no teníamos necesidad de utilizar porque no había los objetos, lo lógico es que los cojamos del portugués. Ahora, el "café con leche" o "el cortado", el portugués hay vocabulario construido y lo lógico es que lo tomemos de nuestro idioma, que tiene un ** más rico por tener un Estado propio. Entonces, optando ya por esa alternativa, yo me recato por una cierta moderación sobretodo en la grafía. Es decir, que a la hora de escribir por ejemplo [mu'leres] en gallego estamos acostumbrados a escribirlo así con "l" en portugués sabes que es así, con "lh", o la "j" se lee [z] en portugués. Ellos dicen [Zo'se] y nosotros sin embargo decimos [Šo'se]] y lo escribimos con "x".

En esta grafía, los acentos circunflejos, que representan cierta dificultad para alfabetización y que dificulta un poco la extensión de nuestro idioma por unas razones básicamente técnicas, sobretodo si tenemos en cuenta que nosotros —los que defendemos esta reintegración— no contamos con el poder ni económico ni político como para que se eduque masivamente en esta alternativa.

P.: Pero ustedes enseñan por ejemplo a los profesores que están por estas normas reintegracionistas, enseñan de acuerdo a estas normas o cómo?

Los que están por esta rama, son cada vez menos porque encuentran bastantes dificultades, bastantes conflictos, con los alumnos porque se distancia mucho de la otra. Pero la que yo utilizo sí.

P.: Si tú tienes que escribir una palabra en la pizarra y estás hablando en gallego, supongo que la escribirás en gallego en la pizarra y no la escribirás en castellano. Y tú utilizas esta norma, la reintegracionista "light"

Sí, por supuesto, sí.

P.: Y los libros de Francisco Rodríguez, en qué modalidad están escritos?

En esta "light" que dices tú [je], en esta reintegración moderada.

P.: Te hago de nuevo la pregunta, ¿Tú te sientes más cerca de un portugués, que un andaluz o un castellano o qué ?

Desde luego mucho más cerca de un portugués que de un andaluz, por supuesto.
  Si me pones ya con un francés, pues no. Pero dentro de la península, desde luego que lo más próximo para mí es Portugal, desde luego.

P.: La lengua y la cultura.

La lengua y la cultura, y la idiosincrasia, la forma de ser.

P.: Te voy a hacer un par de preguntas que le hago a todos los entrevistados y que las voy a utilizar para comparar y luego te voy a pedir que me hables de la Asociación Socio Pedagógica.

P.: Sobre el Rey Juan Carlos. La figura y la persona del Rey ¿significan algo para ti o ¿no?

Para mí significa algo medieval, fuera de lugar. Yo creía que lo único que se heredaba eran las fortunas o algo así, pero es una monarquía, por my parlamentaria que la tengan, es una monarquía y que en su persona se representan, se intenta plasmar y encarnar vivamente la unidad de España con todo lo que eso conlleva. Por lo tanto yo soy contrario a la monarquía. No es porque la represente Juan Carlos, si fuera su padre sería exactamente igual. Su padre era un poquito republicano, porque éste no es nada.

P.: Cuando la selección española juega contra Francia

Pues cuando la selección española juega contra Francia lo ignoro totalmente.

P.: y ahora, por favor, cuéntanos qué intenta esta asociación.

La Asociación Pedagógica Galega nace hace 16 años aproximadamente. Legalmente se constituye hace 16 años porque en la práctica se constituyó dos años antes, pero fue prohibida y entre los estatutos van y vienen...

P.: ¿Fue prohibida? ¿Cuándo fue?

En el 79, hace 16 años. Eso fue durante la transición. Entonces nos fueron devueltos los estatutos porque pretendíamos que se llamara "Instituto Socio-pedagóxico Galego", y nos fueron devueltos los estatutos porque "instituto" no se podía llamar porque eso suponía un nombre oficial y nosotros no éramos oficiales. Era una mera disculpa porque ya para aquel entonces había cosas tan.... como el "Instituto de la Belleza" y no era nada oficial, sino privado. De problemas en la legalización y luego pusimos en marcha, pues en el 79.

En aquel momento esta organización era una especie de plataforma del sindicato nacionalista y de las organizaciones nacionalistas que no podían actuar todavía a la luz pública. Tengamos en cuenta que estos partidos se legalizan más tarde. Se legalizan una vez que se aprueba la propia constitución. Era una especie de plataforma donde ** los enseñantes que no tenían otra forma de actuar públicamente. Se organizan sobretodo actividades tendentes a la formación del profesorado en materias que tienen mucho que ver con la propia realidad, el propio país. Sobretodo cursos de lengua, literatura y cultura gallega y cursos de historia. Posteriormente, cuando ya se normaliza la situación política la asociación pasa a tener un papel más de formación del profesorado. Si bien, siempre con un carácter nacionalista, con carácter de primar aquellas actividades que tienen que ver con la cultura, con la historia, con la literatura gallega, etc., etc., pero sin desechar ninguna otra.

Es así que nuestro lema pasa a ser un poco la renovación pedagógica y la galleguización de la enseñanza. Son estas dos las a. fundamentales en los que nos movemos.

En la actualidad organizamos actividades, digamos, tan distantes como un curso de informática para profesores o un curso de literatura medieval. Un poco para darte la idea.

P.: Ustedes hacen exigencias o plantean sugerencias, o plantean alternativas a la Concejería de Educación, por ejemplo, de materiales para que un profesor pueda enseñar historia en gallego. ¿Hacen ese tipo de cosas?

No solo procuramos plantear alternativas sino que nosotros mismos elaboramos material. Esta es una identidad sin fines de lucro y por lo tanto, no es una editorial, no es una empresa, pero tratamos de suplir determinadas cuestiones que el mercado, por no tener interés económico no las hace. Luego ya te enseño algunos materiales que sacamos.

Y además propiciamos alternativas: Por el año 1986, después de muchas reuniones y mucha actividad por los centros, logramos reunir en una asamblea bastante masiva —de más de 500 enseñantes—, una asamblea en la que se llamaba a discutir unas cuestiones acerca del idioma gallego dentro del marco de la enseñanza. Y allí llegamos a una serie de acuerdos que son un poco las medidas que nosotros proponemos en las distintas áreas para la incorporación del idioma gallego. Tuvo bastante repercusión porque muy poco después logramos que la administración pusiera dos materias en gallego en la enseñanza básica: las ciencias naturales y las ciencias sociales.

Además de la asignatura de lengua gallega, dos materias que sean en gallego.

P.: ¿Estás seguro de eso?

Sí, sí. Aunque luego en muchos casos no se impartan.

P.: Estás seguro de eso, porque ayer precisamente hablé con el director, como te decía yo, me decía que las dos de nueve (2/9) materias que tienen los niños, dos se imparten en gallego que son "lengua" y "ciencias sociales" en su escuela.

Bueno, ¿en una escuela de básica?

P.: Sí.

Bueno, si eso es así se incumple la legalidad, y no es nada raro ¿no?

P.: O sea que ¿Tendrían que ser tres materias de nueve?

Tendrían que ser: por supuesto, la lengua gallega, igual que el inglés... —en básica no, pero luego se enseña en inglés—. Además de la lengua propia, dos materias que están especificadas y son las sociales y las naturales. Y eso desde el curso 86-86, es decir, unos cuatro meses después de hacer esta asamblea y llegar a impresionar. No fuimos nosotros solo, aquí aparecen otras identidades que conjuntamente actuaron con nosotros. Después hace dos años también aglutinamos distintas entidades para elaborar unas bases de modelo de normalización lingüística para la enseñanza y aquí se llegó a un acuerdo bastante amplio: se llegó a unas bases que nos llevan la pauta para negociar con la Cancillería algunas medidas. Pero la Cancillería se negó rotundamente a aceptar este plan. Este plan prevé una serie de medidas de incorporación con plazos concretos, para la incorporación del alumnado y el profesorado al gallego.

Entonces, se trata un poco de la combinación de nosotros tratar de suplir con materiales concretos y tratar también de dar alternativas. Este año estamos otra vez con este tema de los equipos de normalización lingüística que hay en los centros, tratar de combinarlos para que a ver si para el curso llegamos de nuevo a una asamblea de este tipo.

P.: Pero ¿no cuentan ustedes con dinero oficial de la Concejería? Si ustedes dicen, por ejemplo: "hemos elaborado un material para la enseñanza de filosofía en gallego. Por favor, háganos 10 mil ejemplares de este libro".

¡Qué va! No, no. ¡Qué va! Las únicas subvenciones que nosotros percibimos de la cancillería son por actividades, son por fondos que transfiere el Estado por lo que se llama "partidas finalistas". Es decir, el Estado dice: "Tenéis 10 millones para repartir entre todas las asociaciones pedagógicas que hagan actividades de formación del profesorado. La Cancillería lo que hace es repartirlas entre todos nosotros, entre todas las asociaciones. Es decir, que nos toca un millón trescientas mil, más o menos. Pero eso es por año, eso es ridículo.

P.: Pero por ejemplo este local, el ordenador que tienes allí ...

Eso lo pagamos nosotros, los socios. Los socios ponemos cuotas y lo pagamos. Y luego de algunas actividades nosotros sacamos dinero. Cuando nosotros realizamos un curso de informática, ponemos unas cuotas de matrícula y no sólo subvenciona el curso sino que también sacamos algún dinero para esto, claro. Y luego nuestro material, el material que nosotros elaboramos y que vendemos. Pero material que no es en absoluto subvencionado. Salvo muy ocasionalmente.

Recuerdo que la Consellería sólo una vez nos financió un vídeo, pero nosotros hemos grabado 25 videos o algo así. Pues sólo una vez recuerdo que recibimos una subvención aunque en la carátulas figura dos veces más, pero es directamente, es decir, es mediante una pequeña trampa. Alguien pide un trabajo al Ayuntamiento y el Ayuntamiento se lo da y ellos nos lo transfieren a nosotros y nosotros le hacemos el trabajo. Pero directamente de la Cancillería yo creo que solo una vez.

P.: Tu impresión como profesor de instituto. Si por legislación se impusiese la enseñanza del gallego. Si la legislación dijera que todas las asignaturas, menos lengua castellana, tienen que ser en gallego, ¿tú crees que habría una aceptación de esta medida por parte de la mayoría de los padres y de los alumnos que tú tienes?

Una medida de ese tipo, de un curso para otro, sería una imprudencia temeraria . Dado que la sociedad todavía no ve su propia imagen, todavía no se ve al espejo como sociedad gallega, sino parte de ella como sociedad española. Nosotros necesitamos un reflejo social de lo que somos y todavía no lo tenemos. Estamos en una situación en que no hay los medios de comunicación en gallego o son muy minoritarios. El gallego, a pesar de todo, se sigue empleando en los medios económicamente más bajos. Está reducido a idioma "B", a idioma de segunda categoría, pues está claro que no se puede, de un curso para otro, imponer por decreto la enseñanza generalizada en gallego. Es lógico que surgieran algunos problemas.

Sin embargo, en mis años de enseñanza que son bastantes, jamás tuve ni un pequeñísimo problema con los alumnos por dar la clase de filosofía en gallego. ¡Jamás! Lo cual demuestra que, tratando el problema con sentido común y con la cautela que es normal, hay una permeabilidad enorme tanto en el alumnado como en la sociedad general, es decir, en los padres. Los únicos conflictos que ocasionalmente aparecieron, no conmigo sino con otros compañeros, siempre al final se demuestra que están instigados por algún padre concreto vinculado a una alternativa política concreta muy anti-gallega, pero no en la comunidad de los padres. Más bien, en la generalidad de los padres lo que hay es una falta de conciencia de la situación, pero no una aversión a la implantación progresiva del gallego.

En cuanto a los profesores, está claro que tampoco están preparados, en general, para que de pronto, de un curso para otro se impusiera esa medida. Se necesitarían algunos años, pero muy pocos, porque aquí más del 90% entiende el gallego aunque no lo hable. Sería temerario imponerlo tan bruscamente pero es lo mismo de temeraria las medidas que hay actualmente. Es decir, la normalización no tiene vía. La normalización, si verdaderamente quiere ser normalización, tiene que partir de un diagnóstico de la situación de partida, y una posible situación final. Marcar los plazos por muy cómodos plazos que pongamos, tendremos que poner unos plazos. No podemos estar eternamente diciendo que la normalización está en proceso. Como todo proceso tiene un principio y debe tener un fin.

P.: Bien. Gracias.

Xavier Docampo (XDC)

P.: Empezamos con unos aspectos de tu infancia. Ya presupongo, como tu has dicho, que en tu casa se hablaba gallego.

Sí, por supuesto. En mi casa se hablaba siempre en gallego. Lo que ocurre es que había una situación claramente de diglosia en mi casa. De los cuatro chavales que nos criamos juntos: tres hermanos varones y una niña, a los tres varones se nos permitió hablar en gallego siempre, a la niña, no. A la niña se le exigió desde muy pequeña que hablase en castellano. Entonces mi hermana habló siempre en castellano hasta su juventud. Y los demás que nos criamos juntos hablamos siempre en gallego.

Yo recuerdo a los 7 años, que llegamos a Lugo en un viaje de compras, o algo por el estilo, y nos quedamos solos Tomás y yo jugando en un jardín, y nos pusimos a jugar a las canicas con otros chavales de nuestra edad. Tomás y yo no sabíamos hablar una sola palabra de castellano, y aquellos otros niños sí hablaban castellano: Pues parece ser que les dimos una soberana paliza en ese juego, y no encontraron otra forma vencernos que reírse de nosotros porque hablábamos en gallego. Entonces recogimos nuestros pertrechos del juego y nos fuimos sumamente avergonzados. En mi casa se hablaba siempre gallego, siempre.

P.: Pero a tu hermana, entonces, ¿le hablaban en castellano o en gallego?

En castellano. Mi madre le hablaba en castellano, mi padre, prácticamente, no sabía hablar en castellano. Mi madre sí, porque su madre, mi abuela, había vivido en Madrid desde los 14 hasta los 22 o 23 años y entonces en su casa se aprendió hablar en castellano. En casa de mi madre eran bilingües, hablaban todos los dos idiomas. Mi madre tenía un buen dominio del castellano y era mi madre la que se encargaba de que hablase siempre en castellano.

P.: Y ¿por qué tu hermana y no tú?

Porque era un problema diglósico además de ser ideológico en el caso de las mujeres. Esa lengua, que es el gallego, te produce una vergüenza, porque es una lengua desprestigiada. En el caso de los varones —que a fin de cuentas se supone que serán ellos los que se organicen su propia vida y se defiendan en la vida—, no es así. El caso de las niñas, que van a depender de un montón de aspectos físicos y de comportamiento para conseguir un novio, casarse, situarse en la vida, entonces el gallego produce un obstáculo para la imagen que mi hermana diese de sí misma como mujer casadera.

P.: ¿Y en esto estaban de acuerdo tus dos padres?

Sí, sí. Totalmente, porque era la política lingüística extendida en toda Galicia. Nadie la ponía en duda.

P.: Y los amigos de tu padre, de tu madre, que visitaban la casa ¿hablaban gallego o castellano?

Todo el mundo hablaba gallego. En casa sólo se habló gallego. Única y exclusivamente gallego.

P.: ¿Tu padre tenía alguna simpatía política en especial o no se interesaba por la política?

No, no. Mi padre no tenía ningún tipo de simpatía política. Yo no conocí ningún tipo de ideología política de mi padre hasta mi juventud en que sí, yo le pregunté directamente, y por mi actuación política en mi juventud, claramente comprometida, tuve varias conversaciones con mi padre.

Mi padre era uno de esos hombres que había hecho la guerra en el bando en el cual le había colocado la situación puramente geográfica. Yo recuerdo que de adolescente le preguntaba a mi padre en qué bando había hecho la guerra y mi padre simplemente me contestó "¿en cuál iba a ser?! Prácticamente como si no existiese más que uno. Porque él no tuvo ningún tipo de opción en ese sentido.

Digamos que la guerra comienza el 18 de julio, y el 21, 22 de julio toda Galicia pertenece al bando nacional. Entonces para mi padre es como si no existiera otro. Le preguntamos muchas veces por la guerra y es curioso como mi padre no tenía la sensación de existir un enemigo. Mi padre estaba allí haciendo un trabajo que le habían mandado hacer. Nunca me habló de enemigo, en absoluto. Nunca le observé yo una opción política. Sí la tenía mi madre.

Mi padre era casi analfabeto, mientras que mi madre sí era una mujer que se había instruido, que estaba escolarizada. Mi madre era ideológicamente una mujer de derechas y de derecha católica. Su ideología política era aquella que concordaba más con su ideología religiosa. Incluso fue activista dentro de la Iglesia Católica. En cambio, mi padre no. Como digo, era casi analfabeto era un hombre bien intencionado, que sabía leer con gran dificultad, y escribía con una dificultad mucho mayor. Sin embargo mi madre era una mujer que había leído mucho, había leído los grandes clásicos castellanos y era una mujer apasionada con la poesía de San Juan de la Cruz, pasión que me trasmitió a mí. Y yo antes de leer ningún libro de San Juan de La Cruz, ya escuché toda la poesía de San Juan de la Cruz, de labios de mi madre quien la tenía totalmente memorizada. Ocurría igual con gran cantidad de Góngora y Quevedo. Total, mi madre era una mujer muy cultivada.

Mi padre en cambio nunca manifestó una ideología. Ahora, poco antes de morir, y a partir de la muerte de Franco, donde esta gente sufre un bombardeo de información política que difícilmente asimila, entonces se convierte en un continuo discutidor político. Pero nunca hasta ese momento lo había manifestado.

P.: Cuando eras niño, ¿tus padres compraban periódico?

Sí, en mi casa el periódico existió siempre. Y también en la casa de mi padre. Y es curioso porque mi abuela era analfabeta, mi abuelo era semi-analfabeto y sin embargo sí había periódico. A casa de mi padre, cuando mi padre era joven, iba con frecuencia el escultor Asolei a leer el periódico porque era el único lugar de la parroquia donde había periódico.

Y mi padre siempre fue lector de periódico pero fue un lector acrítico, absolutamente acrítico. Es decir, absolutamente todo lo leyó exclusivamente con el criterio de noticia y la noticia es algo que sucedió y que no se comenta ni se piensa. Creo que mi padre, jamás en la vida le pasó por la cabeza que la noticia que él estaba leyendo podía ser dicha de otra manera aún siendo la misma noticia.

P.: Por lo que dijiste de tu madre imagino que la Iglesia tuvo cierta importancia para tu infancia.

Sí, desde luego. Una importancia tremenda. Mi familia, sobretodo la familia de mi padre, era una familia beligerantemente católica. Es decir, una familia en la cual no solo nos educaban en la religión católica sino que casi nos educaban como defensores de la religión católica, como soldados del catolicismo. Y en mi casa, pues hasta los 18 años en que por primera vez me niego a rezar el rosario, pues se rezaba el rosario todas las noches, absolutamente todas las noches. No existía ningún tipo de razón para que no se rezase.

Yo anduve mucho por los caminos de mi tierra, una comarca de la provincia de ?? que se llama Atarracha. Yo anduve los caminos de Atarracha en todos los sentidos, muchísimas veces con mi padre, a pie. Y siempre en esos caminos lo que hacíamos al momento de iniciar el camino era rezar el rosario. Después venían los cuentos. Yo recuerdo que aún no siendo fervientemente católico y menos rezador, yo era el que más insistía en que empezásemos a rezar el rosario pero era solamente para acabarlo pronto para que quedase mucho camino para que mi padre contase cuentos.

Fuimos educados con un gran rigor en el catolicismo. Cuando éramos adolescentes mis padres vigilaban que no faltásemos a misa, no nos saltásemos la misa, que dijéramos que íbamos a misa y nos marchábamos a la taberna, cosa que hacíamos, por supuesto teníamos las trácalas: Uno de nosotros iba a mirar de qué color era la vestimenta del cura, porque nos lo iban a preguntar al llegar a casa.

P.: De las misas que tú no te perdiste, viviste siempre eso de que los curas hacían la homilía en castellano o tuviste alguna experiencia con algún cura que alguna vez en tu adolescencia o tu infancia la hiciese en gallego.

Nunca en mi infancia o en mi vida en el mundo rural, jamás escuché a los curas hablar en castellano fuera de la iglesia y jamás los he escuchado hablar en gallego dentro de la iglesia. Por lo que te decía antes, los curas andaban muchísimo por mi casa. Porque teníamos parientes: mi padre tenía un hermano cura, mi madre tenia un tío cura, entonces en mi infancia ver una sotana era algo bastante frecuente. Jamás los oí hablar en casa en castellano, jamás los oí hablar en otra cosa que no fuera en gallego. Sólo en mi juventud y ya en la ciudad, pues aparece el fenómeno de misas en gallego en determinados lugares. Aquí en Coruña, en la iglesia de Las Capuchinas; en Santiago, por la famosa misa de Rosalía, llamada misa de los ateos, adonde íbamos todos los no creyentes a misa, etcétera, pero digamos que eran fenómenos de militancia, nunca eran fenómenos espontáneos.

Eso en mi infancia jamás de los jamases oí una misa en gallego ni una homilía.

Sí hay la excepción de casos en los cuales el cura, durante la homilía, se cabreaba seriamente y se le escapaban dos o tres frases en gallego en el momento del cabreo, pero vamos, la intención era la homilía en castellano.

P.: Y los cuentos esos que te contaba tu padre ¿eran sobre la vida en Galicia, eran anécdotas?

Sí, sí. Hay una forma de contar los cuentos de mi padre muy típica de Galicia. Quizás uno de los aspectos de la tradición oral gallega más característicos. Y es que mi padre jamás te contaba un cuento que pudiese ser "Había una vez ...", "Érase una vez ..." o "En un lugar lejano ..." sino que eran cuentos, como decís vosotros los latinoamericanos "ubicados" geográficamente, intelectualmente e incluso identificados los protagonistas. Es decir, no eran en absoluto cuentos ajenos. Es curioso, porque recuerdo cuentos que me contaba mi padre y mi madre, que yo investigando, pues eso me interesaba, encontré las compilaciones de ** gallegas, en compilaciones de los cuentos rusos, de cuentos alemanes, cuentos irlandeses — que me dio un poco más de sentido—, pues encontré cuentos que se contaban en mi casa en mi infancia. Pero a mi padre no le gustaba que le dijese alguien que le contara un cuento. El decía que no contaba cuentos sino que contaba sucedidos. Entonces eran cuentos tan de la tradición gallega que en las recogidas de cuentos tradicionales populares en Galicia, que se han hecho en muchos lugares de Galicia muy alejados de donde pasé mi infancia, aparecen esos mismos cuentos. Exactamente iguales, con la particularidad de en que casi todos los lugares ese cuento se indica como sucedido allí.

P.: Entonces en tu casa el gallego debía de haber sido bastante rico, si tu padre te contaba tantos cuentos en gallego: un vocabulario bastante rico.

Sí. Las personas de mi edad que tenemos una formación rural, que procedemos de familias en las cuales se hablaba el gallego, en nuestro gallego, tanto estructuralmente como el léxico, pues es un gallego rico, es un gallego correcto, es un gallego con, claro, toda la carga de la variante dialectal del lugar. Hay un montón de cosas en que mi gallego se parece más al portugués. Porque en mi tierra no decimos "mãõ" como se dice en algunos lugares ** de la Coruña, sino que decimos "mão" como se dice en portugués; no decimos [ermãõ], sino que decimos [irmão]; no decimos [mal] sino [mau] y muchas más cosas. Incluso, hasta los días de la semana, yo recuerdo que en mi infancia llamaban al "miércoles" "carta feria" que es como se llama todavía en portugués.

Era una gallego estructural y básicamente magnífico, adulto, muy organizado, evidentemente, porque nuestra vida era rural llamábamos las cosas que pertenecían a nuestra vida, no era un gallego léxicamente preocupado por los términos científicos porque no hablábamos de ciencia, hablábamos de nuestra vida de cada día.

P.: Luego volvemos a ese tema. Pero volviendo a tu infancia, cuando llegaste a la escuela básica...

Yo llegué primero a la escuela pública del pueblo a la que se entraba entonces, como enseñanza obligatoria, a los siete años pero yo entro a los cuatro por ser sobrino-segundo de la maestra. Había una escuela de niños y una escuela de niñas. Yo llego a la escuela de niños y el maestro, el primer día, me da una enorme bofetada y yo llego a la casa diciendo que no vuelvo a la escuela. Entonces la solución es que inmediatamente me trasladan a la escuela de niñas y hago mis tres primeros años de escuela en la escuela de niñas, lo cual me convirtió en un niño —probablemente esa es una de las cosas que ayudó a cambiar algo mi, hasta entonces y desde entonces, educación machista— que llega a entender las cosas, a lo mejor, de otra manera. Luego voy a la escuela de niños con todos mis derechos y con todos mis deberes, y allí estoy hasta los 10 años.

La escuela obligatoria de los años cuarenta y cincuenta, se daba de los siete a los doce años, pero a los diez años había la posibilidad de acceder a los estudios de grado medio de bachiller o bien continuar en la escuela. Entonces para hacer los estudios de grado medio de bachiller había que hacer un examen de ingreso. Se decide que los cuatro de casa accedamos a los estudios de bachiller y hagamos el examen de ingreso. Me llevaron a Lugo magníficamente maqueado, como dicen los chavales, bien vestido y me someto al examen de ingreso de bachiller, de ingreso de las escuelas de trabajo y de ingreso en el seminario diocesano de Lugo. Como parecía que iba a ser un tío listo aprobé los tres, luego la cosa se quedó en bastante menos, ¡pero vamos!. Apruebo los tres y me ofrecen la oportunidad de ingresar en el seminario. Nos la ofrecen a todos los varones. Y aceptamos dos. Eso significaba inmediatamente que tú podrías estudiar. Lógicamente ibas allí pensando que ibas a ser cura, pero también sabías que si dejabas aquello seguirías estudiando porque nadie se atrevería a intentar dilapidar los años que habías dedicado a los estudios eclesiásticos y no convalidarlos o bien pasarte a otros estudios.

Yo en el seminario a los 10 años estoy dos cursos nada más. Al segundo curso se lo comento a mi madre que me parecía más abierta a entender, le digo que no quiero continuar y ella me dice, "pues no continúas" y ella se encargó de hablarlo con mi padre.

Y entonces es cuando se plantea que abandonemos el pueblo, que abandonemos la aldea y que nos vayamos a una ciudad donde mi padre pueda trabajar en el oficio que aprendió en la guerra, concretamente en la fábrica de armas de aquí de Coruña y que podamos estudiar todos. Se sale con intención de marchar a **Bilbao que eran las emigraciones más cortas que se hacían en aquel momento pero nos quedamos en Coruña. Y aquí mi padre encuentra trabajo y yo empiezo a estudiar de bachiller. Como tengo dos años de estudios eclesiásticos puedo convalidarlos por unos estudios civiles y a mí esa convalidación no me interesa y entonces decido preparar solo los dos primeros cursos de bachiller, presentarme por libre y a partir de ahí seguir adelante. Lo hago así y comienzo a estudiar el bachiller aquí en Coruña, un poco a caballo también con el pueblo; yendo al pueblo en todos los momentos críticos de los trabajos del campo: el momento de sembrar las patatas, sembrar el maíz o que recoger el trigo o el centeno y en esos momentos estábamos todos allá ayudando. Y regresamos aquí y aquí empezamos a estudiar los tres. Otro primo sí continuó los estudios eclesiásticos hasta acabarlos pero no se ordenó de sacerdote.

P.: En todo este proceso tú eras un niño gallego-hablante, y la educación en ese tiempo en gran parte todo era en castellano.

En el seminario existía un persecución bastante insidiosa de los que hablábamos gallego. Hasta el punto que se nos imponían castigos.

P.: ¿Te imponían castigos porque decías algo en gallego?

Porque me encontraban hablando en gallego: Coloquios con otros niños de tu edad, y eso suponía un castigo. Creo, porque no lo he estudiando nunca, que separábamos las dos partes de la diglosia. Sabíamos que había una lengua prestigiada y culta y para todas las cosas relacionadas con la cultura; y había una lengua coloquial, una lengua para la vida, para las cosas sin importancia, prácticamente, como es la conversación diaria y el trabajo del campo y actuábamos perfectamente con esa diglosia.
Si hablábamos en clase, con los profesores, etc., siempre era en castellano. Entre nosotros hablábamos siempre en gallego.

P.: ¿Se dio fácil?, ¿no fue una experiencia ...?

No, no tengo en absoluto la sensación de haberlo pasado mal en ese sentido. Si hago excepción de que fui uno de esos niños más que fue castigado. Pero la verdad es que fui recomendado muchas veces. A mí me da la sensación de que ni el castigo me hacía cambiar, ni me hacía arrepentirme porque no tenía la sensación de estar haciendo nada malo.

P.: ¿Por qué te castigaban?

El castigo que imponían normalmente en el seminario era el de permanecer de rodillas en el pasillo mientras los demás subían al dormitorio.

P.: Pero ¿por qué?

Por encontrarnos hablando en gallego. Yo digo que no me creó ningún problema porque yo no tenía la sensación de culpa. Sabía que formaba parte de la organización de aquel internado, que estaba prohibido hablar en gallego: me habían pillado hablando en gallego y me castigaron. Al otro día volvía a hablar en gallego con los amigos.

P.: Pero como tú dices, sabías hablar el castellano para todo..

Formó parte de un especie de plan no organizado, no preparado, pero sí espontáneo de erradicación del gallego. Hay que tener en cuenta que estoy hablando de los años 50 en la que sí hay un plan organizado desde el gobierno central de persecución y erradicación de todas las lenguas de España distintas del castellano. Eso sí llegaba a ellos, personas que tenían acceso a la información, llegaba a ellos ese plan y ellos lo aplicaban a nosotros.

P.: De esa situación en que te castigaban porque te pillaban hablando en gallego, tu dices que no sentías culpa, pero ¿te parecía extraño o te parecían que eran unos tíos raros que te castigaban por no hablar en castellano?

No, no. Yo era consciente de que estaba prohibido hablar el gallego: me lo habían dicho una vez y mil, y entonces yo aceptaba con toda naturalidad que si me pillaban hablando gallego, me castigaban. Es decir, no tenía el más mínimo propósito de enmendarlo. Al día siguiente no me pillaban. ¡Claro, éramos 500!! De los quinientos, cuatrocientos hablábamos normalmente en gallego, porque cuatrocientos o más éramos de procedencia rural. Era muy difícil que te pillasen. El asunto estaba suficientemente repartido como para que casi nos cogiese a gusto que nos tocase. Lo aceptábamos con naturalidad. Date cuenta que estoy hablando de cuando tenia 10, 12 años.

Yo comienzo a entrar un poco en el juego del rechazo del gallego, que sí es una parte de mi vida en la que sí entro, a partir que llego a vivir aquí a La Coruña, a partir de los 13 años y pico. Hasta entonces yo acepto disciplinadamente que el gallego es una lengua inferior; que el gallego no me va a valer nada en la vida; lo acepto, e incluso, no solo hallo natural que me reprimiesen, sino que incluso es probable que yo pensase que hacían bien. Yo tenía que incorporarme como persona que estaba ascendiendo a una altura, y, por tanto, socialmente a un tramo superior del que venía, que una de las condiciones era hablar la lengua que se hablaba en el plan superior de la sociedad de mi tiempo.

A partir de 14 años, durante dos o tres años me paso a hablar en castellano incluso en casa. De los catorce a los dieciséis, más o menos.

P.: Y ¿adónde estabas estudiando en esos momentos?

Estaba estudiando bachiller aquí en Coruña. Lo que pasa es que fue un período corto. A los 16 empiezo ya, quizás definitivamente, mi etapa de reivindicar el gallego como mi idioma propio.

P.: ¿Por qué?

Pues me doy cuenta de que es mi idioma. Yo en ese momento comienzo a leer obras en gallego. Lógicamente comienzo a leer a Rosalía], y eso me da una visión de mi propio idioma nueva, distinta: una visión que transciende las puertas de mi casa; es un idioma que es algo más que "el idioma que se habla en mi casa". Entonces empiezo a descubrir que existió gente que hizo literatura en ese idioma— yo, hasta entonces lo desconocía totalmente —y que hizo literatura en ese idioma con una gran altura y una dignidad increíble. Eso me convierte a mí en una persona capaz de recapacitar sobre mi situación en este mundo y en este país y, a partir de entonces, me convierto en uno de los miles que comienzan a reivindicar el gallego como idioma propio.

P.: ¿Hubo alguna cosa especial, un suceso, algún profesor que te inspiró? ¿Por qué te dio de repente por leer a ...

No, no. En mi caso no hubo. yo no tuve profesores tan interesantes como para eso.
   A mí me llega por Soria, me llega un ejemplar de "Cantares gallegos", por un amigo, —que después acabaría por ser pariente mío, luego terminaría por casarse con una prima mía— que en su casa había libros en gallego y entonces pone en mis manos dos libros. Lo recuerdo perfectamente ese día en que mi amigo y yo estamos hablando de esas cuestiones, tendría yo 16 años aproximadamente, y él me dice: "yo en casa tengo libros en gallego" y yo le pido que me pase uno y me pasa entonces "Cantares Gallegos" y me pasa un vocabulario gallego de ** editado en 1912, por si acaso hay una palabra que yo no entienda. Esto era en el año 62. Casi no se encontraba ningún libro en gallego en las librerías. Ahora te digo lo que encuentro a continuación. Este me lo leo una y otra vez, a Rosalía casi me lo sé de memoria. Y me encuentro en Cantares Gallegos, por su propia estructura, tu sabes, los cantares comienzan siempre con una copla popular o de estilo popular creado por Rosalía si unas son populares, otras las creó Rosalía. Bueno, pues yo ayudo a mi madre a coser, me siento delante de la máquina a coser y mi madre me siguió recitando a San Juan, a Góngora, a Quevedo, me enseña todos los tangos —yo me sé todos los tangos habidos y por haber—, y yo le digo de memoria a Rosalía y ella reconoce las coplas populares. Y de algunas sabe incluso más estrofas. Y luego me voy encontrando libros en gallego. Unos de los libros que me resultó bastante interesante leer es una traducción al gallego de "Pascual Duarte" de Camilo José Cela ya en un gallego con intención más académica, con intención más

normativa, con mayor ** hacia el lenguaje que me resulta más complicado porque no es tan rural. Pero yo salgo maravillado si encuentro alguna palabra que no estaba en mi vocabulario personal y se la pregunto a mi padre y mi padre la sabe.

Esto crea en mi casa noches y noches de conversaciones sobre el idioma, en donde mi padre y mi madre siguen argumentando en contra del gallego, pero cada vez con menor fuerza, con menor convencimiento. Y a partir de entonces empiezo a leer todo cuanto cae a mis manos, que era poco, encontraba realmente poco.

P.: Pero eso ya te crea una visión totalmente diferente del idioma, ¿te empiezas a un sentir orgulloso... ?

Totalmente orgulloso. Las discusiones son porque yo pretendo que mi padre y mi madre se sientan tan orgullosos como yo del idioma. Esa es la razón de las discusiones. Yo utilizo todos los trucos habidos y por haber porque no solo me siento orgulloso de mi idioma, sino que me da pena que los que de verdad me enseñaron el idioma no tengan esa misma sensación de orgullo. Allí es cuando yo pienso que una de las cosas que tengo que hacer en esta vida, es que en este país uno se sienta orgulloso de su idioma y de todo lo que conlleva, y de su cultura, y de forma de ser y de su forma de entender la vida y de su forma de organizarse, política y socialmente. ** Todo en defensa del idioma. Empiezo a buscar amigos entre personas que tengan esos mismos sentimientos y hago como una especie de selección de amigos. No porque yo echase los amigos de siempre, sigo queriéndolos. En cuanto me encuentro que unos están en mi sintonía me encuentro muy unido a ellos.

Y me suceden cosas realmente interesantes. En este tiempo tengo 16 o 17 años y aquí en Coruña tengo un amigo íntimo desde los 14, que en ese momento nos ponemos hablar y nuestros sentimientos son iguales pero no nos lo habíamos confesado porque somos amigos en ese período en el cual hablábamos en castellano y en el cual nos parecía que si íbamos a un baile y sacábamos una chica a bailar en gallego nos va a decir que no, cosa que no era un fantasma sino que era una realidad. Entonces cuando nos ponemos a hablar del idioma, de lo que sentimos, nos descubrimos que ese mismo sentimiento lo estábamos teniendo los dos y él pasa a ser el siguiente lector de los libros que yo consigo y yo paso a ser el lector de los libros que él consigue. Y bueno, conservamos la amistad hasta hoy.

Es curioso. Es algo de que no me había dado cuenta hasta este mismo momento que lo estoy diciendo. ** y ya llevábamos 2 o 3 años de amigos íntimos y luego por la cuestión del idioma, el idioma de su casa y de la mía, y coincidimos. Y llevábamos 2 o 3 años hablándonos en castellano.

P.: Este período ¿te llevó a ingresar en alguna asociación?

Sí. En el año 64, me parece que es que se crea aquí la Asociación Cultural O Facho, y allí empezamos a colaborar todos aquellos que tenemos algún sentimiento galleguista. "O facho" significa "antorcha". Esta asociación todavía existe, todavía está activa, se crea en el año 64 y allí sí empezamos todos a meternos y a hacer de todo: desde cursos donde aprendemos las estructuras lingüísticas de nuestro idioma, hasta los grupos de teatro. Que es en lo que yo más participo. Inmediatamente busco todos los caminos de encontrarme con otras personas que están en la misma sintonía. Yo, que era una persona que escribía desde los 12 años aproximadamente me gustaba escribir, es en ese momento donde decido que escribiré exclusivamente en gallego. Como a los 18 años o algo así, me noto que tengo suficiente soltura como para escribir. Escribir es otra cosa. Muchas veces muy poco relacionada con ... bueno, escribes lo que puedes y no lo que deseas; escribes como puedes y no como quisieras y entonces entre los 16 y los 18 años sigo escribiendo. En ese momento me interesaba mucho el cine, escribo guiones de cine que intento "vender", no económicamente, sino colocar. En esos momentos quiero escribir gallego pero no me siento fluido en gallego, tengo mis dudas ortográficas, tengo mis dudas de transcripción de la fonética y hasta los 18 años no empiezo a escribir asiduamente, normalmente, en gallego. Pero a partir de los 18 años sí empiezo a escribir en gallego y, digamos que, ni una sola línea en castellano.

P.: ¿Es un propósito, que tu dijiste, para fortalecer tu lengua, tu cultura?

Considero que estoy en una situación en la cual he asimilado mi propia cultura, mi propia lengua, mi propio ser. Me identifico totalmente. O dicho de otra manera, me contemplo como soy y por primera vez en mi vida, quizás, me gusto como persona nacida en un país, con una lengua. Entonces esto a mí me parece suficientemente importante para mí como para intentar difundirlo de alguna manera.

Yo, con mi educación religiosa, me siento misionero. Pero simplemente porque me contemplé a mí mismo gustándome por primera vez en mi vida. Me convierto en una persona que, por donde vaya, va a intentar defender por todos los medios la vida de mi idioma. Creo en el futuro de este país sólo y cuando se asuma a sí mismo como es y se guste como es: Que un día nos miremos al espejo y digamos "Así, tal como soy, me gusto". Así creo que este país tenga futuro, mientras tanto, yo personalmente, creo que no. Este pensamiento es el que intento difundir.

No me convierto en un gran activista, indudablemente. De hecho no me afilio a ninguno de los dos partidos que se crean después en Galicia los dos partidos nacionalistas importantes que se crean en aquel momento y que son el Bloque Nacionalista y el PSG. No me afilio a ninguno de los dos. Sí ando alrededor de uno de ellos como simpatizante, como colaborador, pero no me afilio al PSG].

Tal vez porque en mi casa mi padre nunca había manifestado ningún tipo de ideología política y además se nos advierte que no nos metamos en política. Uno de los instrumentos más fuertes que el franquismo tuvo fue el de convencer a la gente de que no se metiese en política. Como todo fascismo intentaba simplemente convencer a todo el mundo de que los que realmente saben son los que están en el asunto y que los demás, que no sabemos, debemos limitarnos a no meternos en esas cosas. Y eso en casa cae de un manera que no nos permiten que nos metamos en política. Los grandes disgustos, las grandes broncas en mi casa en los años 60, van sucediendo a medida que mi padre se va enterando de mi presencia en manifestaciones. Es el momento de mi vida de mayores enfrentamientos entre mi padre y yo. Mi padre lo hace porque teme que vaya a la cárcel, es la única cosa que teme en esta vida. Y me advierte que por ese camino que voy no puedo parar en ningún otro sitio que no sea la cárcel.

P.: Y ¿qué tipo de manifestaciones eran? ¿Eran contra el franquismo o qué?

Eran, claro, manifestaciones en contra del franquismo. Te puedo hablar de manifestaciones a finales del 66 y 67 en Santiago, a las cuales yo voy desde aquí a Santiago con un montón de amigos a participar en todas las asambleas y manifestaciones que están sucediendo en Santiago en el 68, previas al "Mayo Francés", porque esto sucede en los meses de febrero-marzo, creo recordar, del año 68. Yo trato de sumarme como puedo. Sé que corro un peligro especial porque si me detienen en Santiago, viviendo en Coruña y estudiando en Coruña, seria calificado inmediatamente como agitador profesional. Porque me había trasladado a otro lugar solamente para participar en una manifestación.

Arriesgando todo eso, mi padre, a medida que lo va sabiendo, directamente por interrogatorios que me hace a mí, y yo que le había contado un montón de mentiras para evitarme unos palos en esta vida —puesto que mi padre era muy aficionado al palo— ahí me siento totalmente incapaz de mentirle, de contarle historias extrañas, quizás porque ya no soy un niño, y le cuento lo que hago y mi padre me advierte muy seriamente los peligros del asunto, que en mi caso se salvaron con un par de pasos por la comisaría y algunos palos. Pero no pasó a más.

En ese momento, por presión, se está cociendo una presencia política de galleguismo, de nacionalismo tanto por parte del PSG tanto por parte de la UPG. Esta era más activa en Santiago y además es bastante más beligerante **. Yo iba a todo eso mirándolo desde cerca pero desde fuera, porque yo no milito en ninguna de esas... Simpatía sí.

P.: Y ¿tus estudios como los sigues?

Termino mi bachiller y entro en una escuela Normal para maestros y ahí hago los estudios con becas, por supuesto, porque la situación de mis padres no nos permiten de otra manera lo que me obliga con un esfuerzo especial para obtener las dichosas notas medias de 7 y hago los estudios de magisterio y, sin intención ninguna de dedicarme al oficio de maestro. Al principio mi intención era dedicarme a estudios más o menos relacionados con la literatura, en ese momento me interesaba el teatro y el cine especialmente. Intento por esos caminos pero veo que eso puede significar que, en el momento que yo acabe una carrera y pueda aportar económicamente una ayuda importante en mi casa en donde la situación no era demasiado buena, el salario de mi padre era muy bajo, era ínfimo, eso me llevaba a buscar inmediatamente trabajo de maestro y a abandonar por el momento toda intención de dedicarme al teatro, al cine o a la literatura.

Al principio todavía trabajo en la distribución de cine, por un tiempo, pero había la oportunidad y comienzo a trabajar como maestro en la enseñanza privada y ahí hasta hoy hago lo básico.

P.: En ese periodo que tienes que estudiar en la escuela normal, ahí tienes una beca.

Sí, unas becas anuales que solicitabas todos los años según tus calificaciones. Una beca mínima, una beca que me llegaba solamente para pagar la matrícula. Porque ocurría que nosotros no teníamos derecho a beca porque mi padre era propietario de unas tierras que .. donde habíamos nacido, donde habíamos vivido, y entonces el hecho de ser propietario de algunas tierras nos excluía de los derechos a becas mayores. Entonces la beca que podía obtener era la equivalente al precio de la matrícula. Incluso los libros me los tenía que comprar de segunda mano porque no me llegaba la beca para comprar los libros.

P.: ¿Tenias un excedente en ese período de la escuela normal para seguir cultivando la cosa de la lengua gallega o ...

Sí, sí. Indudablemente continúo. Lo que pasa es que —estoy hablando de que a mí una de las cosas que me preocupa es mi propio cultivo que lo continuo en ese tiempo creciendo continuamente y allí, dentro de la escuela normal, conectando con los compañeros y grupos que sintonizan en la misma onda, y es cuando colaboramos con la agrupación "O Facho", nos integramos en "O Facho" y es cuando hacemos cursos, cuando hacemos teatro, empezamos a mover todo este asunto de las actividades culturales en lengua gallega. No solo nos dedicamos a nuestro propio cultivo, es cierto. Encontramos otros tipos de actividades culturales en lengua gallega que signifique la dignificación de la lengua y significaba muchísimo cuando conseguíamos poner en pie un espectáculo teatral en gallego. Eso significaba para nosotros muchísimo cuando ese espectáculo, además, conseguíamos con autorización para poder presentarlo en público.

P.: Y ¿la conseguían [la autorización]?

Sí, sí. Con frecuencia. Con trampas, pasando mil trabajos se conseguía y se iban poniendo espectáculos. ¡Qué podíamos hacer"! Te preparabas el espectáculo y te lo prohibía la censura, pero —como decían los fascistas: "inasequible al desaliento"— te preparabas otro y preparabas otro. Yo recuerdo que teníamos un espectáculo preparado traducido al gallego una obra de Fernando Arrabal, y nos habían dicho que sí nos la autorizaban, pero y en el momento justo de levantar el telón nos la prohibieron y además nos levaron a todos a comisaría.

P.: La censura y la prohibición ¿era porque era en gallego o era por el contenido polémico de las obras?

En ese momento no se atrevieron a prohibirte una obra sólo porque fuera en gallego. Podrían hacerlo buscando otras disculpas. Yo nunca entenderé por qué aquel espectáculo de Ferrando Arrabal, cuando nosotros habíamos pedido permiso presentamos la obra en censura en castellano, presentamos la edición que había —no recuerdo de qué editorial era, nos la autorizaron, pero al momento de representarla en gallego nos la prohibieron. Y la única diferencia que había era que había sido traducida al gallego.

Me parece recordar, pero no estoy seguro, que la razón que dieron para prohibirla fue que se había autorizado en castellano y la estabamos representando en gallego. Ningún acto cultural fuera de los esquemas y de las estructuras del franquismo tenían muchas probabilidades de ser llevadas adelante, pero si llevamos muchísimo trabajo en ese sentido y, yo creo, que con buenos resultados que significaron los últimos años 60 y los años 70 un presentar en las ciudades, demostrar la existencia de un grupo minoritario pero no despreciable, de gente reivindicando el uso de nuestro propio idioma. Yo creo que tiene un significado.

Ese es el momento en el cual, después de faltar a muchísimas misas, aparece una misa en Coruña en un iglesia que está en Paradera, la Iglesia de las Capuchinas, donde está el Liceo, en gallego todos los días a las 12:30. Los curas eran dos: Manuel Espiña Gamallo y .... (se me fue). Eran dos curas que habían traducido el evangelio al gallego, eran conocidos aquí como [los evanzhelios]. Era una misa a la cual acudíamos un montón de gente, la iglesia estaba llena totalmente cuando nunca había estado tan llena. Era una misa en la que estábamos todos los católicos progresistas de la ciudad y un montón de gente que estaba allí exclusivamente para apoyar aquel acto, por ser hecho en lengua gallega. Eso dura varios años. Yo recuerdo ir allí sólo, con mis amigos; luego recuerdo ir allí con mi mujer, cuando éramos novios, y luego de casados. !! Por lo tanto duró varios años. Y en todos los casos se mantuvo la iglesia siempre llena.

Era frecuente que las homilías de Espina y del otro —que no me sale ahora mismo— tuviesen multas, o fuesen llevadas al Gobierno Civil, ... Identificábamos a los policías de la policía político-social que estaban en la iglesia, lo que no era ningún mérito porque se les veía claro, eran auténticas moscas en un plato de leche, estaban allí continuamente y el Gobierno Civil intervenía continuamente.

Incluso no sé si hubo unos momentos en que se suspendieron estas misas. No recuerdo exactamente y los pocos allí estábamos. Eso era por los años 70. Últimos 60-primeros 70 eran las misas en gallego en Las Capuchinas. Y es a partir del año setenta y tres, me parece, que se celebra anualmente y se sigue celebrando, pero ahora en una forma distinta, más institucional —una misa en Honor de Rosalía el día 25 de julio en la Iglesia de San Domingo de ** de Santiago, que es conocida como la misa de los ateos. La primera la celebra el cura ** y luego distintos curas que se distinguen por su defensa del idioma gallego, van pasando por esa misa. Allí i nos reuníamos la mayor parte del nacionalismo gallego, —organizado y no organizado, es decir, militante o no militante,— a oír aquella misa que se llamada misa de los ateos y que en general acababa en un manifestación. Y acabásemos todos corriendo y acabásemos los menos capaces acabasen llevando bastante leña, por supuesto.

P.: Y cuando terminó el régimen de franco ¿qué pensaste que iba a suceder para Galicia? ¿tenías alguna expectativa?

No, no. Como yo soy de los que todavía me queda la duda de si está totalmente desmantelado. Todavía no se sabe si está totalmente desmantelado, —como verás, nosotros tenemos como presidente de la Xunta de gobierno en Galicia a uno de los más activos propagandistas del franquismo. Yo no voy a acusarlo de delitos de sangre debido al franquismo, pero sí lo acuso de propagandista y uno de los propagandistas más eficaces que tuvo el franquismo— por lo tanto de que se está totalmente desmantelado todavía tengo mis dudas.

Pero yo en aquel momento, en primer lugar, me llevo una de las grandes alegrías de mi vida. Es decir, por fin, especialmente constato que es mortal, y saber que, —después de haber pensado durante mucho tiempo, no seriamente pero sí, que podía ser inmortal y que aquello iba a durar siempre, aún que había tenido un gran golpe en cuanto a su inmortalidad con la muerte de Carrero en el año 73, que eso significaba un gran golpe para su inmortalidad— porque de existir Carrero, yo estoy totalmente convencido que sería inmortal porque se sucedería a sí mismo, porque Carrero era más franquista que Franco

Pero yo, la verdad es que no me lo creo. Yo creo, en aquel momento, que no va a pasar nada; que va a seguir todo igual; y por tanto creo que para Galicia puede haber unos ciertos cambios puramente formales. En principio, yo acudo a la manifestación pidiendo el estatuto de autonomía, porque pienso en el estatuto de autonomía del 36, no por su contenido, porque puede ser que sea más tibio que éste, sino por su significado. Aquel estatuto de autonomía tenía un significado totalmente distinto del que tenía el que se va a hacer después.

Acudo a esa manifestación y pido la autonomía para Galicia, pero inmediatamente ya se empiezan a elaborar los estatutos de autonomía, el famoso estatuto de los dieciséis, y todas esas cosas, no me lo creo. Ya no me lo creo en el momento en el cual hacen la Constitución, en el que el ejército seguirá garantizando la unidad de la patria y cosas por el estilo, no creo que Galicia vaya a cambiar demasiado. Empieza a funcionar el estatuto de autonomía y no espere de él más de lo que dio de si, es decir: una descentralización administrativa; una defensa, por no decir nula, ineficaz del idioma gallego; y una nula, por no decir negativa, defensa de los intereses económicos de Galicia.

P.: Tu evaluación de la cosa sigue siendo la misma, de que no se ha logrado la autonomía en los asuntos económicos, en el aspecto del idioma. .. ?

Son cuestiones distintas. Yo puedo decirte que, en el año 62-64, cuando yo empecé a soñar conque este país se asuma a sí mismo como lo que es, y por lo tanto, que asuma su lengua, yo no podía imaginarme la situación de la radio y la televisión en gallego. Eso me parecía simplemente un sueño. Pero cuando llegamos a esta realidad en que existe una radio y una televisión en gallego, veo que los cambios son puramente formales. El gallego está perdiendo hablantes por donde más sensible es un idioma: por abajo, por los tramos bajos. Cada vez te encuentras menos niños que hablan gallego.

Desde luego, se supera una cierta parte de la diglosia. En este momento el gallego no es un idioma tan desprestigiado, tan rechazado, tan despreciado como era en los años 60, 50, 40 en ese sentido sí. Pero se están perdiendo hablantes, se está convirtiendo en un lengua, por un lado, puramente litúrgica y ritual, en cuanto a la actuación del parlamento y los políticos gallegos, que hacen puramente actos litúrgicos y nunca actos más cotidianos. En cuanto al funcionamiento, a la eficacia que pueda tener el gallego en la escuela, está latinizando el idioma. Es decir, lo está convirtiendo en una lengua que todo el mundo estudia pero que nadie usa como ocurrió con el latín. En ese sentido los veo insinceros a los gobernantes, a los políticos, a las estructuras políticas. Son totalmente insinceras e incluso diría que hacen muchos cuentos, además de hipócritas y cínicos y me da la sensación como de que ellos no tienen ningún sentimiento al ver que el gallego se está perdiendo.

Toda la parafernalia que se ha montado me da igual. No vale para nada. En cuanto a los aspectos económicos la cosa es mucho más grave, porque todo ha sido absolutamente inactivamente negativos. Se ha actuado contra los intereses de Galicia y sin ningún tipo de pudor. Nuestra adhesión al Mercado Común Europeo ha sido una adhesión de España, ha sido una adhesión donde los intereses económicos de Galicia han sido despreciados y han sido incluso entregados como moneda de cambio para obtener unos beneficios para la España mediterránea y para la España industrial entregando totalmente la Galicia agrícola y pesquera, que era lo que verdaderamente podía negociar Galicia.

Galicia produce leche y en este momento está maniatada en cuanto a la producción de leche. Yo no acuerdo un porcentaje pero el porcentaje es elevadísimo de barcos y de hombres dedicados a la pesca en España, por encima del 70% es de Galicia y la pesca no está en absoluto siendo negociada de acuerdo con los intereses de Galicia.

Yo personalmente pienso que Galicia sí tiene que estar dentro del Mercado Común pero de otra manera.

P.: Tu ideal, en cuanto a la relación entre Galicia y la nación española, ¿cuál es? ¿tiene que haber una relación o ¿no?

Tiene que haber una relación porque la hay histórica y no podemos vivir de espaldas a la historia. Hay una relación histórica incuestionable. No podemos renunciar, ni yo quiero renunciar, a esa parte que nos toca en esa relación histórica. No quiero renunciar y no renunciaré. Mi defensa del gallego no conlleva una renuncia a la parte que le toca hablar castellano. Mi defensa de la economía gallega no afecta en absoluto a la parte que le toca la defensa de la economía de los restantes pueblos de España. Con esto quiero decir que, la relación entre los distintos pueblos de España no puede ser otra que una relación verdaderamente y auténticamente federal. Pudiera tener dudas de si debiera ser federal o Confederal. Es una solución que es válida, buena, generosa para todos los pueblos de España.

La solución federal es una solución que no es nueva, es una solución que el galleguismo histórico dio desde la generación «Nos». Es una solución que en este momento se está contemplando para Europa. El hecho de contemplar para Europa una solución federal o Confederal desde un estado unitario va a ser significativamente distinto.

Estoy absolutamente convencido de que la gran ventaja de esa posible, futura —yo tampoco me la creo demasiado, pero si va a suceder o cómo va a suceder, probablemente porque son cuestiones tan super-estructurales que es probable que tengamos poco que decir... A mí no me extrañaría nada que tuviera más que decir en el futuro de Europa el señor Clinton que lo que tengamos que decir los gallegos, los catalanes, los daneses, ... Me temo —yo soy de los que todavía todas las noches sueño con el ogro imperialista— Me imagino que más va a tener que decir aquellos países o aquellos estados federales en donde haya situaciones similares a las de Galicia, a las de España. Es decir, situaciones de naciones sin Estado. Yo no sé cómo va a resultar el caso de los franceses que se colocan así como el ejemplo de manual para el centralismo más furibundo.

Yo me imagino que el ideal de esa futura federación o unión europea sería que nos pillara a todos los pueblos españoles en una federación .

P.: Tu personalmente ¿te sientes gallego, pero también español?

Esto de los sentimientos es una cosa más complicada. Me siento exclusivamente gallego. No me planteo la elección de un supra-sentimiento que no sea gallego. Me siento gallego [**]. Me siento igual de solidario con todos los demás países del mundo. No siento una solidaridad especial con nadie en cuanto a situación geográfica. La siento en cuanto a situación de tratamiento de ese otro país. Siento una simpatía especial, como se puede sentir una simpatía especial por el pueblo catalán o por el pueblo vasco o por el pueblo escocés, o por el pueblo irlandés en cuanto a su lucha por la reivindicación de sus intereses nacionales.

P.: Haciendo la pregunta de otra manera. ¿Tú te sientes más cerca de un catalán o de un asturiano, de un vasco o de un andaluz, que de un francés; o te sientes igual de cerca de un francés que de un andaluz, en tu forma de ser, en tu forma de pensar?

En la forma de ser, en la forma de pensar, me siento igual de cerca de un francés que de un andaluz. No así de un catalán o de un vasco.

P.: Y ¿de un portugués?

De un portugués, quizás sea lo más cerca que siento.

Cuando hablo de una solución federal incluyo a Portugal. Lo que creo es que aquí tendría darse una federación Ibérica, nunca solo una federación española. Claro que con el consentimiento de portugueses. Pero, dejémonos de historias, los portugueses siempre quisieron ser españoles, aunque tengan un montón de refranes en contra de los españoles. Los portugueses son nuestros "argentinos" [**]

Del pueblo portugués me siento muy cerca. Pero sé también que no es un sentimiento correspondido. Sé que ellos se sienten mucho más cerca de cualquier otro pueblo de España que del gallego.

P.: Dime ahora, ¿si la selección española juega contra Francia?

A mí me da igual. Exactamente igual. [**] Yo en ese sentido no me siento en absoluto español. Sería incapaz de decir "perdimos", como mucho diría "perdieron los **".

P.: La persona, el símbolo, la figura del monarca, significa algo para ti?

No. Soy decididamente republicano y me parece que no voy a poder olvidar que lo ha puesto Franco. Jamás lo olvidaré. El Rey representa, y esto es lo más importante, esa unidad territorial política que la constitución declara y en cuya competencia está el ejercito de la cual es el comandante supremo, representa toda esa unión esa fuera, que para mi representa el anti-federalismo.

No puedo negar que resultó bastante mejor de lo que imaginaba, no lo puedo negar. Es decir, cuando era alguien puesto por Franco, que para mí seguiría representando siempre el franquismo, se a dado en dedicarse a esquiar, que me parece que a mí me da igual que esquíe todo lo que quiera, que se parta las piernas todo lo que le de la gana, con tal que no se meta en nada. En ese sentido me parece que resultó mejor de lo que imaginaba.

Yo temía que tuviese mayor capacidad de decisión, al venir del franquismo, de la que en realidad tiene. Me parece un mero símbolo que no me puede dar ni frío ni calor.

P.: Volviendo a la cosa del idioma. Tu decías antes que la política oficial en cuanto a la cosa de la lengua es un poco hipócrita o insuficiente. Tú tienes una doble experiencia: primero como maestro y luego como escritor. Por ejemplo, en la escuela donde tu enseñas en la actualidad, y has enseñado ya bastantes años, según la ley hay dos o tres asignaturas que son obligatorias en gallego: lengua gallega y ciencias sociales. Pero tampoco hay nada en la educación que impide a tus colegas, por ejemplo, que la mitad de las asignaturas sean impartidas en gallego. ¿Cual es la situación con respecto a todo esto?

Te voy a decir en primer lugar mi situación personal. Yo desde el año 72 doy todas mis clases exclusivamente en lengua gallega. Yo dentro de mi profesión de maestro mi especialidad son las matemáticas y las ciencias de la naturaleza. Desde el 72, aproximadamente he dado mis clases de matemáticas y de ciencias de la naturaleza en lengua gallega, que es el momento en que me hago especialista y me dedico exclusivamente a dar esas asignaturas. Lo he hecho sin ningún tipo de problema, nunca he tenido ningún tipo de problema.

¿Por qué no he tenido ningún tipo de problema? Porque ningún padre ha protestado. Probablemente porque yo, muy consciente que en el momento en el cual un padre que protestase podría tener serios problemas, el menor sería que tuviera que abandonar mi práctica de dar clases en gallego, ese sería el menor de los problemas. Y de ahí para arriba podría haber muchos, y ejemplos hay más que suficientes.

Esto me resulta bien. Supongo que con el trato y la relación con los padres es suficientemente clara y soy incapaz de explicar suficientemente mi postura como educador de sus hijos como para que no me cree ningún problema. Pero la realidad es que cualquier padre puede obligarme a dar todas las clases en castellano, excepto lengua gallega y ciencias sociales. Porque la legislación, una de las cosas que contempla, es: si un padre solicita que todas las clases de sus hijos, excepto esas dos, le sean dadas en lengua castellana, tendrán que dársela. Si un padre solicita que todas las clases le sean dadas a sus hijos en lengua gallega, no tiene tal derecho. Habrá que conseguir que todos los padres soliciten lo mismo. Fíjate la gran diferencia que hay.

La situación en mi centro es la misma situación que en todos los centros de Galicia. Depende de la sensibilidad de cada uno con relación al idioma. Es cierto que en este momento la sensibilidad con relación al gallego aumenta ligeramente. Es difícil ya encontrar un centro en que no haya por lo menos un persona peleando, reivindicando el avance en el proceso de normalización lingüística. En la realidad se avanza poco, pero esto existe. Pero en este momento la legislación está toda a favor del castellano y absolutamente toda en contra del gallego. Te digo más: son numerosísimos los centros que incumplen esa mínima legislación de impartir lengua gallega y ciencias sociales en gallego. Te diré más: en la ciudad de La Coruña, la mayoría, la gran mayoría de los centros, entre públicos y privados, y la totalidad de los privados no están cumpliendo la legislación. Están exclusivamente teniendo, no todos pero sí muchos, todos los públicos, desde luego, sus clases de lengua gallega; algunos de los privados, sus clases de lengua gallega; muchos de los públicos, ciencias sociales en castellano; y prácticamente todos los privados, ciencias sociales en castellano.

¡Cómo no voy a pensar que se está actuando con verdadera hipocresía y mala fe! Cuando yo, que me relaciono con todos los equipos de normalización lingüística de La Coruña, que he coordinado seminarios con ellos y encuentros, que estoy continuamente en relación con ellos, por medio de cursos, por medio de encuentros, seminarios, veo que la realidad es totalmente distinta de la mínima y miserable legislatura que tenemos.

P.: Pero, dime, es eso lo que yo me pregunto. Esa mínima y miserable legislación, como tú la mencionas, ¿no refleja una situación social? Si la mayoría de los padres exigiese que en su escuela, por ejemplo, que la mayoría de las asignaturas tuviese que ser en gallego, y así de escuela a escuela, en algún momento tendría que reflejarse en la legislación.

Eso es cierto. Eso es incuestionable. Eso se corresponde con una realidad social. Aquí sigue habiendo una situación de diglosia. Lo que ocurre es que los poderes públicos no hacen absolutamente nada por clarificar esa situación. Es decir, ha habido durante muchos años una situación de injusticia legal con relación al idioma gallego, una prohibición legal durante todo el franquismo. En este momento, el gallego una de las cosas que necesita como todos los débiles del mundo es una discriminación positiva desde el punto de vista legal. Toda España estaba dispuesta a votar no a la OTAN y en quince días cambió.

Aquí nunca se ha gastado un céntimo en explicar a la gente una verdadera política de discriminación positiva con relación al gallego. Si no hay una política de discriminación positiva no se avanza.

Esos padres todavía no tienen una información social; absolutamente nadie les dio información real de la validez de su propio idioma. Absolutamente nadie se tomó el tiempo y el cuidado De hacerlo. Cada rato que estás con ellos hablando con ellos, uno por uno, dos por dos, los padres de mis alumnos, su situación, su posición varía más o menos. Es una variación de 180 grados afirmativa o puede ser una variación de "lesse fair", déjame hacer a mí.

Eso desde los poderes no se está haciendo. Si no hay discriminación de forma positiva a favor del débil, nunca en la vida se conseguirá ** y yo estoy de acuerdo en que la capacidad de decisión de los padres en este aspecto sólo tendrá un cierto valor democrático en el momento en que los dos idiomas estén en una situación de igualdad. No existe cosa más injusta que tratar igual a los desiguales.

Esa es la situación. Esa situación no nos permite avanzar. Los poderes públicos no hacen absolutamente nada Todo lo que se les ocurre es buscar la manera en los llamados decretos de exención según la cual, incluso, muchos niños y niñas pueden acogerse a determinadas situaciones en las cuales ni siquiera tengan la obligación de estudiar la lengua gallega en Galicia.

P.: ¿Qué implicaría para ti esa discriminación positiva? Me podrías dar algún ejemplo de lo que tú piensas que debería hacerse.

En primer lugar. Una de las primeras medidas que habría que tomar seria una campaña según la cual se combatiese desde los poderes públicos, las actitudes aprioristicamente negativas o contrarias a la lengua gallega. La campaña en la cual se combatiese que la lengua gallega no vale; que la lengua gallega es una lengua inferior; que la lengua gallega es una lengua científicamente disminuida; que la lengua gallega es una lengua que no vale para todo uso, etcétera, etcétera.

Todas estas conductas negativas, estos puntos de vista negativos, estas actitudes negativas contra el gallego, pienso que hay que combatirlos con una campaña de información. De lo contrario vamos a estar todavía ... Esas actitudes tu las puedes encontrar con relación a cualquier otro idioma y la podemos encontrar por ahí en gente que te está diciendo que hay otros idiomas reconocidos como lenguas de marinero y que dicen que el alemán es una lengua áspera, y el italiano es una lengua de maricones; o que la importancia de una lengua se mide por el número de hablantes; o que la importancia de una lengua se mide por la antigüedad de su gramática. Todos estos prejuicios lingüísticos, una de las obligaciones de los poderes gallegos, es combatirlos con una campaña educativa. Nunca se ha hecho una campaña seria.

A eso me refiero yo cuando comparo una a [****].

Me imagino que con más tiempo y más dinero y una campaña informativa se pueden vencer muchos prejuicios lingüísticos.

P.: Pero se usa más el gallego en la administración, en la política; pero ¿tu ideal sería que el gallego fuese lengua exclusiva en la educación o no, o compartiría algo con el castellano?

Mi ideal en ese sentido está claro: Existen un montón de divisiones de lenguas pero una de las divisiones que yo, en este momento, quiero usar y que más aprecio es que la persona, un individuo puede tener una lengua de instalación y una lengua de relación. Yo quiero el pueblo gallego asuma como su propia lengua, como su lengua de instalación el gallego; y entonces, a partir de ese momento, como individuo podrá tener todas las lenguas de relación que quiera, pero como sociedad es importante que tengamos una lengua de relación, y que como lengua de relación el castellano. Lo tenemos más próximo lingüísticamente, históricamente y geográficamente.

Hablando de la escuela: el estudio del castellano en Galicia, en la situación ideal, tiene que ser muy grande y muy profundo de tal manera que todo el mundo obtenga, como lengua de relación, como primera lengua de relación. Como lengua de relación ese inglés que todos sabemos es un inglés reducidísimo en cuanto a estructuras y en cuanto a léxico, no hablo de eso. Hablo de un estudio profundo, de un aprendizaje del castellano como segunda lengua en Galicia, que garantice incluso su no desaparición. Incluso hasta ese punto.

P.: Continuando con esto de la lengua, tu me acabas de regalar un libro y está escrito en gallego. ¿Tu usas la norma oficial?

Sí, sí. Tengo veinte y algo de libros publicados en gallego de literatura y libros de temática educativa. En solo uno utilicé una normativa distinta, la llamada normativa de mínimos, como una manifestación pública de que esa normativa me parecía discutible. Pero sí utilizo la normativa oficial sin problema de ningún tipo porque me parece que discutir eso de la normativa me parece una estupidez; la normativas además son algo perfectamente cambiable, para mí lo importante, lo más interesante son las actitudes y no las normativas. Me da lo mismo aceptar una o aceptar otra.

P.: Explícame un poco, porque yo no soy gallego hablante y entonces yo no puedo distinguir entre las diferentes cosas. Tú, por ejemplo, te criaste con el gallego, tus padres te hablaban en gallego. Con respecto al gallego que se habla en la televisión. Cuando yo enciendo la televisión y hablan en gallego yo lo entiendo perfectamente, pero es el gallego de la televisión es el gallego que tu escuchaste cuando niño?

Espera un momento. El problema más grave del gallego de la radio y de la televisión es el problema fonético. No es un problema léxico un problema de estructuras lingüísticas. Es un problema fonético. Es un gallego sin acento, y por lo tanto, a mí por lo menos, me suena rarísimo. A veces hasta más raro que el castellano.

¿Qué ocurre? Que es una coiné. Date cuenta que estamos hablando de un idioma que es normativizado por primera vez ahora. Un idioma que nunca tuvo una normativa lingüística; que tuvo 500 años de negación de su existencia, que su existencia fue negada. Esto mucho más en un país rural, en un país, con las dificultades de comunicación que Galicia tienen, por razones geográficas y por razones climatológicas, hizo que aparecieran una cantidad de variantes dialectales. Pero muy pocas lenguas en la misma situación conservaron tal unidad. Date cuanta que en eusquera, que claro, no es una lengua romance y las cosas son distintas, pero eusquera ha tenido que haber una coiné por necesidades de supervivencia mucho más grave, porque de un casería al caserío inmediato no se le entendía, porque hablaban dos "idiomas distintos", dicho entre comillas. Porque hablaban variedades dialectales muy notables. En gallego hay una gran unidad. Ocurre que el problema es histórico y por eso un problema social.

La funda de normativas viene dada exclusivamente en razón de la lengua de los **(refranes). Si para establecer una normativa, digamos de acentuación gráfica, que es uno de los grandes problemas, la normativa oficial se parece muchísimo, sospechosamente demasiado a la normativa del español. En la normativa de mínimos que es la que yo defendería en caso de tener que defender alguna, utiliza la misma acentuación que en portugués.

En primer lugar, históricamente el gallego tiene que estar lógicamente más cerca del portugués que del castellano. Pero además es un aspecto y es que cada vez que haces una comparación con otra lengua, cada vez que utilizas una lengua de referencia para aclarar determinadas cosas en tu lengua, sean cuestiones etimológicas o sean ortográficas, utilizas una lengua de referencia y a esta lengua de referencia le das un cierto estatus de superioridad.

Si ha habido referencias en castellano estás ahondando en la diglosia. Si en cambio se usa el portugués estás afianzando su independencia del castellano, por tanto, su peculiaridad, su diferencia misma y eso es lo que no vemos en ninguna de las normativas.

Pero de todas maneras, la televisión, como ocurre en todos los idiomas, hay un caso muy claro que es el caso que ocurrió en los países árabes con las televisiones, tienen que crear una coiné válida para todas las variantes dialectales. Entonces eso lo que hace es que este idioma de la televisión sea una lengua de coiné y por tanto una lengua como muy neutra, un poco rara.

P.: Pero ¿qué se tomó como base? Cuando se crea una lengua nacional a partir de una variante siempre se toma una variante social o regional Pero aquí, según lo que yo entiendo, se tomó el gallego que se habla en la cercanía de Santiago. ¿Es cierto?

No, no exactamente. Aquí se tomó una decisión típica de creación de la lengua que fue la fonológica. Es decir, que proyectar lo que la gente habla en la lengua escrita. Entonces que la lengua escrita transcribiese lo más exactamente posible la lengua oral. Había una gran unidad en el idioma. las variantes dialectales son mínimas. son tan pocas, tan pocas. por ejemplo, unos tienen la terminación [ão] y otros [an].

P.: Pero, por ejemplo, tu padre, ¿se entendía con la gente fuera de la aldea.

Sí, sí, con todos. Absolutamente con todos. Con pequeñas diferencias léxicas en relación a los instrumentos de trabajo, ahí sí podía haber pequeñas diferencias. Eso ocurre absolutamente en todos los idiomas, por una serie de razones etimológicas de contaminación e incluso de degeneración de la propia palabra. Ciertos elementos dentro de los léxicos referidos a los instrumentos más inmediatos van sufriendo variaciones que los hacen muy locales.

Si hacemos la excepción de eso, entonces consideramos que la lengua coloquial, la que mi padre hablaba con cualquiera, mi padre se entendía perfectamente hablando en gallego.

Mi padre hacía el plural de "pantalón" en "pantalós"; en cierta zona de Bergantín lo hacían en "oens" y en la zona cercana a Asturias-León, hacen el plural en "oes".

P.: Entonces, ¿para construir la lengua oficial se tomó una variante de aquí?

No, no. Se tomaron diversas. Se tomó, primero, que la escritura fuese un reflejo de la fonética; Se tomó aquella solución teóricamente más extendida siempre y cuando tuviese una justificación en la historia de la lengua.

La normativa será discutible, pero está hecha seriamente. Está hecha científicamente de una forma irreprochable. Sin duda alguna. Trabajos como los que hizo el Instituto de la Lengua Galega, como son concretamente con datos lingüísticos de Galicia, da suficiente apoyo moral al Instituto, para dar grandes definiciones en cuanto a la normativa. El trabajo fue grande, serio y científicamente irreprochable.

La solución no fue en absoluto de la zona de Santiago., Esa es una acusación totalmente falsa. Se tomó, y eso está absolutamente documentado en el atlas lingüístico de Galicia, se tomo la solución de la forma más usada, más extendida, y se ponderó territorialmente.

P.: La lengua que usan los locutores en la televisión, ¿es ésta?

Sí, sí. Es léxicamente pobre, es fonéticamente neutra, sin acento. Son las miserias de estos individuos. Aquí hay hombres como Alonso Montero que defienden día tras días desde hace muchísimos años, la creación de un Instituto Lingüístico Gallego de la Comunicación, exclusivamente para que los medios de comunicación tengan una lengua más rica, fonéticamente más correcta, etc., etc.

Toda la comisión cultural, esos correctores lingüísticos, que bastante hacen con corregir las barbaridades que a veces quieren decir los locutores. Te advierto que esto lo ves también en otros idiomas. En la lengua española pasa lo mismo. Yo no sé si la mayor parte de los programas empleará unas mil palabras. Se ve una pobreza increíble en castellano. Y en cuanto aparece una persona que lo hace un poco mejor, que destaca, me refiero en concreto a Fernando Delgado, que hace en TVE española unos tele-diarios de medio día, incluso notable, la calidad de su trabajo está a años luz del resto de la gente.

A mi me parece que esto está sucediendo en todos los idiomas, y además hay un problema de que muchas veces han venido sicarios de la lengua a decirle, a agredirle, porque su gallego es ritual y litúrgico.

La línea baja. La línea por la que hablan el locutor que va a transmitir el partido con el realizador, habla en castellano.

P.: Esa es mi pregunta. A medida que voy entrevistando a la gente me encuentro que la gente que realmente usa sin problema el gallego es la gente como tú, que lo tuvo en su infancia. Yo he entrevistado gente que lo ha aprendido después, como adulto, y no se sienten bien. Lo usan como tú dices, para la foto.

Claro. Forma parte de ... Yo no sé como se le mete, pero se nos lo metieron en la religión, en el sexo, en todas partes. Es que si no te deshaces de tus propios prejuicios sexuales, en la educación que yo recibí, yo voy por la vida capado, voy por la vida impotente, me imagino. Yo doy como motivo los prejuicios. Y hay prejuicios de los que tienes que deshacerte por necesidad de supervivencia. Y así los prejuicios sexuales o religioso-sexuales. Pero los lingüísticos están impresos de la misma manera que esos otros. Lo que ocurre es que no ha sentido la necesidad de deshacerse de ellos.

Es un problema de prejuicios lingüísticos y actitudes negativas hacia nuestro idioma. Por eso yo insisto en la importancia de una campana en ese sentido, que cree una situación de igualdad en cuanto al tratamiento y en cuanto al pensamiento, por decirlo así, del pensamiento libre de la gente con relación a los dos idiomas.

Ahí es cuando (el individuo) está en condiciones de optar, pero mientras estén cargados por prejuicios lingüísticos que años y años de instituciones educativas y religiosas, políticas y familia etcétera, estuvieron marcando y escribiendo en el alma de los chavales, eso no se logra de la noche para la mañana. Por eso no se sienten cómodos, por no creen en la realidad de su propio idioma.

P.: A ti, como escritor, como una persona que también ha trabajado por el idioma durante ya tantos años, te voy a hacer una pregunta un poco provocativa. Hablando hace unos días con un lingüista, un hombre que investiga aquí sobre las cosas de la lengua, que vive de eso, me dice que a él en el fondo, le daba lo mismo si el gallego desaparecía, que era un problema de una realidad social. Si el gallego sobrevive él muy contento, pero si el gallego desaparecía, también satisfecho. ¿Porqué esa importancia del idioma?.

Para mi, el idioma tiene más significados que el puramente lingüístico. Yo creo que todos los idiomas valen lo mismo. Absolutamente para los mismo. Por supuesto que no creo en la superioridad de los idiomas. Yo lo que sí creo es en que ciertos aparentemente símbolos, son más que símbolos. Un poeta gallego escribió una cosa muy bonita que se llamaba "La lengua es nuestro escudo". A mí lo que me preocupa no es el idioma exactamente; es algo más, que yo sé que el idioma es su manifestación más clara, y es este pueblo como pueblo. Este pueblo lo primero que tiene que hacer es aceptarse como es, llamarse como es y gustarse. Y desde luego no lo podrá hacer con otro idioma, si fuese posible no me importaría, lo que importaría es como pueblo. Lo que sé es que es imposible porque una de las cosas que lo hace pueblo es su idioma. Para mí el idioma es el termómetro en el cual yo mido la capacidad que tiene este pueblo de asumir su labor de pueblo y creo que puedo usar más que un termómetro pero es suficiente. **. No creo que pueda existir este pueblo sin su idioma.

P.: ¿Qué lengua le hablas tú a tu hijo?

Gallego. Le hablo exclusivamente en gallego.

P.: Y tu mujer también.

También, también. Mi mujer era un caso como mi hermana: había sido educada para hablar exclusivamente en castellano. Cuando ella va a ver a sus padres les habla exclusivamente en castellano. Cuando nos casamos yo empecé a hablar con sus padres en gallego, que es su auténtico idioma, y ellos comenzaron a hablar conmigo en gallego. Y eso cambia completamente la situación. Yo con mi mujer venía hablando de siempre en gallego y mi mujer comienza a hablar en gallego con normalidad con sus padres. Es decir, se convierte inmediatamente en situación normal.

Entonces en el momento de nacer nuestro hijo, y empezarle a hablar, nos lo planteamos. Yo lo tenia muy claro. Mi mujer es la que comenzó a tener dudas en la cabeza. Entonces vamos a un programa que consiste en que yo sí hablaré en gallego, única y exclusivamente en gallego, y su madre la hablará en castellano en la medida en la cual veamos que el ambiento no es suficiente para que él aprenda los dos. Si el ambiente escolar, social, etcétera, es suficiente entonces hablaremos los dos en gallego. Y eso es lo que hacemos. El ambiente es suficiente y mi hijo aprende los dos idiomas. Y durante toda su infancia habla con nosotros en casa en gallego y fuera, con los amigos, en castellano. Y ahora en su juventud, ya cumple 20 años este mes que empieza ahora, es monolingüe en gallego, y tiene un buen conocimiento del castellano.

P.: Pero en principio ambos han considerado que es importante que él aprenda las dos lenguas bien.

Sí, sí. Claro, claro. Lo que lamentamos es que no aprendiese tres. No somos una familia burguesa que pudiera darle una institutriz francesa que le enseñase el francés, que es un idioma que yo amo especialmente por ser un idioma de cultura y que está en retroceso. Yo tengo un gran amor por los débiles. Para nosotros hubiera sido lo ideal. Así que nos parece magnífico que aprenda dos idiomas porque la situación actual del país es esa. Se necesitan los dos idiomas, digo más, yo sé claramente que este país tiene más posibilidades siendo monolingüe en castellano que siendo monolingüe en gallego. Y yo lo que no puedo es criar un hijo de invernadero que desconozca el castellano.

P.: Eso lo había ya pensado de que claro, también debe haber una razón detrás de que muchos padres exijan que sus hijos aprendan el castellano. De que están pensando "mi hijo también tiene que pensar en sus posibilidades".

Es que ahí debemos distinguir una cosa. Debemos distinguir el deseo que el padre pueda tener de que aprenda las dos lenguas, diferente al deseo de que abandone su propia lengua y aprenda exclusivamente el castellano. Es decir, que el hecho de que aprenda las dos lenguas es profundamente positivo. El resultado de ese aprendizaje desde luego es un resultado muy distinto del que aparentemente, y solo aparentemente, las autoridades educativas pretenden defender en el llamado bilingüismo autonómico. No existen sociedades bilingües. Podrán existir individuos bilingües, de hecho existen individuos bilingües coordinados, no tienen que andar haciendo transmisiones de código o algo por el estilo. Pero es una cuestión de individuos. Las sociedades nunca son bilingües. Cuando en una sociedad hay dos lenguas se crea un conflicto inevitablemente y una lengua está por encima de la otra.

Pero yo en el caso del padre, no en mi caso de maestro, como educador, — en el caso del padre estoy educando un individuo y el individuo puede ser bilingüe.

Isaac Díaz Pardo (IDP)

P.: Quería que me hablase un poco de su infancia. ¿En su casa se hablaba castellano o gallego?

Se hablaba castellano y gallego. Porque mi padre tenía un taller de estenografía y la gente del pueblo, la gente que trabajaba allí hablaba con él en gallego, y él hablaba con todos los amigos. Verdaderamente tuvimos una educación bilingüe.

P.: Pero era normal eso de tener una educación bilingüe, porque su padre era un hombre de clase media. Y era normal que se hablase gallego o era por ..

Sí, también sí, porque mi padre fue fundador de las «Irmandades da Fala», era del Partido Galleguista, y miembro del Seminario de Estudios Gallegos, en fin, que era un galleguista y siempre fue galleguista: escribía en gallego, ...

P.: Pero ¿él le hablaba en gallego a usted o le hablaba en castellano?

Unas veces en gallego y otras veces en castellano.

P.: Y su madre también.

Mi madre en castellano. Sólo nos hablaba en castellano. Mi madre, claro, era de La Coruña, mi padre era de Ferrol, y mi madre tenía menos relación con el galleguismo, ¿comprende?. Aunque ella figura como fundadora de las «Irmandades da Fala», verdaderamente, era por mi padre.

P.: ¿Por qué cree usted que su padre tenía esas convicciones? ¿Cómo llegó él a esas convicciones de galleguismo, de defender la lengua, ...?

Es un proceso que empieza en Galicia a mediados del siglo pasado. Cuando España cae en un sistema puramente francés. Entonces se ve que el centralismo quiere sacarle su identidad a Galicia y a Cataluña y divide el país en provincias, de forma que el concepto Galicia desaparecía y lo que había era La Coruña, Lugo, Orense y Pontevedra; y Barcelona, Tarragona, Lérida y Gerona. Es decir, que había un sistema francés, nos imponían un sistema francés. Es en ese momento en que empieza a haber una reacción tanto en Cataluña, como en Galicia, como en El País Vasco. Luchando contra esto empiezan a nacer los movimientos regionalistas primero, que se llaman regionalistas y luego después los movimientos incluso separatistas. Como una reacción. Entonces la intelectualidad gallega, lo mismo que la catalana, empieza a reivindicar su identidad, a darse cuenta de .. en fin.

Esto va naciendo, naturalmente nace primero con la gente que ve más allá de las cosas, como los poetas. Los poetas veían bien las cosas: Rosalía de

Castro, Curros Henríquez, Pondal. Están viendo la necesidad de hacer una cosa auténtica y entonces esto despierta en los intelectuales, despierta la necesidad de reivindicar la personalidad histórica de Galicia. Que la mantenía el pueblo, porque el pueblo gallego mantuvo su identidad a través de 500 años por tradición oral. De esto hay que darse cuenta: que el pueblo a partir de los Reyes Católicos, que aunque no hay ningún documento de prohibición expresa del gallego, sí todos los escribanos, todos los notarios tenían que pasar por Toledo para ... Y a partir de los Reyes Católicos,—de los que se llaman Reyes Católicos, que eran una colección de bandidos, se habían apoderado con un arreglo del Papa y del Arzobispo de Toledo, se habían apoderado de los bienes del país—, pues ya no se vuelve a escribir documentos en gallego, se escriben en castellano.

Como al mismo tiempo la aristocracia gallega fue enviada fuera de Galicia y fue perseguida y el pueblo quedó desasistido, la cultura gallega la que va el idioma fundamentalmente como el medio de comunicación principal y por tradición oral se refugia en los rueiros, en las aldeas y allí mantiene una economía autárquica pero ** sustenta su cultura a través de 500 años.

Así que si 500 años no fueron capaces, con todos los poderes centralistas, de eliminar la lengua, va a ser difícil que la eliminen. Han pasado muchas cosas, porque la lengua de Galicia es la que crea Portugal, claro. Ellos dirían que nosotros. Pero, verdaderamente es Galicia que hace Portugal, conquista Portugal pero como los Reinos se hacían en los lechos matrimoniales, también en los lechos se deshacían. Y allí el conflicto a mediados del siglo XII, en que el Conde de Portugal se ve obligado a echar a su madre fuera porque era más puta que las gallinas [je]. Entonces eso da lugar a una tensión y hay una separación y luego por intereses Papales y los intereses de Castilla conceden la libertad, la independencia a Portugal.

Pero, es Galicia la que crea el idioma en Portugal, Galicia es la que crea todo, la cultura, la que repuebla Portugal. ** son intereses que vienen de fuera, de Francia, porque los reyes ** Enrique Primero de Borgoña, los Borgoña, son del norte de Francia y vienen mucho aquí y están relacionados con el Papa y están emparentados con el Papa. Estos son intereses económicos que vienen aquí y ven algo que les interesa y se apoderan de ello.

P.: Esta idea galleguista y de defensa de la cultura popular y de la lengua, a usted ya le viene por el lado paterno, su padre ya era activo, y usted ya hablaba las dos lenguas cuando niño. ¿Qué pasa cuando va a la escuela? La escuela en Santiago, en aquel tiempo en los años 26, 27, era en castellano?

Sí, era en castellano. Lo que pasa es que nosotros teníamos un profesor que era José Texeira que también era galleguista y de vez en cuando también nos hablaba en gallego. Pero poco, porque entonces, claro, prácticamente estaba prohibido. No es que estuviera prohibido durante La República pero era un hecho insólito, como era insólito, por ejemplo, que los sindicatos fueran galleguistas. Sin embargo, hoy los sindicatos principales todos tienen la lengua gallega.

Porque había una vergüenza de que nos mantenían, hacer creer que el gallego era una lengua de brutos, de gente poco educada. Entonces el pueblo no quería. Hoy más bien sucede lo contrario. En los medios cultos es donde se está desarrollando más el gallego. Y en los medios más rurales es donde prende el castellano. Aprendiendo el castellano por razones muy poderosas: y es porque los recursos de los países son los que determinaron las lenguas. En América, por ejemplo, los que se apoderaron de los recursos en los pueblos americanos fueron los que implantaron las lenguas: el castellano, el francés, el inglés.

Y hoy modernamente tenemos el caso, por ejemplo de Filipinas donde se hablaba castellano mientras pertenecía a España y hoy se habla inglés porque los que detentaron el poder de los recursos fueron de lengua inglesa

Aquí este país está colonizado verdaderamente por ingleses, por americanos sobretodo, por franceses, por castellanos, es decir toda una amalgama que tenemos en Galicia. Y lo poderes que tenemos aquí, lo poderes legales, no entienden bien el problema ni les conviene porque están más al negocio.

P.: *El Partido Galleguista era contrario a la Iglesia o usted tuvo ...*

No. El Partido Galleguista no era contrario a la Iglesia, no era. Verdaderamente agnóstico, no era. Lo que pasa es que dentro del Partido Galleguista había tendencias de derecha y tendencias de izquierda. Y había alguien de derecha, dentro del Partido Galleguista que se salvaron. Pero, por ejemplo Castelao era muy católico, era muy religioso, sin embargo, no se puede decir que fuera de derechas, había una división clara.

P.: *Y usted iba a la iglesia cuando niño, cuando joven, ...*

Si habré ido una vez o algo así.

P.: *Pero no le influyó la iglesia, la religión ...*

No. Realmente nada. Cuando niño muy pequeño me hicieron hacer la Primera Comunión, pero se puede decir que en mi casa la iglesia no había entrado.

P.: *Yo recuerdo un pasaje donde usted le grita a Castelao y a su padre que están en el escenario. ¿Cómo habia llegado usted a esas convicciones ...?*

Sí, claro, en ese momento aún no tenía 16 años y la juventud estaba muy politizada, ¿comprende?. Ángel Casal, en ese momento que yo cuento eso, era alcalde de Santiago por el Partido Galleguista. Castelao lo era todo en el Partido Galleguista y mi padre y él, pues, hicieron los carteles de la autonomía, porque era cuando se estaba haciendo los carteles de la autonomía en junio del 36. Entonces nosotros, que pertenecemos a las juventudes unificadas, que eran los socialistas y los comunistas, que estaban unificados, pues repartíamos pasquines, es decir.....diciendo barbaridades, pero teníamos que llevarlos al ayuntamiento para que les pusieran un sello autorizándonos para repartir aquellos pasquines y también repartíamos pasquines sin pasarlos por el ayuntamiento, ¡ésta era la cosa! ¿no?[je]. Entonces Ángel Casal, en la reunión esa me llamó la atención, me dijo: "Oye, ¿por qué me estás llevando los pasquines sin sellos?", "que llevas pasquines sin sello, que eso está prohibido y tal y cual". Entonces fue que les dije: "es que vosotros sois unos reaccionarios". Luego, después me dieron una lección a mí .

P.: Todas estas personas —Castelao, su padre, ...— le influyeron en la idea esta. Ya tenía clara la idea de la cosa de la lengua, de la identidad de Galicia, o ¿cómo fue?

La fui teniendo más con la lección que me dieron. Porque a Ángel Casal lo asesinaron, a mi padre lo asesinaron y a Castelao lo hubiesen asesinado lo mismo, lo que pasa es que Castelao murió en el exilio. Pero dio una lección y esta lección verdaderamente nos sirvió para mucho, nos sirvió para mucho. Es decir que andando el tiempo, verdaderamente fuimos viendo la razón que ellos tenían.

P.: Pero fue leyendo usted más cosas que le influyeron ...

Sí, se fueron leyendo y se fueron viendo las cosas. Luego después vienen cosas muy importantes, porque, por ejemplo, Castelao escribió un libro que es fundamentalísimo para Galicia: *Sempre Galiza*. Y este es el único libro doctrinario que tenemos en Galicia: doctrina política, social, histórica, económica. Es el único libro que hay. Y ese libro nos enseñó a todos, verdaderamente nos enseñó a todos a conocer nuestra historia, a conocer nuestras razones.

P.: ¿Ese libro lo escribió Castelao en el exilio?

Lo escribió en varias épocas. En el bienio negro del año 34 él había sido desplazado, él y Bóveda, que era otro de los que fusilaron, había sido desplazado, lo habían desterrado para Badajoz y allí empieza a escribir parte del libro allí. El libro está hecho en varias etapas de su vida. Se lo publica cuando se ve en la necesidad de crear una especie de gobierno en el exilio, que los catalanes y los vascos le dicen: "los gallegos tenéis que asociaros", y con la gente que fue elegida en el año 36 y que tenían todavía en el poder de fideicomiso por los gallegos. Con esos diputados formaron un Consejo de Galicia. Es en ese momento cuando publica el libro. Publica el libro para darle un contenido al movimiento que se hacía.

P.: Y ¿cuándo lo leyó usted por primera vez?

Yo lo leí enseguida porque enseguida tuve un ejemplar en mis manos. El libro se publica en el 44 y en el 45 ya yo había tenido un ejemplar. Porque vino clandestinamente, ¿no?

P.: Es decir, usted siguió con todo este tipo de actividades del 45 en adelante, con la cosa gallega ..

Seguí en la medida en que se pudo seguir. No se podía hacer todo lo que se quería. Pero se podía ir a Londres, y se podía poner uno en contacto con las gentes que había allí. Con el Instituto Español en Londres formado por los exiliados; podía ir a París con los exiliados que estaban allí, con el movimiento que había allí y luego después el 49 mi viaje fue para América y ya tuve el contacto en todas partes. Ya antes de eso ya tenía contacto con una revista que estaba publicando *** ***.

P.: ¿Con qué tipo de cosas colaboraba usted?

Con una revista que se publicaba en castellano pero con temas gallegos. Sobretodo temas de economía. Naturalmente con seudónimos, porque no podía hacerse otra cosa. También con temas históricos, entonces yo podía firmar con mi propio nombre cuando era así. Pero cuando eran temas económicos y criticaban al régimen, había que emplear un seudónimo.

P.: Usted también tuvo contacto con Otero Pedrayo?

Sí, mucho.

P.: Que fue a dar unas charlas mientras usted ...

Sí, a América. Lo llevamos allí. Fuimos los que lo llevamos allí. Una de las veces, porque él ya había estado anteriormente antes de estar yo. Pero después cuando estuve yo allí, pues estuve haciendo mucha relación con el Centro Gallego y tal, llevamos a Otero Pedrayo, llevamos a ** Andrade, llevamos a mucha gente.

P.: Dígame, cuando terminó el régimen de Franco en el 75, ¿qué expectativas tenía usted para Galicia? Pensó que iba a haber una situación igual que la del 36, de La Segunda República o algo parecido?

Cuando murió Franco en el 75 no sabíamos todavía lo que iba a pasar, claro. El Franquismo duró y siguió durando hasta que empezaron a cambiar desde el 75 hasta el 77, pasaron dos años que se puede decir que el Franquismo continuó. Pero cuando entra ya Adolfo Suárez, empieza ya a verse la necesidad de cambio; ya empieza a legalizarse el Partido comunista, y ya se ve que han cambiando las cosas. En ese momento se piensa que hay que recuperar las autonomías. Adolfo Suárez, hace una cosa: —Adolfo Suárez es más importante de lo que la gente normalmente se cree, porque además porque él procedía del movimiento franquista, hombre joven, nació allí, tenía conocimiento de lo que había sido La República, y luego de los movimientos que estaban presionando en el mundo—, Él quiere darle una tradición al Estado de autonomías y entonces trae a Taradelas que era el presidente de la Generalidad en el exilio y Taradelas viene enseguida. De los vascos trae a ** que es el que estaba de presidente de gobierno en el exilio, y no viene.

En cuanto a Galicia: Castelao había muerto, los integrantes del partido galleguista, menos uno que estaba mentalmente enfermo, habían muerto todos. Entonces le pregunto a Jaime ** de Piniles qué podemos hacer para tener a alguien que tenga interés en la región y Jaime de Piniles, que era representante de España en las Naciones Unidas, le dijo que tenía en fideicomiso la representación de la Autonomía de Galicia era el Presidente del Comité de Economía que era Viviano Fernández ***: Este, era un científico miembro del Seminario de Estudios Gallegos, había sido durante la guerra el comisario político del ejército, luchó hasta el último momento con una gran valentía, funcionario de la Naciones Unidas en el exilio, Y era un hombre tan extraordinario que fue él el que Naciones Unidas mandó a pacificar el Congo, a pacificar Chipre, a pacificar ... no me acuerdo qué en Asía oriental y murió siendo director del Instituto del Tercer Mundo.

El se escribía aquí con cuatro personas, con Adrade, con Domingo Pío Barrios, que eran gentes científicas relacionadas ambas con la pesca, porque él fue también en presidente de la FAO, que es el organismo de la alimentación, y él estuvo mucho en Chile, y estuvo dando conferencias sobre la pesca en una Universidad allá. Galicia tenía una gran importancia en la pesca y allí hizo investigaciones sobre la pesca.

A Domingo Quiroga lo llevó a Perú. Bueno, y conmigo, éramos las cuatro personas con quien se estaba comunicando y tratamos de hacer todo lo posible para traerlo a él, pero no hubo forma de que nos apoyara en eso, pues, como había combatido en la Guerra Civil por las libertades, aquí no entraba eso. Este es el gran drama de aquí, que los pocos galleguistas que quedaron aquí tenían sentimientos en contra, porque había luchado una Guerra Civil, entonces fueron inventando cosas: que eran rojos todos, eran comunistas, que comían lomillo crudo, ... Y esto es la desgracia nuestra, una forma de autonomía gobernada por los enemigos de la autonomía.

P.: Cuando usted dice, los enemigos de la autonomía, ¿quién era? La gente de derechas ...

Gente de derechas eran los enemigos de la autonomía. En el año 36 los que se alzan, se alzan porque están viendo que Cataluña tiene autonomía, que el País Vasco la va a tener y que Galicia la va a tener, y en ese momento ¡pum! Cambian las cosas. España no se divide más.

P.: Si mal no recuerdo usted escribe que curiosamente no se tomaba en el estatuto que la autonomía de 1980 no tomó en cuenta ni el pensamiento de Castelao ni el estatuto autonómico del 36. ¿Qué quiere decir con eso?

El Estatuto de Autonomía de Galicia está ...

La República nace en el año 31. En el año 32 el Ayuntamiento de Santiago convoca una asamblea de municipios para redactar un proyecto de Estatutos de Autonomía de Galicia, porque los catalanes se implantaron ellos por las buenas en este momento de La República. Ellos implantaron la Autonomía la quiera o no la quiera Madrid.

Y una institución como "Conciencia Gallega" y la más moderna que había en España, multi-disciplinario, que era el Seminario de Estudios Gallegos en el año 31 había redactado un anteproyecto de Estatutos de Autonomía de Galicia, que fue el primer anteproyecto de autonomía de cualquier país que se hizo en Europa.

En base a ese anteproyecto, en el año 32 la asamblea de municipios hizo un estatuto. Ese estatuto no siguió exactamente lo que quería el Seminario de Estudios Gallegos, porque: primero no formaba una Xunta, no formaba como gobierno una Xunta sino un Consello, un Consello de Galicia, porque la Xunta no seguía la tradición recuperadora de la personalidad histórica de Galicia, puesto que las Xuntas Superiores del reino que se habían instalado en el siglo XVI no representaban al pueblo, eran precisamente organismos hechos por La Corte, por Madrid, para succionar a los pueblos y la única función que tenían era la de cobrar impuestos y recabar hombres para las guerras. Estaba presidida por un gobernador militar que era el presidente de la Xunta esa, nombrado por Madrid. Luego tenían los representantes que eran unos señores privilegiados de cada una de las ciudades.

Como no había una tradición, no como en Cataluña, —que tenia una tradición, un gobierno —la Generalitat— y esto había estado siempre unido con León como un reino común, entonces no había más remedio que llamarle Consello de Galicia.

Luego viene esta Xunta y la llaman Xunta.

P.: ¿Cómo evalúa usted todo lo que ha pasado desde el 80 hasta ahora en cuanto a la autonomía?

A pesar del franquismo por razones del progreso de las ciencias y de la técnica, indudablemente, en toda Europa las cosas económicas han progresado y al progresar en Europa, pues han progresado en España y en Portugal. Pero no por virtud del franquismo, sino porque se han inventado las cosas, se construyeron otras, se multiplicó la producción de carne, y claro, eso mejora las cosas. Después del 77 la descentralización indudablemente mejora las cosas. Tal es así que las derechas que lucharon contra la autonomía ...hoy la autonomía es una cosa asegurada. Con la descentralización quedó demostrado que beneficiaba económicamente al país. Hoy, los que antes eran anti-autonomistas hoy son autonomistas de una autonomía a base de folklorismo, a base de gaitas, a base de comilonas y tal: folklorismo barato. Aquí dan medallas de Castelao y ni entienden absolutamente nada de Castelao y tratan de ocultar todas las cosas.

P.: ¿Usted está satisfecho con este marco político-jurídico o quiere ir más allá en cuanto al autogobierno de Galicia?

Yo no soy separatista, ni Castelao lo era tampoco. Pero por razones históricas de cómo han venido las cosas, indudablemente al país hay que acelerarlo y acercarlo lo más posible a Portugal, porque el gallego tiene el problema de que o se acerca a Portugal o de lo contrario muere en el castellano. El ámbito de comunicación es muy pequeño. En cambio el portugués tiene un ámbito de 150 millones de habitantes que hablan portugués en el mundo. En cambio Galicia pues tienen muy poca gente, muy poca.

Sin beaterías. No nos vamos a incorporar a Portugal pero sí acercarnos. Como quería Castelao. Castelao en eso era clarísimo. En lo que podamos adaptarnos a Portugal vamos a acercarnos a él porque verdaderamente nuestro porvenir está en acercarnos a lo que nosotros habíamos creado.

P.: Pero usted también, si mal no recuerdo, critica un poco a lo que se llama la tendencia lusista. Porque el idioma del pueblo no es el portugués. El gallego del pueblo es diferente del portugués.

No, razones estructurales no hay ninguna (diferencia). Lo que pasa es que muchos normativizadores profesores llaman, a lo mejor, lusismo a cosas que no son lusismos: Son palabras gallegas que quedaron vivas en Portugal, entonces no son lusismos. Lusismos son las palabras, los modismos que se crearon en Portugal. Está confusa la cosa. Porque si se hubieran hecho bien las cosas, si se hubiese respetado lo que se estaba haciendo antes de la guerra: Primero darle una tradición a lo que se estaba haciendo y entonces, a partir de ahí, modificarlo.

Pero como por aquí pasaron 40 años y el franquismo se instaló aquí, las gentes que quisieron conseguir puestos e inventaron nuevas normas, dicen que inventaron las normas. Unos dicen que inventaron la autonomía, otros que inventaron las normas. Ese es otro de los males que tiene Galicia ahora.

P.: Pero usted no está satisfecho con la norma oficial que ...

No, no, no estoy satisfecho porque esa normativa fue inventada. Inventada además dirigida por un asturiano a quién le importaba tres cominos, lo que le importaba era mantener su puesto y nada más: un puesto de profesor.

P.: Siempre para estandarizar una lengua, hay que sacrificar variedades dialectales ...

Claro, pero entonces se pueden hacer muchas cosas: Primero, los pre-ocupados por esto pueden reunirse en asamblea y determinar qué es lo que conviene hacer. Aparte de que también otro de los factores determinantes es la tradición: hay que considerar lo que estaban haciendo los hombres de finales de siglo; hay que considerar lo que los técnicos desean hacer, sin estar en contra de los lusistas.

Deberíamos reunirnos todos y ver lo que se puede hacer. Y luego pues, ver de hacer una lengua y construir una normativa lo más abierta posible para llevarla a la escuela, porque a la escuela hay que llevar unas normas, pero en lo demás hay libertad.

Porque tiene que haber libertad. Estos hasta normalizaron a Castelao, ¡Hasta Castelao normativizaron esto animales! Es que esto es una cosa ...

Tardaron 300 años en normativizar El Quijote. Y estos animales normativizaron a Castelao y al otro y al otro, en cinco días! Son unos oportunistas. Es decir, el Instituto de la Lengua está hecho por unos señores oportunistas y que les importa tres cominos Galicia. Lo único que les importa es mantenerse ellos.

P.: Hay una cosa que me gustaría que me explicase, a veces para mí es difícil comprenderla, ¿Qué importancia tiene el mantenimiento de la lengua para la identidad de Galicia?

Tiene mucha importancia porque el pueblo gallego de cualquier manera habla en gallego. Aunque hable en castellano la estructura del idioma es gallego. Y el castellano tiene mucho de gallego, muchas palabras que nacieron en Galicia que se usan en castellano. Latín vulgar, pues se va trasformando primero una lengua. Primero se dijo "Fazer" y luego se dijo "hacer" y no fue al revés. Y se dijo "Fernández" y luego vino "Hernández" y no fue al revés. Entonces ...

La importancia de la lengua viene de lo siguiente: este pueblo el hecho de no haberle enseñado, de haberlo aislado de entre la lengua que se escribe y la lengua que el pueblo habla, ha mantenido el gallego por tradición oral a través de 500 años sin escribirlo. Esto quiere decir que cuando, por ejemplo, un emigrante escribía a su madre o a su novia o a su mujer, le escribía en castellano que fue la lengua que le enseñaron en la escuela.

Pero en cambio, es cuando hablaba con ellos que hablaba en gallego. Entonces este hombre, que habla con su madre, con su novia, o con su mujer en gallego, y que piensa en gallego, naturalmente, no puede leer libros en castellano porque tiene que estarse traduciendo y esto le crea un aislamiento de los sistemas de comunicación cultos. Esta es la cosa. Entonces si no se recupera a través de eso este pueblo sigue la mitad siendo un pueblo culto y la mitad sigue siendo un pueblo en cultura popular.

P.: Pero a usted le parece que, en el asunto de la lengua hay diversas posibilidades, le parece a usted que el gallego se ve normalizar en el sentido de adquirir nuevamente un prestigio, se ve a normalizar totalmente, en la escuela, en la administración ..

Sí, creo que debe hacerse, sí. Debe hacerse pero con una cierta libertad. Una cierta libertad porque el idioma hay que recuperarlo lo que pasa es que si siguen estos animales, estos negociantes, estos corruptos si siguen vendiendo el país al extranjero... ¿Usted no escuchó lo de la leche?

Hasta nos están vendiendo nuestra ...[[ja, ja] Galicia produce el 52% de toda la leche que consume el estado español, con el 5% de territorio, pues ahora resulta que nos están vendiendo leche francesa porque ... absurdo! ¡Todo esto es absurdo! ¿Qué quiere decir? Que hay un negociado por allí detrás de todo esto. Hay un negociado y alguien gana en este negociado.

P.: Pero, ¿hay un interés real por parte oficial, de normalizar el gallego? Porque se habla un poco de que el gallego se usa litúrgicamente pero no hay un interés de corazón, de sentimiento.

No, ellos, que fueron los que prohibieron en otro tiempo el gallego, llegaron a la convicción que hablen en gallego o en sánscrito, pero que los negocios nos los **. Esto es la hipocresía que hay. Entonces ellos los que están en el poder hoy en Galicia dicen que si Galicia tal y cual, que hay que recuperar el gallego y tal, pero lo que están diciendo es que sí, hablen en gallego pero la economía déjennosla a nosotros, a los que gobernamos el país, y el poder económico y el poder .. eso es lo que llegaron...

No hay una sinceridad. El recuperamiento de Galicia tiene que venir en todos los sentidos, en el sentido económico, en el sentido social, en todos los sentidos. Si no, es un fraude.

P.: Usted también dice que si Castelao estuviese aquí ahora también hablaría del caciquismo, ahora hay caciquismo con informática, con ordenadores, pero a mí me gustaría entender mejor eso del caciquismo.

El caciquismo es una palabra que viene de América. El cacique es el que tiene un poco más de cultura: el notario, el cura, el farmacéutico, el médico, o el señor que tiene las propiedades. Estos gobiernan la incultura del pueblo. El pueblo no entiende de política, no lee el periódico, no puede leer esto, no puede leer lo otro, no entiende. Entonces el pueblo se deja conducir por el señor que le resuelve una cosita allí en Madrid, que le resuelve una cosa en La Coruña, o en Santiago. Ese que tiene las posibilidades ejerce un caciquismo. Y el cacique no le da verdaderamente la responsabilidad de su independencia al pueblo.

P.: Y ¿esto se da todavía en la cosa económica, en la cosa de la lengua, en ..?

Sí, en todo. Más tecnificado pero sigue siendo un caciquismo, sigue siendo lo mismo. Es decir, los alcaldes de las ciudades, en general, y de las aldeas sobretodo, ejercen una función caciquil. Es decir: El alcalde tiene un conocimiento un poco mayor que el pueblo y entonces, con ese conocimiento ejerce el caciquismo en el pueblo y el pueblo no sabe qué hacer y entonces lo sigue. Siempre más complicado.

P.: Lo que usted dice se podría aplicar a muchos países. Siempre hay una elite que sabe más que el pueblo, pero aquí: ¿no hay algo también de aprovechamiento del poder político para enriquecerse ? [fin del lado A]

Nuestro porvenir está en recuperar nuestra historia y está en nuestra historia, y esto posiblemente no sucede en muchos pueblos o casi en ninguno, pero en Galicia sí. En Galicia es importantísima la historia nuestra porque la recortaron. Nos recortaron en el siglo XII. Verdaderamente, empiezan una serie de atrancos. En la formación de la cultura tiene una importancia grande El Camino de Santiago que posiblemente todavía está sin estudiar. Todavía puede ser que el cristianismo no estuviera muy implantado en Galicia, y por eso el priscilianismo parece ser que prendió aquí, enlazado con corrientes anteriores, naturalistas, que aparecieron. Pero todo esto no está muy bien estudiado, lo que sí está claro es que cuando intereses del imperio Carolingio, posiblemente, para evitar el avance de los musulmanes hacia Europa... entonces se inventa la tumba del Apóstol Santiago, y crean una línea tal ... Siempre estas cosas tienen una parte de estrategia y una parte de espontaneidad. Entonces aparece eso del cuerpo del apóstol y, cualquiera sabe que ni el Vaticano certifica que sea el apóstol que está allí. Es una acrópolis romana donde había ya un centro de comunicación de ciertos caminos de Galicia y allí entonces, en base a literatura y eso, comienzan a crear allí un mito, empiezan a crearse las peregrinaciones, empiezan a ... pero indudablemente cuando esto está floreciendo en el siglo XII aquí, en Galicia, había ya una organización social y económica porque el románico está extendido por toda Galicia. Hay cientos de iglesias románicas y donde había un iglesia románica allí había una aldea indudablemente. Es decir, que Galicia ya tenía una personalidad pero eso sirvió indudablemente la cultura románica, la cultura que le viene de Francia, sirvió para fecundar y ese momento es el momento en que el latín empieza a desprenderse en la lengua coloquial y se forma el gallego.

Pero el primer atranco es en el siglo XII por esas cuestiones de alcoba de los reyes. Se forma, en forma general, el atranco ese y entonces Galicia que en ese momento llegaba más allá de Coimbra, —en ese momento, el condado de Portugal que era más grande que el condado de Galicia— se separa y luego por intereses de los reyes de Castilla y por intereses del Papa, que además era familiar, lo declaran Rey y ya están separados los reinos. Esto es una trampa.

Luego la burguesía gallega se ocupó mucho de pelearse unos con los otros y eso dio lugar a que en Castilla los Reyes Católicos intervinieran militarmente en Galicia. Y al intervenir militarmente en Galicia y prácticamente prohibir el gallego, crearon un atranco más en el desarrollo de Galicia. .. un problema ahí. Como además los Reyes católicos llegan a ser reyes porque el Arzobispo Carrillo, que fue el que declaró a Juana de Castilla, Juana de Portugal, Reina, fue el que la bautizó como la heredera del trono, fue él mismo cuando los intereses le presionaron, el que dice que no es una hija natural, certificó que no era hija natural por Doña Isabel. Pero en aquella época, ¡cómo iba a saber él si era o no hija natural! Isabel se casa, se une con otros reyes, el Papa está por allí ... y entonces crean ese imperio, crean esa fuerza de Castilla-León. De Castilla-León y el reino de Aragón, y entonces dominan e intervienen en Galicia, prohiben el gallego y otro tranco mayor.

Como si fuera poco esto, luego después en el siglo XVII Felipe II atribuyéndose una herencia ...como puede ser, por ejemplo, que ahora le tocara heredar el trono de Grecia a la reina que tenemos aquí y entonces invadiéramos Grecia!! Pues Felipe II en función de una herencia que-tal-y-cual se otorga derechos de intervenir en Portugal y conquista Portugal. Esto da lugar a que los portugueses se ** el comercio de Indias y es que tenían un gran posibilidad acá porque Castilla, en cambio, no tenía una gran facilidad para el mar, porque es entre Galicia y Portugal en donde se crea verdaderamente América. Porque sin los conocimientos de las Naos y de los otros barcos que se hacían allí, no había posibilidad de llegar a América. Y Además fue en Galicia y en Portugal que se ensayaron todas la culebrinas, que sin haber culebrinas tampoco se conquistaba América y que hacía falta naos y carabelas para conquistar América y, es decir, barcos que fueran capaces de atravesar el Atlántico y al mismo tiempo hacía falta un arma de fuego pequeña que se transportara en el barco para poder dar un culebrín y así asustar a la gente. Si no, ni forma de conquistar América, no habría posibilidad. Todo eso se hace precisamente en la costa. Hay que darse cuenta que las universidades empiezan en Coimbra, empiezan en esta zona de aquí, empiezan en la zona de Portugal-Galicia. Es decir que el desarrollo era mayor que en el resto de España donde las Universidades vinieron posteriormente. Pero claro, los portugueses en cuanto pueden aprovechan la circunstancia y se liberan de la tutela castellana y cierran sus fronteras. Como Galicia está dentro de España cierran también la frontera con Galicia y allí es donde hay el gran atranco porque los portugueses tienen hoy tienen un gran resentimiento contra Castilla. Quieren tener cerrada la frontera porque como lo conquistaron ya una vez, no quieren que se les metan allí.

P.: *Usted siente una cercanía afectiva-cultural lingüística con Portugal, y ¿qué siente por el resto de los pueblos de España?*

Sí, bueno también se siente uno ... con Cataluña nos sentimos muy unidos, con el País Vasco y con el resto del país también. No hay verdaderamente, no hay ningún resentimiento contra ellos y hoy tampoco ellos lo tienen contra nosotros. El inconveniente está en los que detentan el poder aquí. La gente de aquí.

P.: *Pero esa ¿no es una tradición que viene de lejos? Es difícil erradicar el caciquismo.*

Sí pero eso habrá que superarlo. Castelao luchó contra el caciquismo, de una manera renovada. Fue una lucha titánica contra el caciquismo que estaba y que impedía el desarrollo y el conocimiento de Galicia. ¡Quién sabe si en algún momento eso se puede recuperar!, ¡nunca se sabe!

P.: *Pero la cultura gallega, la identidad gallega, ¿no ha sido preservada en las aldeas, en el campo, en la gran ciudad? Porque si yo voy a La Coruña me parece igual que muchas otras ciudades de cualquier lado, por decirlo así. Sí claro, hay algo típico que yo diría español o latino —frente a lo nórdico— La Coruña es muy diferente a una ciudad danesa, pero es porque hay contraste entre lo nórdico y lo latino. Pero dentro de las ciudades latinas, la Coruña no es algo especial gallego...*

Pero, sin embargo, Santiago no es lo mismo. Y luego pues hay muchas poblaciones: está Montoñedo, está Rivadavia, está Betanzos, que tienen un carácter más gallego, está Orense, ...

P.: Pero, ¿allí está la cultura gallega que hay que renovar?, ..

Hay muchas cosas. Galicia tiene que superar su identidad. Es decir que en ese terreno así de hacer un gallego, aislado de Portugal, completamente aislado de Portugal y acercándolo al castellano va a servir de atranco hasta que muera el gallego. Tardará mucho tiempo en morir pero terminaría muriendo y castellanizándose esto. Pasaría como, por ejemplo, con Andalucía que era árabe pero el castellano se fue metiendo en ella y terminaría ... Sin embargo el gallego, por lo menos hasta ahora, resistió más que Andalucía. Resistió más que el idioma que los árabes habían implantado allí.

P.: Pero usted habló de dar libertad a la gente. ¿En qué pensaba?, ¿el idioma hay que recuperarlo, pero con libertad?

Con libertad para hacer interpretaciones. Primero para hacer el acercamiento necesario a Portugal, porque si por ejemplo, el gallego antiguo aparece las palabras "perto" y "preto" : "perto" es cercano y "preto" es negro.

En Brasil se dice "povo preto" pueblo negro. En Portugal se sigue llamando "perto" a cercano y lo negro se sigue llamando "preto".

Pero por aberración, digamos así, por descomposición de la lengua de "preto" a "perto" no hay mucha diferencia desde el punto de vista fonético, entonces en muchos sitios se le llamó "preto" a cerca, "preto de minha casa". Es una deformación fonético lingüística, en vez de "estou perto da minha casa", estoy cerca de mi casa. Pero por esa descomposición, degeneración y tal, pues se dice "preto de minha casa".

Bueno, lo lógico parece ser que si en Portugal se sigue empleando la palabra "perto" para decir cerca, en Galicia se utilice la palabra. En los estudios que se hacen se ha visto que la mayoría de la gente utilizaba "perto" para decir cerca. Pero los señoritos del Instituto de la lengua han apoyado lo contrario de en Portugal cuando la tradición y desde todo punto de vista etimológico, desde todo punto de vista sería bien, para decir cerca, usar la palabra "perto".

P.: Pero, ¿a usted le parece importante, sobre todo por la identidad, el acercarse a Portugal?

Claro, es que tiene que ser así. Científicamente tiene que ser así por dos razones: Desde el punto de vista etimológico debe emplearse así. Porque desde el punto de vista tradicional debe seguir esa ley, y porque desde el punto de vista político debe emplearse así para acercarnos a **. Yo no digo que ahora empecemos a hablar en portugués, no. No hay tradición aquí para hablar en portugués. Hay palabras que se conservan en Portugal que aquí es muy difícil que la gente las use porque ya la palabra castellana penetró tanto en el idioma. Y la gente no va a aprender nunca la palabra portuguesa si ya está la castellana dentro de su lengua. Es una cosa práctica. Por ejemplo la palabra para "desayuno" en portugués es "pequeno almoço". Pues en cambio eso es lo que la Xunta, como sabe que eso no va a prender, eso es lo que aceptan ellos.

P.: No ha habido aquí en Galicia una discusión de lo que dice usted. Porque no es solamente algo técnico, es también cuestión de política y de tradición, ¿no? ¿Esa discusión no ha existido?

No, porque el Instituto de la Lengua se ha impuesto como el sistema franquista, es decir: "Aquí hacemos trabajo científico, somos lingüistas, —¡se habrán licenciado en Madrid o en Barcelona!— y como somos licenciados hacemos lo que nos da la gana." O sea, sin tradición y sin nada.

Los nuevos tiempos no van a cambiar así, van a seguir evolucionando y si cambiamos mucho las cosas, esas cosas no van a tener permanencia. Y el pasado y el presente y el futuro marcan una línea muy parecida.

P.: Pero los actuales detentores del poder no están interesados en troncar con la tradición del galleguismo porque eran sus ....

Precisamente el gran problema que hay en Galicia es la desmemorización. El franquismo y el post-franquismo trata por todos los medios de ocultar la realidad. Porque es tan brutal lo que hicieron aquí en este país, es tan brutal, tan brutal... Por ejemplo el instituto más moderno que había, multi-disciplinario —que era el Seminario de Estudios Gallegos— lo destrozaron... Y como además mataron a muchos, unos asesinados, ejecutados, otros murieron en el exilio y eso no era política. Estaban simplemente tratando de coordinar la investigación, y formar investigadores. Y ellos querían por todos los medios ocultar eso. Era tan brutal lo que hicieron allí que ellos quedaron como unos delincuentes.

P.: Pero esta es una debilidad más, porque no va a poder recuperación una cultural, social si no se entronca nuevamente con la tradición del galleguismo, con la tradición de toda la reivindicación cultural lingüística anterior. Siempre va a haber una debilidad.

Sí es muy difícil, complicado.

BIBLIOGRAFÍA

ANDERSON BENEDICT, *Imagined Communities. Reflections on the Origins and Spread of Nationalism*, Londres.Nueva York, Verso, 1983 (revisión revisada y aumentada 1991), pp.XI—224.

AAVV, *Lingua inicial e Competencia lingüística en Galicia*, Real Academia Galega, Vigo, 1994, pp. 9-195.

BARREIRO FERNÁNDEZ XOSE RAMON, «Historia Política», en AAVV, *Los Gallegos*, Madrid, Ediciones ISTMO, 1976.

BARREIRO FERNANDEZ XOSE RAMON, *Historia Contemporánea* (ss. XIX— XX). Los Grandes Movimientos Políticos: Galleguismo, Agrarismo y Movimiento Obrero, Vol. 2, Ediciones «Gamma», La Coruña, 1982

BERLIN ISAIAH, *Contra la corriente. Ensayos sobre historia de las ideas*, Primera edición en inglés 1979 (primera edición en español 1983), México. Fondo de Cultura Económica, pp. 7-454.

BLOOM WILLIAM, *Personal Identity, National Identity and International Relations*, Cambridge University Press, 1993.

BOCK PHILIP K., *Introducción a la moderna antropología cultural*, México, Fondo de Cultura Económica, pp.12-584.

BOTTOMORE TOM (editado por), *A Dictionary of Marxist Thought*, Paperback edition, Oxford, 1985.

CASTELAO, *Sempre en Galiza, Obra Completa*, 2, Madrid, Akal Editor, Primeira edición 1944, (Cuarta edición 1994), pp.9-477.

CONDON C. JOHN & YOUSEF FATHI S., *An Introduccion to intercultural communication*, Indianapolis, Bobbs-Merril Educational Publishing, 1984, pp. V-306.

DE BLAS GUERRERO ANDRES & LABORDA MARTIN JUAN JOSE, «La construcción del Estado en España» en Francesc Hernández & Francesc Mercadé, *Estructuras Sociales y Cuestión Nacional en España*, Barcelona, Editorial Ariel, 1986, pp. 461-487.

DE BLAS GUERRERO ANDRES, *Nacionalismos y naciones en Europa*, Madrid, Alianza Editorial, 1994, pp. 7-193.

DIAZ LOPEZ CESAR E., «The Politicization of Galician Cleavages» en *The Politics of Territorial Identity. Studies in European Regionalism*, (editado por) Rokkan Stein & Urwin Derek W, Sage Publications, 1982.

DIAZ LOPEZ CESAR, «Centre-Periphery Structures in Spain: From Historical Conflict To Territorial-Consociational Accomodation», en Mény Yves & Wright Vincent (editado por), *Centre-Periphery Relations in Western Europe*, pp. 236-272.

ELBESHAUSEN HANS, «National identitet og regional selvforståelse», en AAVV, *Interkulturel kommunikation. Spændingsfeltet mellem det globale og det lokale*, Samfundslitteratur, 1993, pp. 271-300.

FISHMAN JOSHUA A., *Language and Nationalism. Two integrative Essays*, Newbury House Publishers, Massachussets, 197, pp.VII-145.

FUSI AIZPURUA JUAN PABLO, «La Organización territorial del Estado» en Fusi Aizpúrua Juan Pablo (dirigido por) *ESPAÑA: Autonomías*, Madrid, Espasa-Calpe, 1989, pp. 13-40.

«GALEGO», en *Gran Enciclopedia Gallega*, Santiago-Gijón, Silverio Cañada editor, 1974, pp. 222-255.

GALTUN J., «Qué es el desarrollo cultural», en Tortosa Blasco José M., *Estructuras y Procesos. Estudios de Sociología de la Cultura*, Colección Estudio, Alicante, Publicaciones de la Caja de ahorros de Alicante y Murcia, pp.11-32.

GASPAR PORRAS SILVIA, *"1923 y la generación Nós: la estética del nacionalismo gallego (del Atlantismo a Berlín)"*. Conferencia organizada por el Laboratoire Littérature et Historie des Pays de Langues Européennes, abril 1993, pp.1-17.

GINER SALVADOR & MORENO LUIS, «Centro y Periferia: La dimensión étnica de la sociedad española», en Giner Salvador (dirigido por), *España Sociedad y Política*, Madrid, Espasa-Calpe, 1990, pp.169-197.

GONZÁLES VIRGILIO, «Población y actividades económicas», en AAVV, *Los Gallegos*, Madrid, Ediciones ISTMO, 1976, pp.17-44..

GREGORIO SALVADOR, *Lengua Española y Lenguas de España*, (3ra. edición), Barcelona, Ariel, 1990.

HEIDT U. ERHARD, «*The Issue of National and Cultural Identities: Some Conceptual Considerations*», Bielefeld, Universität Bielefeld Fakultät für Soziologie, 1985, pp. 1-23.

HERODOTUS, traducción al inglés de A.D. Godley, 4 tomos, 1ra edición. 1920 (reimpresión de 1975), Cambridge, Massachussetts, Harvard University Press.

HOBSBAWN E.J., *Nations and Nationalism since 1780*, Cambridge, Cambridge University Press, 1990 (segunda edición 1992), pp. VII-206.

HOFSTDE GEERT, *Kulturer og Organisationer. Overlevelse i en grænse overskridende verden*, Schultz Erhvers Bøger, Copenhaguen, 1991, pp.9-282.

JARDON MANUEL, *La «normalización lingüística» una anormalidad democrática. El caso gallego.*, Siglo Veintuno, Madrid, 1993, pp.XVII-336.

JENSEN S. H. CHARLOTTE, *Sådan laver du interviews*, Bogfabrikken, 1990.

KAMEN HENRY, Spain 1469-1714. A Society of Conflict, Longman, 1983, pp.V-305.en AAVV, *Muntlige Kilder. Om brug av intervjuer i etnologi folkeminnevitenskap og historie*, pp.66-84.

KEATING MICHAEL, *State and Regional Nationalism. Territorial Politics and the European State*, Londres, Harvester Wheatsheaf, 1988, pp. V-273.

KJELDSTADLI KNUT, «Kildekritikk», en AAVV, *Muntlige Kilder. Om brug av intervjuer i etnologi folkeminnevitenskap og historie*, Universitetforlaget, Oslo, 1981, pp. 66-84.

«Lei 3/1983, Do 15 de xuño, de Normalización Lingüística», en *Compendio de Lexislación sobre a Lingua Galega nas Administracións Local e de Xustiza*, pp.55-66.

LINZ JUAN J., «Politics in a Multi-Lingual Society with a Dominant Wordl Language: The Case of Spain», en Savard Jean-Guy & Vigneault Richard, *Multilingual political systems, problems and solutions*, Québec, 1975, pp.367-444.

LISON TOLOSANA CARMELO, *Antropología social y hermaneútica*, Madrid, Fondo de Cultura Económica, 1983, pp. 9-159.

MADARIAGA SALVADOR, ESPAÑA. *Ensayo de Historia Contemporánea*, Primera edición en inglés 1929 (Decimoquinta edición 1989), Madrid, Espasa-Calpe, pp.15-624.

MAIZ RAMON, «Raza y Mito Céltico en los orígenes del nacionalismo gallego: Manuel Murguía», en *Revista Española de Investigaciones Sociológicas*, nr. 24/84, pp. 137-180.

MAIZ RAMON, «El nacionalismo gallego: apuntes para la historia de una hegemonía imposible», en Hernández Francesc & Mercadé Francesc, *Estructuras Sociales y Cuestión Nacional en España*, pp.159-243.

MONTERO ALONSO XESUS, *Informe "dramático" sobre la lengua gallega*, Madrid, Akal Editor, 1973, pp.7-223,

NINYOLES RAFAEL, L., *Estructura Social e Política Lingüística*, Vigo, IR INDO Edicions, 1991, pp.5-187.

NUÑEZ XOSE M, «Historical Research on Regionalism and Peripheral Nationalism in Spain: a Reapppraisal», *EUI Working Paper ECS* No. 92/6, 1992, pp.1-98.

PARDO DIAZ ISAAC, *Galicia Hoy*, Santiago de Compostela, El Correo Gallego, pp.5-94.

"Proxecto da Carta Europea das linguas Rexionais Ou Minoritarias Aprobada Polo Comité de Ministros do Consello de Europa." 22 de xuño de 1992, en *Compendio de Lexislación sobre a Lingua Galega nas Administracións Local e de Xustiza*, pp.19-42.

PORTAS MANUEL, *Lingua e Sociedade na Galiza*, Bahía Edicions, A Coruña, 1993.

PUJADAS MUÑOZ JUAN JOSE, El método biográfico: El uso de las historias de vida en ciencias sociales, *Cuadernos Metodológicos CIS*, nr.5, Madrid, 1992, pp. 7-107.

«Resolución sobre as linguas e culturas das minorías rexionais e étnicas da comunidade europea.» Sesión do 30 de outubro de 1987, en *Compendio de Lexislación sobre a Lingua Galega nas Administracións Local e de Xustiza*, pp. 9-17.

REECE E. JACK, «Outmoded Nationalism and Emerging Patterns of Regional Indentity in Contemporary Western Europe» en Boerner Peter ed., *Concepts of National Identity An Interdisciplinary Dialogue*, Baden-Baden, Nomos Verlagsgesesellschaft, pp.91-103.

RISCO VICENTE, « A ideoloxía do nacionalismo exposta en esquema», en Francisco Fernández del Riego, *Pensamento Galeguista do Século XX*, Biblioteca Básica de Cultura Galega, Vigo, 1983, pp.110-115.

RISCO VICENTE, «Teoría do nacionalismo Galego», en Francisco Fernández del Riego, *Pensamento Galeguista do Século XX*, Biblioteca Básica de Cultura Galega, Vigo, 1983, pp.115-122.

RISCO VICENTE, «Esto é o que é o nacionalismo galego», en Francisco Fernández del Riego, *Pensamento Galeguista do Século XX*, Biblioteca Básica de Cultura Galega, Vigo, 1983, pp.122-125.

RISCO VICENTE, «Da teoría do nacionalismo galego», en Francisco Fernández del Riego, *Pensamento Galeguista do Século XX*, Biblioteca Básica de Cultura Galega, Vigo, 1983, pp.125-129.

RISCO VICENTE, «Cumplindo con noso deber», en Francisco Fernández del Riego, *Pensamento Galeguista do Século XX*, Biblioteca Básica de Cultura Galega, Vigo, 1983, pp. 129-131.

RISCO VICENTE, «O que van buscando os Galeguistas», en Francisco Fernández del Riego, *Pensamento Galeguista do Século XX*, Biblioteca Básica de Cultura Galega, Vigo, 1983, pp. 131-133.

RISCO VICENTE, «Nacionalismo Galego», en Francisco Fernández del Riego, *Pensamento Galeguista do Século XX*, Biblioteca Básica de Cultura Galega, Vigo, 1983, pp. 134-139.

RODRIGUEZ AGUILERA CESAREO, «La nación y los nacionalismos, *Sistema* nr. 83, 1988, pp.57-63.

RODRIGUEZ FRANCISCO, «La Lengua», en AAVV, *Los Gallegos*, Madrid, Ediciones ISTMO, 1976, pp.219-240.

RODRIGUEZ FRANCISCO, *Conflito lingüístico e ideoloxia na Galiza*, Santiago de Compostela, Edicións Laiovento, 1991, pp.11-124.

ROSANDER GORAN, «Muntlige Kilder»— Hvad og Hvorfor, en AAVV, *Muntlige Kilder. Om brug av intervjuer i etnologi folkeminnevitenskap og historie*, Universitetforlaget, Oslo, 1981, pp.11-21.

SIGUAN MIGUEL, *Linguistic Minorities in the European Economic Community: Spain, Portugal, Greece, Brussels* Luxembourg, 199o.

SLETTAN DAGFINN, «Muntlige historie— En mangsidig Virksomhet», en AAVV, *Muntlige Kilder. Om brug av intervjuer i etnologi folkeminnevitenskap og historie*, pp.22-33.

SOLE TURA JORDI, *Nacionalidades y Nacionalismos en España. Autonomías, Federalismo y Autodeterminación*, Madrid, Alianza Editorial, 1985, pp.9-233.

STEPHENS MEIC, *Linguistic Minorities in Western Europe*, Gomer Press, Wales, 1978.

SMITH D. ANTHONY, *National Identity*, Penguin Books, 1991, pp.VII-227.

STEINBERG JONATHAN, «The Historian and the Questione Della Lingua» pp. 198-213 en Peter Burke y Roy Porter (eds.), *The Social History of Language*, Cambridge, Cambridge University Press.

SØRENSEN BERG TORBEN, *Fænomenologisk Mikrosociologi. Interview og samtale-analyse*, Randers, 1988,

SZEDY-MAZAK MICHALY, «The Idea of National Character: A Romantic Heritage» en Boerner Peter ed., *Concepts of National Identity. An Interdisciplinary Dialogue*, Baden-Baden, Nomos Verlagsgesesellschaft, pp.45-61.

THOMPSON PAUL, *The Voice of the Past. Oral History*, Oxford University Press, 1978, pp.IX-257.

TODOROV TZVETAN, *Nosotros y los Otros. Reflexión sobre la diversidad humana*, México, Siglo XXI, 1991, pp.5-456.

TORTOSA JOSE M., *Política lingüística y lenguas minoritarias. De Babel a Pentacostés*, Madrid, Tecnos, 1982, pp.7-158.

VILLARES RAMON, «Galicia», pp.467-515 en Fusi Aizpúrua Juan Pablo (dirigido por) *ESPAÑA: Autonomías*, Madrid, Espasa-Calpe, 1989, pp.467-515.

VILLARES RAMON, *A Historia*, Vigo, Galaxia Biblioteca Básica da Cultura Galega, 1984, séptima edición 1992, pp. 9-266.

WATSON-FRANKE MARIA-BARBARA & WATSON C. LAWRENCE, «Understanding in Anthropology: A philosophical Reminder», *Current Anthropology*, Vol. 16, No. 2, June 1975, pp. 247-261.

WEBER MAX, *Economía y Sociedad. Esbozo de Sociología Comprensiva*, Primera edición en español 1944 (segunda edición 1964)), pp.VII-1237.

WENTZEL KNUD, *Tekstens metode. Et synspunkt på litterære og praktiske tekster*, Gyldendal, Copenhague, 1981, pp.7-223.

ANEXOS

Fichas para las entrevistas

Temas:

1. La Lengua.
2. Europa
3. Relaciôn con España
4. Galicia
5. Desarrollo del nacionalismo después de Franco

Preguntas:

Infancia y juventud
¿Qué lengua se hablaba en su hogar?
¿Cómo valoraban sus padres la lengua castellana y la gallega?
¿En qué lengua hablaban los amigos de la casa?
¿Se hablaba en la casa del problema de Galicia?
¿Cuáles eran las simpatías políticas de su padre?
¿Por qué cree que tenía esa convicciones?
Repetir con la madre
¿Cómo era la situación de los castellano hablantes y los gallego hablantes en
         la escuela?
La Iglesia: ¿Ejercía influencia en la escuela?
¿Qué significó la Iglesia para su infancia?
¿Qué periódicos leía su familia?
¿Cuáles eran sus lecturas preferidas?
¿En qué lengua?
¿Cuáles eran sus actividades políticas y sociales?
¿Por qué entró a militar en un grupo nacionalista?
¿Qué significó para Ud. el término del régimen franquista?
¿Qué esperaba Ud. para Galicia cuando terminó la dictadura?

Después de Franco y Actualidad
¿Cómo valora el proceso autonómico en Galicia?
¿En qué medida aprenden gallego sus hijos (si los tiene) en el hogar y en la
         escuela?

A su parecer: ¿Qué relación debe de existir entre el gallego y el castellano?
¿Entre el portugués y el gallego?
¿Cómo se siente cuando habla gallego?
¿Cómo se siente cuando habla castellano?
En su opinión: ¿Qué relación debe de existir entre Galicia y España?
Se siente Ud.: ¿Gallego, español/gallego o español?
¿Cómo ve Ud. el futuro de la lengua gallega?
¿Qué diferencia los gallegos del resto de los españoles?
¿Qué significa para Ud. el rey don Juan Carlos?
Cuándo la selección española juega con un equipo extranjero: ¿Con quién
    esta Ud.?
¿Qué ha significado la CE para Galicia?
¿Qué opinión le merece la Unión Europea?
¿Cuál debe ser el papel y el lugar de Galicia en esta Unión?
¿Cuáles ha sido su trayectoria política desde 1975? (razones)

Ficha:

Tema: ....
Cinta nr.: ....
Fecha: ....
Entrevista nr.: ....
Condiciones para uso: ....

Nombre: ....
Fecha y lugar de nacimiento: ....
Ocupación del padre: ....
Ocupación de la madre: ....
Hermanos: ....
Hermanas: ....
Educación: ....
Empleos: ....

Lugares en que ha vivido: ....

Fecha de matrimonio: ....

Ocupación de la esposa/esposo: ....

Hijos: ....

Entrevista nr.: ....
Nombre del entrevistado/a: ....
Tema principal: Nacionalismo gallego
Contador: ....
Temas ....

Lista de entrevistados

En orden cronológico

1.   Manuel Regueiro Tenteiro.
2.   Camilo Ramón Nogueira
3.   Enrique Sáez Ponte.
4.   Francisco Bello Pérez
5.   José Manuel López
6.   Fernando González Laxe
7.   Siro López, Lorenzo
8.   Encarna Otero
9.   Arturo Lezcano Fernández
10. Manuel Espiña Gamallo
11. Xosé Luis Vilela
12. Socorro García Conde
13. Pilar Vamonde Balado
14. Pedro Antonio Barros Pedreira
15. Xosé Ramón Barreiro Fernández
16. Federico Cocho
17. Alberto Ansede Estraviz
18. Mauro Fernández Rodríguez
19. Xavier Puente do Campo
20. Ramón Villares
21.   Uxia López Meirama
27. Joán Xosé Costa Casas
28. Eduardo López-Jamar
29. Xavier Senin
30. Lois Cambeiro
31. Alonso Montero

LANGUAGE AND CULTURAL CONTACT / SPROG OG KULTURMØDE

☐ 1 · 1993   *Kulturinteraktion og sproglig handlen. Projektbeskrivelse.* 32 p.
(Out of print - WWW-edition: *http://www.hum.auc.dk/i12/res/csis/pub/index.uk.html*)

☐ 2 · 1993   Annie Aarup Jensen og Kirsten Jæger: *Fremmedsprogsundervisning for ikke-sprog-studerende. En undersøgelse af to engelsk-kurser.* 44 p. - DKK 40

☐ 3 · 1994   Pablo R. Cristoffanini: *Det mangfoldige Spanien. Overvejelser omkring traditon, modernitet og identitet.* 22 p. - DKK 25. (Out of print)

☐ 4 · 1994   Hanne Niss: *Made in Denmark. Nationalitetens betydning i international markedsføring.* Aalborg Universitetsforlag. 187 p. - DKK 175.

☐ 5 · 1994   *Tilegnelse og formidling af interkulturel kompetence. Et forskningsprojekt under Center for Sprog og Interkulturelle Studier.* Projektbeskrivelse.
(Out of print - WWW-edition: *http://www.hum.auc.dk/i12/res/csis/pub/index.uk.html*)

☐ 6 · 1994   *Kulturmøde og interkulturel kompetence.* Bidrag fra konferencen *Kulturinteraktion og sproglig handlen* på AUC den 18.-19.11.1993. 136 p. - (Out of print).

☐ 7 · 1994   *Michelanea. Humanisme, litteratur og kommunikation.* Festskrift til professor Michel Olsen. Ed. I. Degn, J. Høyrup & J. Scheel. Aalborg University Press. 280 p. - DKK 190,-.

☐ 8 · 1994   *Universalisme og interkulturel kommunikation. Internationale sprog- og kulturstudier.* Ed. E.-U. Pinkert. Aalborg University Press. 226 p. - DKK 125

☐ 9 · 1995   *Language and Cultural Contact. Project description.*
(English edition of no. 1 - WWW-edition: *http://www.hum.auc.dk/i12/res/csis/pub/index.uk.html*)

☐ 10 · 1995   *Essays on Culture and Communication.* Ed. Torben Vestergaard. Essays by Øyvind Dahl and Jack Bilmes. 36 p. - DKK 40

☐ 11 · 1995   *Teaching and Learning Intercultural Competence.* Ed. Annette Lorentsen. Essays by Celia Roberts and Michael Byram. . 40 p . DKK 40

☐ 12 · 1995   *Intercultural Competence. A New Challenge for Language Teachers and Trainers in Europe.* Aalborg University Press.
     Vol. I: *The Secondary School.* Ed. Lies Sercu, Leuven. DKK 125
     Vol. II: *The Adult Learner.* Ed. Annie Aarup Jensen, Kirsten Jæger & Annette Lorentsen, Aalborg. DKK 265

☐ 13 · 1996   *Language and Cultural Hegemony.* Conference papers. Ed. Ernst-Ullrich Pinkert. Aalborg University Press.

☐ 14 · 1996   Peter Kvistgaard: *Kultureksport eller kulturudveksling. Principper og holdninger i dansk kulturformidling.* Aalborg University Press. 101 p. - DKK 96

☐ 15 · 1996   Bente Bakman: *Frankrig og sproget.* Aalborg University Press. 107 p. - DKK 96

☐ 16 · 1996   *Interkulturel kompetence - bidrag fra et forskningsseminar.* Eds: Hans Gullestrup & Annette Lorentsen. Aalborg University Press. 104 p. - DKK 96

☐ 17 · 1996   Anette Therkelsen: *Big little Denmark - will the British love it? Dansk turistmarkedsføring i Storbritannien.* Aalborg University Press. 128 p. - DKK 96

☐ 18 · 1996   Anders Horsbøl: *Koncepter for* Landeskunde. 20 p. - DKK 25

☐ 19 · 1996   *Om at lære fremmedsprog i tandem via* Internettet. Ed. Harald Pors, Helmut Brammerts & David Little. 71 p. DKK 68

☐ 20 · 1997   Pablo Cristoffanini: *Galicia. Renacimiento etnico y lengua.* Aalborg University Press. 165 pp. DKK 148